税务机关征收社会保险费争议解决实务

许永盛 ◎ 著

知识产权出版社
全国百佳图书出版单位
—北京—

图书在版编目（CIP）数据

税务机关征收社会保险费争议解决实务/许永盛著.—北京：知识产权出版社，2020.4
ISBN 978-7-5130-6797-3

Ⅰ.①税… Ⅱ.①许… Ⅲ.①社会保险—保险费—征收—法规—研究—中国 Ⅳ.①D922.182.34

中国版本图书馆 CIP 数据核字（2020）第 038618 号

责任编辑：雷春丽　　　　　　　　　　责任出版：王　岩
封面设计：博华创意·张冀　　　　　　责任印制：刘译文

税务机关征收社会保险费争议解决实务

许永盛　著

出版发行	知识产权出版社 有限责任公司	网　　址	http://www.ipph.cn
社　　址	北京市海淀区气象路 50 号院	邮　　编	100081
责编电话	010-82000860 转 8004	责编邮箱	leichunli@cnipr.com
发行电话	010-82000860 转 8101/8102	发行传真	010-82000893/82005070/82000270
印　　刷	天津嘉恒印务有限公司	经　　销	各大网上书店、新华书店及相关专业书店
开　　本	720mm×1000mm　1/16	印　　张	17
版　　次	2020 年 4 月第 1 版	印　　次	2020 年 4 月第 1 次印刷
字　　数	249 千字	定　　价	68.00 元
ISBN 978-7-5130-6797-3			

出版权专有　侵权必究
如有印装质量问题，本社负责调换。

序

许永盛律师著作完成,马上就要付梓出版,我想写几句推荐之语,以示赞许和鼓励。

第一次和许律师见面,是在福州举行的首届税法实务论坛,他做了一个税务机关征收社会保险费的发言,给我留下了比较深的印象。会后我主动联系他,请他将网上发表的有关社会保险法的文章汇总发给我,便于我更好地了解这方面的实务进展。后来,我又邀请他参加第十届"中国财税法博士论坛",并在武汉大学财税与法律沙龙做过一次主讲人,主题都是有关社会保险费的法律问题。由于他准备充分,提纲挈领,自然深得参会人员欢迎。

我本人的专业方向是财税法。《预算法》将社会保险基金纳入预算体系后,我开始从财政法角度关注社会保险,并与张荣芳教授合作发表了几篇论文,主要涉及社会保险基金的管理体制。然而,由于常年跟税务机关打交道,经常见到税务机关因为征收社会保险费而被告上法庭,对其代收或全责征收社会保险费的法律问题又自然多了一份兴趣。我希望以此作为切入口,从费用征收延伸到资金管理和保险待遇的支付,逐步加深对整个社会保险法的理解。

随着国税和地税机构的合并,中央决定将社会保险费的征管权划归税务机关,但由于法律法规建设未能及时跟上,给一线社会保险费征收带来不小困扰,具体执法过程不得不兼顾法律与政策性文件。此外,由于涉及基数的重新核定和欠费追缴,一旦职能划转完成,可能在短期内给企业带来重负,国务院因此采取了分步实施的策略,目前只是将机关事业单位和城乡居民社会保险费的征收权划转税务机关，企业社会保险费的征收仍维持现状，待条件成熟时再行处理。

本书的重点虽然是税务机关征收社会保险费的争议解决，实际上受制于社会保险费征管体制改革的进度。由于改革未能完全到位，税务机关代征社会保险费的模式仍然十分流行；即便是在采行全责征收模式的省份，税务机关与社会保险经办机构、劳动行政部门的关系也不是很清晰。最为麻烦的是，行政权发生转移后，法规体系的内容并未随之修改，下位法与上位法不相符合的现象比较严重，给税务机关征收社会保险费带来很大困扰。

这意味着，税务机关在征收企业社会保险费时，基于现行的代征或全责征收模式，仍需要协调与社会保险经办机构、人力资源和社会保障行政机关的关系，税务机关的征管职权是不完整的。就机关事业单位社会保险、城乡居民社会保险而言，尽管已经按照中央决策如期完成职能划转，但由于相关法律法规的调整尚未开始，一旦遭遇来自缴费人的合法性挑战，税务机关的状态会比较尴尬，需要在法律与政策之间来回求索，司法机关遇到这类案件时也颇费周章。

许律师担任多家税务机关的法律顾问，办理了大量社会保险费行政争议案件，经验丰富。本书基于社会保险费征收的程序节点，对职权设定、登记申报、核定征收、追欠执行、监督公示等各环节可能产生的争议进行评述，并通过案例解析的方式作出风险提示，一定程度上填补了该领域空白，可以为税务机关、社会保险部门、缴费主体、从业专家，甚至裁判机构提供参考，具有较大的实务价值。

律师的立场是从现有规则中寻找答案，目的是解决既有的争议或问题，哪怕这个答案是不完美的。从研究者的立场出发，通过阅读本书，我看到的是现行规范体系的不合拍。在快速改革的背景下，短时期内，也许我们不得不忍受这种张力。但既然改革方向已定，从长计议，就该全力研究如何完善规范体系，理顺征管体制，为税务机关征收社会保险费解除后顾之忧。

正是基于这个原因，尽管这是一本实务性图书，我也愿意为之作序。期待许律师在社会保险法领域写出更多的心得,也希望理论界加强与实务界的合作,围绕社会保险法的重点难点问题,推出更多的优秀研究成果,回应改革实践的迫切需求。

熊 伟

武汉大学财税与法律研究中心主任

中国法学会财税法学研究会常务副会长

2020 年 3 月 1 日

前　言

2018年7月，中共中央办公厅、国务院办公厅印发的《国税地税征管体制改革方案》明确，从2019年1月1日起，将基本养老保险费、基本医疗保险费、失业保险费、工伤保险费、生育保险费等各项社会保险费交由税务部门统一征收。此即备受社会各界关注的"社保入税"或称"社保税征"的纲领性规定。该政策出台后引起较大的社会反响。此后，由于种种原因，"社保税征"虽并未如期全面推开，并强调各地维持现有征缴方式不变，但由税务机关[①]征收社会保险费作为社会保险费的一种征缴方式，仍具有重要的法律和社会意义。

2019年4月，《国务院办公厅关于印发降低社会保险费率综合方案的通知》（国办发〔2019〕13号）进一步明确，企业职工基本养老保险和企业职工其他险种缴费，原则上暂按现行征收体制继续征收，稳定缴费方式，"成熟一省、移交一省"；机关事业单位社会保险费和城乡居民社会保险费征管职责如期划转。可见，将社会保险费征收职能逐步划转给税务部门仍是目前及今后社会保险费征管体制改革的方向和目标。

实践中，税务部门征收社会保险费的具体征收模式亦存在差异，主要包括全责征收模式、代征模式、分责征收模式等。全责征收模式，即税务机关负责社保费登记、核定、征收、追欠直至解缴入库等全部工作。代征模式，即税务机关只负责征收工作，其他工作仍由社保部门负责。分责征收模式，

[①] 鉴于相关文件规定表述未统一，本书所称"税务机关""税务部门"属相同概念和指向，不作区分。

即对于企业应承担部分社会保险费由税务机关全责征收，个人应承担部分采用代征模式。

正是由于社会保险费征收模式不统一，加之税务部门对于社会保险费征收缺乏现成的经验和样本，导致全社会对税务部门征收社会保险费产生诸多不同的看法。在此之前已实现"社保税征"的部分省市，也由于立法缺失、职能冲突以及社会观念未及时更新等原因导致在社会保险费征收领域存在较多争议。审判机构亦因此难以掌握统一的裁判尺度和原则。

为了更加全面总结税务部门征收社会保险费的实践，笔者凭借代理大量社会保险费征收行政案件的实践经验，特撰写本书，以期对社会保险费征收行政争议的类型、成因以及解决之道进行总结、分析，从而促进公众对税务部门征收社会保险费模式的认知，最终推动这一模式的立法完善。

本书主要以税务机关全责征收社会保险费模式下税务机关的征收行政行为作为主线进行体例安排。对于全责征收的职权、登记、申报、审核（核定）、征收、追欠、监督、强制等各个环节可能产生的争议先进行概况性阐述，而后结合有关案例进行对照分析。此种编排方式更有利于读者理论联系实践，从一般到具体，深入了解现阶段税务部门征收社会保险费的有关实践。

由于现阶段关于税务机关全责征收社会保险费的理论和实践尚处于探索阶段，相关研究成果并不多见，本书可供借鉴、参考的资料并不系统、全面。全书的写作多基于我们在实际工作中的研究结论或办案观点，难免存在疏漏之处，敬请读者批评、指正。需要特别指出的是，限于社会保险费征收的制度约束和发展，本书表达的观点可能并不符合全国不同区域的实际情况，甚至可能与现行理论、相关法律法规存在不能完全自洽之处，读者应予以注意。

许永盛

2019 年 7 月 8 日

CONTENTS 目 录

第一章　社会保险费征收模式　　　001

第一节　社会保险费征收模式概述　　　001
第二节　社会保险费征收模式沿革　　　004
第三节　社会保险费征收争议救济　　　007

第二章　职权依据争议　　　009

第一节　职权依据概述　　　009
第二节　职权争议评述　　　012
第三节　稽查局社会保险费征收职权　　　013
第四节　税务分局及税务所社会保险费征收职权　　　015
第五节　案例评述　　　017

第三章　登记环节争议　　　024

第一节　社会保险登记概述　　　024
第二节　登记资料审查　　　025
第三节　职权范围争议　　　029
第四节　登记错误处理　　　030
第五节　案例评述　　　031

第四章　申报环节争议　　**043**

第一节　申报信息　　043
第二节　申报义务　　044
第三节　缴费基数　　046
第四节　双重劳动关系申报　　049
第五节　违法申报查处权　　050
第六节　案例评述　　051

第五章　审核（核定）环节争议　　**068**

第一节　稽核与核定区分　　068
第二节　职权划分　　070
第三节　缴费基数核定　　072
第四节　职工医疗保险延缴核定　　076
第五节　案例评述　　078

第六章　征收环节争议　　**091**

第一节　社会保险费征收程序　　092
第二节　社会保险费征收文书　　095
第三节　用人单位代扣代缴义务　　097
第四节　社会保险费征收告知义务　　099
第五节　责令限缴决定作出主体　　100
第六节　社会保险费退费　　101
第七节　社会保险费"按月计征"　　102
第八节　案例评述　　104

第七章　追欠环节争议　　117

第一节	欠费界定	117
第二节	跨不同征收模式欠费处理	120
第三节	社会保险费滞纳金	122
第四节	欠费追缴程序	129
第五节	社会保险费欠费担保	134
第六节	社会保险费追缴期限	136
第七节	已注销主体补缴责任	143
第八节	案例评述	144

第八章　社会保险费监督检查　　165

第一节	查处职权	165
第二节	投诉、举报	168
第三节	税务部门对投诉、举报的处理	171
第四节	案例评述	173

第九章　社会保险费征收行政强制　　191

第一节	行政强制一般规定	191
第二节	社会保险费征收行政强制措施	193
第三节	社会保险费征收行政强制执行	195
第四节	申请人民法院强制执行	202
第五节	案例评述	206

第十章　社会保险争议处理方式　213

第一节　社会保险争议类型　213
第二节　社会保险费补缴争议处理　214
第三节　社会保险违法查处争议　217
第四节　社会保险行政赔偿争议　219
第五节　案例评述　223

第十一章　涉社会保险费政府信息公开　230

第一节　政府信息公开一般规定　230
第二节　社会保险基金信息公开　237
第三节　缴费单位和参保个人信息公开　239
第四节　依申请公开他人社会保险费信息　241
第五节　案例评述　243

主要参考文献　253

后　记　257

第一章　社会保险费征收模式

第一节　社会保险费征收模式概述

社会保险费征收模式①是指社会保险费的登记、申报、审核、征收、追欠、查处、划转等行政职权在相关部门进行分配、限制而形成的社会保险费征收机制。我国社会保险费征收模式随着经济社会的发展，主要形成了社会保险经办机构单独征收、税务部门代征、税务部门全责征收以及社保、税务部门划分险种混合征收四种模式。

1986年至1998年，随着《国营企业实行劳动合同制暂行规定》② 以及《中华人民共和国劳动法》（以下简称《劳动法》）③ 的颁布实施，一方面确立了社会保险制度和社会保险基金的构成；另一方面确立了由社会保险基金经办机构负责征收社会保险费的征收模式。1998年，财政部、劳动部、中国

---

① 社会保险费征收模式概念及区分标准并非严格法律定义，仅为笔者根据实务经验及理论研究概括结论。

② 该规定现已废止（以实际效力为准，下同）。该规定第26条规定："国家对劳动合同制工人退休养老实行社会保险制度。退休养老基金的来源，由企业和劳动合同制工人缴纳。退休养老基金不敷使用时，国家给予适当补助……"第28条规定："劳动合同制工人退休养老工作，由劳动行政主管部门所属的社会保险专门机构管理，其主要职责是筹集退休养老基金，支付退休养老费用和组织管理退休工人。"

③ 该法第70条规定："国家发展社会保险事业，建立社会保险制度，设立社会保险基金，使劳动者在年老、患病、工伤、失业、生育等情况下获得帮助和补偿。"第72条规定："社会保险基金按照保险类型确定资金来源，逐步实行社会统筹。用人单位和劳动者必须依法参加社会保险，缴纳社会保险费。"第74条规定："社会保险基金经办机构依照法律规定收支、管理和运营社会保险基金，并负有使社会保险基金保值增值的责任。社会保险基金监督机构依照法律规定，对社会保险基金的收支、管理和运营实施监督。社会保险基金经办机构和社会保险基金监督机构的设立和职能由法律规定。任何组织和个人不得挪用社会保险基金。"

人民银行、国家税务总局发布的关于《企业职工基本养老保险基金实行收支两条线管理暂行规定》第6条规定:"企业职工基本养老保险基金由企业和职工个人按规定的缴费比例分别缴纳。基本养老保险基金征收方式主要有以下两种:(一)社会保险经办机构负责征收。具体程序是……(二)税务部门代征。具体程序是……具体征收方式由省级人民政府确定。"该规定提出社会保险费分两种征收模式:一为社会保险经办机构单独征缴;二为税务部门代征,具体方式授权给省级人民政府确定。1999年,国务院发布《社会保险费征缴暂行条例》进一步明确社会保险费可由税务机关代为征收。[①] 2010年颁布的《中华人民共和国社会保险法》(以下简称《社会保险法》)规定,社会保险费实行统一征收,并授权国务院制定具体办法和步骤。[②] 截至目前,国务院尚未完成社会保险费统一征收的文件制定,也正是基于此,我国目前实际已出现社保经办机构和地方税务机关均可征缴社会保险费的现象。

  从全国范围来看,目前主要有三大类社会保险费征收机制[③]:一是社保经办机构单独征收;二是税务部门负责征收,其他工作由社保部门完成;三是社保经办机构与税务部门按类别、项目分别征收。广东省和厦门市是较早、较完整地实施税务机关全责征收模式的省市。北京市和吉林省则仍是较典型的社保部门单独征收模式。重庆市、江苏省则较多地采用社保部门、税务机关混合征收模式。基本征收模式如表1-1所示。

[①] 该条例已于2019年修正。1999年该条例第6条规定:"社会保险费实行三项社会保险费集中、统一征收。社会保险费的征收机构由省、自治区、直辖市人民政府规定,可以由税务机关征收,也可以由劳动保障行政部门按照国务院规定设立的社会保险经办机构(以下简称社会保险经办机构)征收。"

[②] 该法已于2018年修正。2010年该法第59条规定:"县级以上人民政府加强社会保险费的征收工作。社会保险费实行统一征收,实施步骤和具体办法由国务院规定。"

[③] 本书有关征收模式表述系依据2018年9月前情况概括总结,随着社会保险费征收体制改革进行,各地征收模式逐步作出调整,实际以当地现行模式为准。

表1-1 我国各地社会保险费征收模式*

社保征收模式		适用省市
社保机构征收模式：由社会保险经办机构负责征收社会保险费		北京、天津、山东、四川、广西、江西、山西、贵州、西藏、新疆、吉林、上海
税务机关征收模式	税务机关代征模式：社会保险经办机构负责核定缴费数额，由税务部门负责征收	重庆、河北、内蒙古、黑龙江、江苏、安徽、甘肃、青海、宁夏
	税务机关全责征收模式：税务部门负责社保缴费数额的核定、征收等的全部征缴环节	广东、浙江、福建、辽宁、河南、云南、海南、湖南、湖北、陕西

从征管数据和手段的角度看，税务部门的征管能力一般都要高于社保经办机构，因此越来越多的省市选择了由税务部门参与社会保险费征缴工作，以保障社会保险费的及时、足额征缴。为了进一步明确机构权责关系，规范税费管理，随着国税局和地税局合并的逐步完成，按照党中央和国务院部署，2018年12月10日前完成社会保险费和第一批非税收入征管职责划转交接工作，自2019年1月1日起由税务部门统一征收各项社会保险费和先行划转的非税收入。各省亦制定相应文件规定由税务机关征收社会保险费。

2019年4月，国务院办公厅制定并发布《降低社会保险费率综合方案》，统筹协调降低社会保险费率，企业职工基本养老保险和企业职工其他险种缴费，原则上暂按现行征收体制继续征收，稳定缴费方式，"成熟一省、移交一省"；机关事业单位社会保险费和城乡居民社会保险费征管职责如期划转。为落实该方案，各省陆续制定实施方案明确需稳定做好征管职责划转和衔接工作。例如，2018年12月，国家税务总局吉林省税务局发布《国家税务总局吉林省税务局关于征收机关事业单位和城乡居民社会保险费有关事项的通知》，明确2019年1月1日起，吉林省范围内机关事业单位社会保险费和城

---

* 王希瑞、蒋汉洋：《社会保险费征收模式变更对企业实际负担的影响》，《西部财会》2019年第11期，第63—66页。

乡居民基本养老保险费、城乡居民基本医疗保险费交由税务部门征收。例如，2019年4月吉林省人民政府办公厅发布《吉林省落实降低社会保险费率实施方案》，该方案第5条①要求稳定社会保险缴费方式，企业职工基本养老保险、涉企医疗保险、涉企失业保险、涉企工伤保险暂按现行征收体制，继续由社会保险经办机构征收。湖南省人民政府办公厅发布《湖南省降低社会保险费率实施方案》，该方案第7条②要求稳步推进社会保险费征收体制改革工作，企业职工基本养老保险和企业职工其他险种的社会保险费，原则上暂按现行征收体制继续征收，稳定缴费方式；机关事业单位社会保险费和城乡居民社会保险费征管职责划转至税务部门征收。可见，在保证社会保险费征收体制改革稳定推进的前提下，由税务机关征收社会保险费将成为今后改革的重点方向。

第二节 社会保险费征收模式沿革

在税务部门全责征收社会保险费模式下，税务部门负责社会保险费缴费、参保登记，申报，审核（核定），征收、划解、追欠、查处，记账等全部社会保险费征收工作。征收范围涵盖了基本养老保险费、基本医疗保险费、失业保险费、工伤保险费、生育保险费等全部险种。以广东省的社会保险费征收实施情况为例，广东省社会保险征缴模式大致可划分为三个阶段：社保机

---

① 该方案第5条规定："稳步推进社会保险费征收体制改革。（一）稳妥做好征管职责划转和衔接工作。要稳定社会保险缴费方式，企业职工基本养老保险、涉企医疗保险、涉企失业保险、涉企工伤保险暂按现行征收体制，继续由社会保险经办机构征收。人力资源社会保障、财政、医疗保障和税务部门要抓紧推进信息共享平台建设，切实加强信息共享，按照先规范、后移交的原则，确保征收工作稳妥有序衔接……"

② 该方案第7条规定："稳步推进社保费征收体制改革工作。企业职工基本养老保险和企业职工其他险种的社保费，原则上暂按现行征收体制继续征收，稳定缴费方式；机关事业单位社保费和城乡居民社保费征管职责划转至税务部门征收。各地要结合降低社保费率等措施，逐步夯实缴费人数和缴费基数，规范单位缴费行为。在规范征缴行为过程中，要充分考虑企业的适应程度和带来的预期紧缩效应，严格落实国家和我省各项要求，不得采取任何增加小微企业实际缴费负担的做法，不得自行集中清缴企业历史欠费。"

构自征阶段、税务机关代征阶段以及税务机关全责征收阶段。

图 1-1 税务机关全责征收社会保险费职权

第一，社保机构自征阶段：2000年1月1日前。广东省社会保险费基本由社会保险经办机构及劳动行政主管部门自行独立征缴、检查，税务机关不参与社会保险费征缴工作。

第二，税务机关代征阶段：2000年1月1日至2008年12月31日。国务院于1999年1月22日发布施行的《社会保险费征缴暂行条例》第6条规定"社会保险费实行三项社会保险费集中、统一征收。社会保险费的征收机构由省、自治区、直辖市人民政府规定，可以由税务机关征收，也可以由劳动保障行政部门按照国务院规定设立的社会保险经办机构（以下简称社会保险经办机构）征收"，赋予了省、自治区、直辖市人民政府规定由税务机关征收社会保险费的权力。广东省人民政府发布的《关于我省各级社会保险费统一由地方税务机关征收的通知》规定①，从2000年1月1日起实施地方税务机关代征社会保险费。广东省人民政府发布的《广东省社会保险费征缴办法》正式确立了税务机关代征社会保险费的具体程序和办法。② 在代征阶段，税务机关仅按照社会保险经办机构核定的应缴数据进行征缴，不负责除征缴

---

① 该通知规定："为强化我省社会保险费的征收，确保社会保险待遇按时、足额发放，维护参保者的合法权益，根据国务院《社会保险费征缴暂行条例》，结合我省的实际，省政府决定从2000年1月1日起，我省的社会保险费统一由各级地方税务机关征收。"

② 该办法第4条规定："社会保险费由地方税务机关征收。社会保险费按地方税收管理体制实行属地征收。社会保险费由缴费个人和缴费单位按规定比例，与个人所得税的工资、薪金税项一并申报缴纳。"

以外的登记、核定等工作。

第三，税务机关全责征收阶段：2009年1月1日至今。原广东省劳动和社会保障厅、原广东省地方税务局《关于加强社会保险费地税全责征收促进省级统筹的通知》规定，从2009年1月1日起开始由地方税务机关全责征收社会保险费。[①] 按该通知规定，地方税务机关全责征收社会保险费是指由地方税务机关全面负责社会保险费征缴环节中的缴费登记、申报、审核（核定）、征收、追欠、查处、划解财政专户等相关工作，并将征收数据准确、及时传递给社会保险经办机构记账。随后，原广东省劳动和社会保障厅、原广东省地方税务局共同制定的《广东省社会保险费地税全责征收实施办法（暂行）》正式全面落实了全责征收各项具体工作。

实际上，我国2010年颁布、2018年修正的《社会保险法》均未直接明确赋予地方税务机关全责征收社会保险费的权力，而是在第59条授权国务院规定统一征收社会保险费的实施步骤和具体办法。2010年《社会保险法》实施前已颁布的《社会保险费征缴暂行条例》仅在第6条规定，省、自治区、直辖市人民政府有权规定由税务机关征收社会保险费。但该处的"由税务机关征收社会保险费"并未明确采取税务机关代为征收模式或全责征收模式。

事实上，现行《社会保险法》并未明确规定全责征收模式的概念及实施方式，导致实践中容易出现职权不清、程序不一、认定不符、法律适用无序等现实问题。从税务机关角度而言，该等现实问题容易引发执法争议和风险，而从缴费单位和劳动者的角度而言，制度的不清晰也不利于形成明确、统一的指引。最终不利于社会保险费的及时、足额征缴，不利于社会保险基金的充盈及可持续性发展，也不利于劳动者和用人单位合法权益的保护。

---

① 该通知第1条规定："从2009年1月1日起，由地方税务机关全面负责社会保险费征缴环节中的缴费登记、申报、审核（核定）、征收、追欠、查处、划解财政专户等相关工作，并将征收数据准确、及时传递给社会保险经办机构记账。"

第三节　社会保险费征收争议救济

社会保险费征收[①]可以归结为行政征收的一种形式，同时包含了行政登记、行政确认、行政处罚、行政强制等行政决定。它是指社会保险费征收部门向行政相对人强制性收取社会保险费的行政行为，具有处分性、强制性、非对价性及法定性的特点。正是由于社会保险费征收行为是一种独立影响行政相对人私有财产的行政决定，其法律救济途径应当包括行政投诉、举报、信访，以及行政复议和行政诉讼。

无论何种征收模式，负责征收各个环节的行政机关在实施行政行为过程中，均可能产生执法风险。从行政行为最终合法性认定的角度而言，行政机关的执法风险最终表现为行政复议、诉讼的风险。当社会保险费缴费单位或劳动者对征收机关作出的征收行为不服而提起行政复议、诉讼时，行政机关面临败诉甚至行政赔偿的执法风险。尤其在税务机关全责征收模式下，由于社保政策的制定、解释机关与征收实施机关不一致，且由于不同征收模式下形成的职权体系不清晰、不统一，更容易导致行政行为存在被诉的风险。2014年11月1日修正后的《中华人民共和国行政诉讼法》（以下简称《行政诉讼法》），将行政诉讼立案审查制改为登记制，同时在一定程度上放宽了行政诉讼的受案范围。更为重要的是，修正后的《行政诉讼法》的施行，在社会上形成了巨大的宣传效果和社会效应，在更宽领域、更深层次激发了公众对自身行政权益的保护，当然也势必促进行政机关进一步加强依法行政的执法理念。在这一力量推动下，行政复议和行政诉讼案件数量将会激增。社会保险费征收是一项具有普遍性且涉及行政相对人切身利益的行政行为，将面临更严峻的考验。

正是由于全责征收模式与现行《社会保险法》的规定并不完全一致，且

[①] 本节"社会保险费征收"为整体意义上征收全流程，下文征收环节指具体征收工作。

在全国范围内未形成统一的全责征收办法和程序，导致全责征收模式在适用时难免出现征缴主体不明确、职权不清晰、征缴流程不规范、文书格式不统一以及对历史遗留问题无法清晰界定等情形。这可能导致征缴行政权在运行过程中，产生分歧和争议。在此情况下，《社会保险法》第82条规定："任何组织或者个人有权对违反社会保险法律、法规的行为进行举报、投诉。社会保险行政部门、卫生行政部门、社会保险经办机构、社会保险费征收机构和财政部门、审计机关对属于本部门、本机构职责范围的举报、投诉，应当依法处理；对不属于本部门、本机构职责范围的，应当书面通知并移交有权处理的部门、机构处理。有权处理的部门、机构应当及时处理，不得推诿。"《劳动保障监察条例》第9条规定："任何组织或者个人对违反劳动保障法律、法规或者规章的行为，有权向劳动保障行政部门举报。劳动者认为用人单位侵犯其劳动保障合法权益的，有权向劳动保障行政部门投诉。劳动保障行政部门应当为举报人保密；对举报属实，为查处重大违反劳动保障法律、法规或者规章的行为提供主要线索和证据的举报人，给予奖励。"《信访条例》第14条规定："信访人对下列组织、人员的职务行为反映情况，提出建议、意见，或者不服下列组织、人员的职务行为，可以向有关行政机关提出信访事项：（一）行政机关及其工作人员；（二）法律、法规授权的具有管理公共事务职能的组织及其工作人员；（三）提供公共服务的企业、事业单位及其工作人员；（四）社会团体或者其他企业、事业单位中由国家行政机关任命、派出的人员；（五）村民委员会、居民委员会及其成员。对依法应当通过诉讼、仲裁、行政复议等法定途径解决的投诉请求，信访人应当依照有关法律、行政法规规定的程序向有关机关提出。"据此，缴费单位或劳动者个人对社会保险费征收行为产生争议时，可采取投诉、举报或信访方式予以救济。

第二章 职权依据争议

第一节 职权依据概述

从行政法要件论的角度出发,行政行为合法性首先需要解决的是行政主体的职权依据问题。在行政诉讼司法实践中,行政主体的职权依据主要涉及两个问题的审查,一为执法主体资格审查,二为执法职权范围审查。前者解决的是行政机关是否具有行政执法权的问题,后者解决的是具备执法权的行政机关所作出的行政行为是否超越其职权范围的问题。因此,对于行政诉讼案件审理而言,法院在确定了受案范围、管辖法院以及诉讼主体之后的首要任务便是查明行政行为的职权依据。在所有以税务部门为被告的涉及社会保险费征收的行政诉讼案件中,都必须确立税务部门全责征收社会保险费的行政职权依据,包括执法主体资格以及职权范围。

按行政法规及原则,行政职权来源大致可以分为法规授权、行政委托或行政协助。在目前的立法层面,税务部门全责征收社会保险费的行政职权大多直接来源于各省、自治区、直辖市相应职能部门的规范性法律文件,而缺乏直接明确的法律和行政法规依据。正是由于缺乏上位法直接授权,导致在司法实践中,行政相对人甚至受案法院对于税务部门全责征收社会保险费的行政职权的有无及其合法性产生了争议。

一、税务机关全责征收社会保险费执法主体资格问题

如前所述,执法主体资格是指行政机关是否具有行政执法权的问题,其本质上需要回应的是行政机关是否属于合法的行政主体，是否具有独立的行政主体地位。在《税收征收管理法》的规定层面，税务机关作为行政主体，具有行政执法权的法律地位，当无争议。社会保险费由税务机关征收，此处的税务机关首先应指各级税务局。因此，在全责征收背景下，对税务局具有社会保险费征收权，一般不致产生争议。实践中出现的争议主要体现在对税务局稽查局、税务分局、税务所的执法主体资格方面。尤其在个别省、市，已经确立稽查局对社会保险费征缴的稽查权，导致产生执法争议和行政诉讼。从行政诉讼的角度而言，如果稽查局的社会保险费稽查执法主体资格被否定，将直接导致其作出的行政行为无效。因此，税务机关在全责征收社会保险费过程中，应尤其注意稽查局、税务分局、税务所的执法主体问题。关于该问题，将在本书其他章节专门进行论述。

二、税务机关全责征收社会保险费职权范围问题

关于税务机关全责征收社会保险费的职权范围需要明确的是，税务机关在具备执法主体资格的情况下，其在社会保险费征收过程中的执法边界问题。例如，在税务机关代征阶段，税务机关的职权范围就仅限于征收环节，而不能涉及登记、核定等环节，否则就属于越权执法。越权执法行为存在被人民法院认定违法、撤销甚至无效的执法风险。严格意义上讲，目前税务机关全责征收社会保险费的职权类型和依据并不明确。《社会保险法》和《社会保险费征缴暂行条例》实际上并未明确授权税务机关全责征收社会保险费，而是通过实行全责征收的省、市自行规定，这是导致全责征收缺乏上位法明确授权的根源，也是实践中产生职权争议的主要原因。

《社会保险法》第59条第2款规定，"社会保险费实行统一征收，实施步骤和具体办法由国务院规定"。但截至目前，国务院尚未制定统一征收的具体实施办法。在行政法规层面，《社会保险费征缴暂行条例》第6条规定，"社会保险费实行三项社会保险费集中、统一征收。社会保险费的征收机构由省、自治区、直辖市人民政府规定，可以由税务机关征收，也可以由劳动保障行政部门按照国务院规定设立的社会保险经办机构（以下简称社会保险

经办机构)征收"。该文件系授权性规范,授权省、自治区、直辖市人民政府规定社会保险费的征收部门。但该条所规定的"征收"也并非明确税务机关全责征收,而主要指征收入库,并不包含征收入库以外涉及登记、核定、追欠、查处等环节的职能。

三、税务机关全责征收社会保险费现行职权依据

以广东省为例,在涉及社会保险费全责征收案件审理中,一般以前述原广东省劳动和社会保障厅、原广东省地方税务局《关于强化社会保险费地税全责征收促进省级统筹的通知》、广东省人民政府《广东省社会保险费征缴办法》第4条第1款①作为税务部门全责征收社会保险费的直接职权依据。在上位法方面,一般引用《社会保险费征缴暂行条例》第6条②、《社会保险法》第59条③的规定。人民法院一般也认可上述文件所规定的职权范围。但在司法实践中,部分行政相对人对税务部门全责征收社会保险费的行政职权提出了质疑。其认为,上述规定没有上位法直接支持,扩大了上位法关于社会保险费可以由税务机关征收的适用范围,并以此要求撤销税务机关的征收行政行为,甚至要求认定行政行为无效。

我们认为,严格从立法角度而言,《社会保险法》仅授权国务院制定社会保险费统一征收的具体步骤和办法。在国务院尚未出台有关规定的情况下,目前部分省、市直接以地方性法规,甚至规范性法律文件的形式确定税务机关全责征收社会保险费的行政职权,一定程度上确实存在授权不严密的情形。尤其在行政处罚、行政强制等直接涉及相对人财产处置的征收行为时,容易产生授权不清晰的法律风险。但鉴于社会保险费征收的特殊性及历史遗留问题,目前司法实践中,人民法院普遍认可税务部门全责征收社会保险费的行

---

① 该办法第4条第1款规定:"社会保险费由地方税务机关征收。"
② 该条例第6条规定:"社会保险费实行三项社会保险费集中、统一征收。社会保险费的征收机构由省、自治区、直辖市人民政府规定,可以由税务机关征收,也可以由劳动保障行政部门按照国务院规定设立的社会保险经办机构(以下简称社会保险经办机构)征收。"
③ 该法第59条规定:"县级以上人民政府加强社会保险费的征收工作。社会保险费实行统一征收,实施步骤和具体办法由国务院规定。"

政职权。当然，从规范行政执法、防范执法风险的角度而言，应尽快完善法律、行政法规方面的立法，明确认可各省、自治区、直辖市出台税务机关全责征收社会保险费的文件或赋予其制定相关文件的权力。

第二节　职权争议评述

如前所述，社会保险费征收在模式上存在演进过程，在法律授权上尚不完备，导致实践中存在职权不清的问题。其中，最容易引发争议之处主要体现在三个方面：一为横向职权界定，即税务部门与劳动社保行政部门、社会保险经办机构对各自职权范围的界定；二为纵向职权划分，即在社会保险费征收模式演进过程中，税务部门在各模式下的职权划分；三为交叉职权厘清，即在社会保险费征收各模式下，税务部门、劳动社保行政部门、社会保险经办机构之间的职权厘清。

由于缺乏上位法的统一规定，目前各地关于上述职权范围的确定，一般由各省、市税务部门会同人社部门统一形成会议纪要或其他规范性法律文件予以明确。但由于社会保险费征收本身具有的历史延续性、地域区别性的特点，导致实践中存在职能部门职权不清晰，甚至形成争议的情形。最典型的争议为跨不同征收模式间所形成的欠费，应由哪个部门负责稽核（核定）、哪个部门负责追缴的问题。对于该问题，实践中一般采用分段处理的办法，即所属期间在全责征收前的欠费，原则上由社会保险经办机构进行稽核，形成稽核结论后，移交税务部门负责征收。例如，《广东省地方税务局征收社会保险费欠费管理暂行办法》第3条规定，[①] 欠费的产生包括社会保险经办机构依法核定，并将逾期未缴的社会保险费的统计数据传递给税务机关。同

[①] 该办法第3条规定："欠费的产生，有如下三方面：（一）用人单位已自行申报但逾期未缴纳的社保费。（二）用人单位已办理社保登记、申报，但未依法按时申报或不如实申报的，由税务机关依法确定的社保费。（三）社保经办机构依法核定，并传递地税机关征收的用人单位逾期未缴纳的社保费。"

时，也有观点认为，在全责征收阶段，社会保险费的核定机关应为税务部门，社会保险经办机构无权核定。这种观点有一定的道理，但是没有考虑到社会保险费征收的历史过程及执法现实。如果将历史欠费完全交由税务部门核定，由于税务部门可能并不掌握全责征收之前的数据和资料，亦不熟悉当时的社会保险政策，导致核定存在现实困难，无法执行。

另外一个较具争议的问题是在社会保险费征缴过程中，各职能部门对用人单位存在违法行为的查处权依据。通常而言，就目前执法实践看，税务部门的征收职权并不包括查处职权。按照《社会保险法》第十一章关于法律责任的规定，无论是对于不办理社会保险登记的查处，还是对于逾期缴纳社会保险费的查处，均由社会保险行政部门或有关行政部门查处，并没有直接赋予税务部门违法查处权。从现实情况看，部分省市相关规定已授予税务机关查处权，但由于上位法未明确等原因，具体授权规定未实际实施，税务部门仍然不具备充分的查处职权依据，有待上位法予以规定，此问题将在后续章节详细论述。正是由于《社会保险法》对查处职权的规定，导致各地方在确立税务部门的职权时，往往没有赋予税务部门查处权。征收职权和查处职权的分离，不仅导致职权不清晰，实际上也对税务部门的征收工作形成一定阻碍，一定程度上削弱了税务部门的职权威慑力。因此，尽快赋予税务部门在全责征收社会保险费过程中的查处权，有利于增加税务部门征收执法的刚性，也是顺利推行由税务部门全责征收社会保险费的重要保障之一。

解决上述职权争议的唯一有效途径，便是通过立法尽快明确社会保险费全责征收模式下各职能部门的分工。同时，应充分考虑各征收模式下因历史和地域原因形成的特殊情形，以形成明确、有效的职权分配机制，确保行政行为的规范性、合法性。

第三节　稽查局社会保险费征收职权

在社会保险费全责征收背景下，税务机关负责社会保险费征收的全部流程。稽查局作为一级税务机关，是否具备对社会保险违法行为进行检查、处理的行政职权,是目前全责征收模式下争议较多的问题之一。《社会保险费征缴暂行条例》第6条规定,社会保险费的征收机构由省、自治区、直辖市人民政府规定,可以由税务机关征收。《中华人民共和国税收征收管理法》(以下简称《税收征收管理法》)第14条规定,本法所称税务机关是指各级税务局、税务分局、税务所和按照国务院规定设立的并向社会公告的税务机构。《中华人民共和国税收征收管理法实施细则》(以下简称《税收征收管理法实施细则》)第9条规定,《税收征收管理法》第14条所称按照国务院规定设立的并向社会公告的税务机构,是指省以下税务局的稽查局。稽查局专司偷税、逃避追缴欠税、骗税、抗税案件的查处。

从上述规定可以看出,稽查局作为税务机关显然应当具备社会保险费的执法主体资格。但根据《税收征收管理法实施细则》第9条所规定的稽查局"专司偷税、逃避追缴欠税、骗税、抗税案件的查处"的职权范围,社会保险费的征收并不属于上述"专司"职权范围。稽查局直接进行社会保险费的查处工作,缺乏相应的职权依据。但执法实践中,有些省份通过相关地方性文件确立了稽查局的职权来源。

《浙江省地方税务局社会保险费检查暂行办法(试行)》第8条规定,社会保险费检查对象主要是根据社会保险费监督检查的要求,利用税费征管信息系统及其他信息资源确定。根据不同的案源,分别归口稽查局、税务分局组织实施。稽查部门负责根据《税务稽查选案工作规范》(浙地税发〔2006〕142号)确定的稽查对象。税务分局负责清理漏管户、催报催缴、纳费评估等不涉及立案核查与系统审计的日常管理对象。该办法第10条规定,稽查部门实施社会保险费缴费检查前,应向缴费单位发出《社会保险费缴费检查通知书》,告知其检查时间、需要的资料、情况等。

《陕西省税务征缴社会保险费实施细则》规定,为了加强和规范社会保险费征缴工作,保障社会保险金按时足额发放,根据国务院《社会保险费征缴暂行条例》《陕西省城镇企业职工基本养老保险条例》和《陕西省税务征缴社会保险费暂行办法》(陕政发〔2000〕11号)及有关行政法规,结合我省实际,制定本实施细则。该实施细则第4条规定,本实施细则所称地方税务机关是指各级地方税务局、税务分局、税务所和税务稽查局。

《辽宁省政府关于调整社会保险费征收体制的通知》第 5 条规定，参保单位或个人未按规定缴纳社会保险费的，地方税务机关可按《社会保险费征缴暂行条例》责令其限期缴纳，并进行处罚。要利用税务稽查手段对欠缴单位进行检查，对欠缴社会保险费情节严重的，经县级以上地方税务机关批准，主管地方税务机关可以通知开户银行或者其他金融机构从其存款中扣缴社会保险费款，或向法院申请强制执行。

除上述省份以外，实际还有很多地方开始制定有关文件，尝试由稽查部门对社会保险费缴费情况进行检查甚至征收执法。严格从立法的角度而言，各省的上述规定与《税收征收管理法实施细则》存在一定冲突。从具体实施的角度看，各地的立法一般规定社会保险费缴费的检查行为可以由稽查部门实施，但最终的执法决定仍由税务局作出。我们认为，税务稽查部门的设立具有其特殊性，其职权范围较为特定，如突破《税收征收管理法实施细则》赋予其对社会保险费缴费的执法检查权仍然存在职权依据和范围问题，容易引发执法争议。如需解决这一问题，关键应通过立法对稽查部门的执法权限进行相应的调整。

第四节　税务分局及税务所社会保险费征收职权

《社会保险费征缴暂行条例》规定了社会保险费可由税务机关征收，但未明确税务机关具体所指。而《税收征收管理法》第 14 条明确规定，本法所称税务机关是指各级税务局、税务分局、税务所和按照国务院规定设立的并向社会公告的税务机构。据此，从法律适用统一性而言，税务分局、税务所作为一级税务机关，其在社会保险征收领域的执法主体地位应无争议。

《昆明市社会保险费征收管理暂行办法》第 3 条规定，"昆明市的社会保险费由地方税务机关统一负责征收。本办法所指的地方税务机关是指各级地方税务局、税务分局、税务所和按照国务院规定设立并向社会公告的地方税务机构"。

前述原浙江省地方税务局发布的《浙江省地方税务局社会保险费检查暂行办法（试行）》第4条第2款规定，"对社会保险费的漏征漏管户、催报催缴、缴费评估等日常管理行为由税务分局负责"。

云南省曲靖市人民政府发布的《曲靖市社会保险费征缴管理暂行办法》第3条规定，"曲靖市行政区域内的社会保险费由地方税务机关负责征收。本办法所指的地方税务机关是指各级地方税务局、地方税务分局、地方税务所。各级地方税务机关在社会保险费征收工作中，应当参与社会保险费征收计划的研究、制订，根据劳动和社会保障部门下达的征缴计划及时组织征收；负责完成社会保险费清欠工作；及时将征收的社会保险费分险种解入各级金库；负责协同劳动和社会保障部门开展扩面工作，将已进行税务登记但未参加社会保险的单位及个人的情况及时反馈社会保险经办机构"。

原重庆市地方税务局发布的《重庆市地方税务局关于进一步规范原"两市一地"地税征收社会保险费工作的通知》第三点明确，"要建立相应的考核办法，把社会保险费征收任务落实到基层税务所"。

从具体税务局职责公告来看，2009年广东省人民政府办公厅发布的《广东省地方税务局主要职责内设机构和人员编制规定》第5条[①]明确广东省地方税务局直属税务分局承担省直社会保险费征收管理工作。2018年《国家税务总局铁岭市税务局关于所辖县区局派出机构税务机构改革有关事项的公告》明确税务分局、税务所的职责包括税收、社会保险费和有关非税收入的直接征收和服务工作，辖区内税收、社会保险费和有关非税收入的基础事项管理及其风险应对工作，承担相关纳税人、缴费人的日常征收服务事项等。

从上述规定和相关通知公告可以看出，税务机关及税务所具有社会保险费征收职权，在其职权范围内可对缴费单位及相对人作出征缴决定。

[①] 该规定第5条第2项规定："广东省地方税务局直属税务分局（广东省地方税务局大企业税收管理局）为省地方税务局直属行政单位，正处级。负责省级预算收入的各项税收、指定收入项目的管理和部分征收业务工作；督促检查省级税收入库工作；承担对大企业提供纳税服务工作，实施税源监控和管理，开展纳税评估，组织实施反避税调查与审计；承担省直社会保险费征收管理工作。核定行政编制80名，其中：局长1名、副局长4名。"

值得注意的是,《税收征收管理法》第五章规定了税收违法行为的法律责任,税务机关可依法就纳税人、扣缴义务人的税收违法行为处以罚款。但该法第74条规定,"本法规定的行政处罚,罚款额在二千元以下的,可以由税务所决定"。可见,税务所的行政处罚权存在金额限制。而在社会保险费征收过程中,《社会保险费征缴暂行条例》第四章罚则第24条规定,"缴费单位违反有关财务、会计、统计的法律、行政法规和国家有关规定,伪造、变造、故意毁灭有关账册、材料,或者不设账册,致使社会保险费缴费基数无法确定的,除依照有关法律、行政法规的规定给予行政处罚、纪律处分、刑事处罚外,依照本条例第十条的规定征缴;迟延缴纳的,由劳动保障行政部门或者税务机关依照第十三条的规定决定加收滞纳金,并对直接负责的主管人员和其他直接责任人员处5000元以上20000元以下的罚款"。《广东省社会保险基金监督条例》亦规定了税务部门对申报、登记行为的行政处罚权(未实际实施,将于后文讲述)。也就是说,在一定情况下,税务机关具有罚款处罚权。我们认为,从执法统一性出发,应对税务所处罚权设置适当限额。但目前《社会保险法》及《社会保险费征缴暂行条例》等规定并未设置税务所罚款行政行为的金额限制,实践中存在一定争议,仍需要通过立法予以明确。

第五节 案例评述[*]

案例 2-1 某地方税务局二分局与某印刷公司非诉执行案

|案情简介|

2016年10月26日,某地方税务局二分局向被申请人某印刷公司作出社会保险费征收决定书。主要内容为:根据社会保险经办机构依法核定的金额,

---

[*] 本书"案例评述"部分均为真实案例,仅为归纳、论述所用,不涉及对相关主体的评价,当事人信息已隐去。

被申请人应缴未缴 2015 年 9 月至 2016 年 5 月的基本养老保险费 118944 元、基本医疗保险费 43896 元、工伤保险费 3650.40 元、失业保险费 8028 元、生育保险费 2124 元，以上累计欠缴社会保险费 176642.40 元。经申请人责令限期缴纳，被申请人逾期仍未缴纳。根据《社会保险法》第 86 条、《某省社会保险费征缴条例》第 30 条的规定，对被申请人作出强制征缴决定：限被申请人收到本决定后 15 日内到某地方税务局一分局缴纳欠缴的社会保险费 176642.40 元，并自欠缴之日起至缴纳之日止按日加收滞纳金（2011 年 7 月 1 日前欠缴社会保险费按日加收千分之二滞纳金，2011 年 7 月 1 日后欠缴社会保险费按日加收万分之五滞纳金）。并告知申请行政复议和提起行政诉讼的权利，因被申请人在法定期限内既未申请行政复议，也未提起行政诉讼，经催告后又没有履行义务，申请人某地方税务局于 2017 年 6 月 21 日，向法院申请强制执行。

法院裁判

法院经审理认为：本案中，某地方税务局二分局是申请人某地方税务局的内设机构，法律法规并没有赋予其作出该具体行政行为的职权，其超越职权作出的具体行政行为，不具有合法性，不予执行。

案件评析

本案涉及的核心问题是：税务分局是否具有作出社会保险费征收决定的行政职权。从法律授权角度而言，目前《社会保险法》及《社会保险费征缴暂行条例》明确的是，各省、自治区、直辖市人民政府可确定由税务机关征收社会保险费，但对于税务机关的具体内涵和外延均未予以明确。实践中，有观点认为，在社会保险费征缴层面的税务机关不应当包含税务分局。上述法院的裁判观点亦持该种观点。我们认为，《税收征收管理法》对税务机关进行了明确界定。该法第 14 条明确规定，本法所称税务机关是指各级税务局、税务分局、税务所和按照国务院规定设立的并向社会公告的税务机构。据此规定，我国法律对于税务机关的法定界定是清晰的，应当包含税务分局。从这个角度而言，我们倾向认为，税务分局应具备社会保险费征缴行政职权。

但本案中还存在另一个问题,即本案的申请执行人与征收决定的作出机关并不一致。我们认为,即使本案中的二分局具有征收社会保险费的职权,但申请执行人也应为二分局,不应由某地方税务局代替二分局申请执行。从这个角度而言,人民法院裁定不予执行的结果并不存在问题,仅是裁判的理由存在争议之处。

案例2-2 某社保局与某制衣厂非诉执行案

|案情简介|

申请执行人某社保局根据某社会保险经办机构打印的养老保险个人账户对账单、个人补缴社会保险费核定表、调查询问笔录及邓某、辛某提供的工资单等证据,并依照《劳动法》第100条①、《劳动保障监察条例》第20条第1款②、《社会保险费征缴暂行条例》第4条③、第26条④的规定作出以下行政处理决定:责令某制衣厂按照邓某、辛某两人个人补缴社会保险费核定表所核定的金额(邓某单位本金15593.60元,辛某单位本金13260.80元)到某地税务分局依法补缴社会保险费。申请执行人向被申请执行人告知了权利和义务,并于2013年7月27日将行政处理决定书送达被申请执行人。被申请执行人在法定期限内未向法院提起诉讼,申请执行人遂依法向法院申请强制执行其作出的行政处理决定。

|法院裁判|

法院经审理认为:被申请执行人某制衣厂作为用人单位,未按时足额为其员工邓某、辛某两人缴纳社会保险费,应由社会保险费征收机构责令其限

---

① 该法第100条规定:"用人单位无故不缴纳社会保险费的,由劳动行政部门责令其限期缴纳;逾期不缴,可以加收滞纳金。"
② 该条例20条第1款规定:"违反劳动保障法律、法规或者规章的行为在2年内未被劳动保障行政部门发现,也未被举报、投诉的,劳动保障行政部门不再查处。"
③ 该条例第4条规定:"缴费单位、缴费个人应当按时足额缴纳社会保险费。征缴的社会保险费纳入社会保险基金,专款专用,任何单位和个人不得挪用。"
④ 该条例第26条规定:"缴费单位逾期拒不缴纳社会保险费、滞纳金的,由劳动保障行政部门或者税务机关申请人民法院依法强制征缴。"

期缴纳或者补足。《某省社会保险费征缴办法》第4条第1款规定,"社会保险费由地方税务机关征收",本案的社会保险费征收机构应为地方税务机关。申请执行人某社保局超越职权作出上述行政处理决定,该具体行政行为不合法,故其向本院提出执行申请,本院不予准许。

▎案件评析▎

本案主要涉及全责征收模式下,税务部门与社会保险经办机构、劳动社会保险行政部门在社会保险费征收事项上的行政职权划分争议。在税务机关全责征收社会保险费的模式下,征收社会保险费的行政职权即全部由税务机关行使,劳动社会保险行政部门及社保经办机构一般不再具有征收社会保险费的职权。如社保部门发现存在社保欠缴的事实,应移送至税务机关处理。但在特殊情形下,针对社会保险费征收部分环节的特别规定,应做例外处理。例如,对于应参保未参保的欠费情形、跨征收模式所形成的历史欠费,以及涉及投诉、举报要求社保部门直接核定的社会保险费,可由社保经办机构核定后,交税务机关征缴。本案中,申请执行人某社保局作出了社会保险费的欠费核定,并直接申请法院对其核定欠缴金额进行强制执行,并不符合全责征收模式下的行政职权分工。法院以此驳回某社保局的强制执行申请并无不当。但值得注意的是,在全责征收模式下,应尽量通过相关文件明确:对于应参保未参保、历史欠费或者相对人直接投诉至社会保险经办机构的欠费,可以由经办机构直接核定。经办机构核定后,再将欠费数据传递给税务部门,由税务部门组织征收。这样规定不仅尊重了社会保险费征收的历史,提高了行政效率,也可以最大限度上减少职权争议。

案例2-3 金某公司与某地税局社会保险费缴纳行政决定案

▎案情简介▎

2003年6月,某贸易公司与某地税局签订确定网上电子申报方式委托解缴税费和报送财务会计报表协议书,双方确定,某贸易公司采取网上电子申报方式,依法申报缴纳应纳税费及扣缴税费,依法报送财务会计报表,并遵守本协议有关规定等。协议生效后的次月,某贸易公司依协议的规定,以网上申报的形式缴纳应缴税费(包括社会保险费)。2010年2月4日,某地税局批准纳税人由某贸易公司更名为金某公司。从此,金某公司以其名义向某地税分局网上申报、网上缴纳应缴税费(包括社会保险费)。2013年3月7日,金某公司向某地税分局递交社会保险费部分清欠申请审批表,提出部分清欠的理由是:"其是一家派遣公司,2012年9月员工1383人,9月应缴社保款560743.64元。其中,派遣至某集团员工1169人,9月应缴社保473716.22元,因某集团未按合约向我司支付这笔社保款,导致我司现无法正常缴纳。特向贵局申请派遣至某有限公司员工214人延迟缴纳。某集团社保款项我司正在追讨,款到之后尽快给予补交,望贵局支持。"某地税分局在收到该申请表后,批准金某公司的部分清欠请求。嗣后,金某公司清欠了社会保险费806.96元,其余款项至今未能缴纳。某地税分局于2013年12月10日作出通知书,责令金某公司在2013年12月16日前缴纳2012年9月的社会保险费款472909.26元,并从欠缴之日起(2012年10月1日)至缴纳或解缴之日止,按日加收滞纳费款万分之五的滞纳金。金某公司不服某地税分局的限缴通知,向某地税局申请行政复议,请求撤销限期缴纳通知。2014年4月1日,某地税局向金某公司送达了维持某地税分局限缴通知的税务行政复议决定书。金某公司不服,认为应依据其与其他公司签订协议内容执行,缴纳社会保险费的主体不应是金某公司而是其他公司,且被告某地税分局无权作出案涉限期缴纳通知,遂向人民法院提起行政诉讼,请求撤销限期缴纳通知。

|税务局答辩|

被告某地税局辩称:(1)被上诉人作为税务机关,有权对上诉人作出社会保险费限期缴纳通知书。《社会保险费征缴暂行条例》第6条规定:"社会保险费实行三项社会保险费集中、统一征收。社会保险费的征收机构由省、自治区、直辖市人民政府规定,可以由税务机关征收,也可以由劳动保障行政部门按照国务院规定设立的社会保险经办机构征收。"而某地区已于2003年决定将社会保险登记、申报工作由劳动保障行政部门移交地方税务部门办理。也就是说，某市的社会保险费的征收工作由税务机关进行。被上诉人属于税务机关是显而易见的，金某公司的上诉理由不成立。对于税务机关的定义，《税收征收管理法》第 14 条已明确税务机关指各级税务局、税务分局、税务所和按照国务院规定设立的并向社会公告的税务机构。由此可见，被上诉人虽为税务分局，但同样作为税务机关，责令金某公司限期缴纳欠缴的社会保险费系其法定职责，因此被上诉人有权作出该具体行政行为。(2) 被上诉人作出该具体行政行为证据充分、事实清楚。金某公司于 2012 年 9 月欠缴社会保险费款计 472909.26 元，上述数据系根据金某公司自行申报的信息及数据产生，被上诉人对其 2012 年 9 月欠缴的社会保险费数额认定清楚、无误。(3) 金某公司作为劳务派遣单位，即本案中的用人单位，应当承担替劳动者缴交社会保险费的义务，被上诉人责令其缴交社会保险费正确。

| 法院裁判 |

　　法院经审理认为：首先，根据《社会保险法》《中华人民共和国劳动合同法》（以下简称《劳动合同法》）等法律法规的规定，用人单位是代缴职工社会保险费的义务机关，本案的金某公司与税务机关签订网上申报社会保险费的协议，确定社会保险费由其网上申报，金某公司长期也依法、依约向某地税分局申报、缴交职工的社会保险费。某地税分局在金某公司申报的材料中发现其存在欠缴 2012 年 9 月职工社会保险费的行为时，向其征缴，履行职责，符合法律规定，金某公司要求依据其与其他公司签订协议内容执行，提出缴纳社会保险费的主体不应是金某公司而是其他公司，其有意回避应承担的责任，所以，某地税分局认定金某公司作为缴纳社会保险费的行政相对人的认定准确，金某公司在缴纳拖欠的社会保险费后，可依约向其他公司索赔。其次，某地税分局依法受托征收社会保险费，符合《税收征收管理法》等相关法律法规的规定，金某公司在收到某地税分局的通知书后，向某地税局提出行政复议，对该征收主体没有异议，可见金某公司当时对某地税分局的主体资格也没有异议，故某地税分局是适格的行政主体。最后，某地税分局的具体行政行为是否合法的问题，如前所述，法律法规确定金某公司是缴纳社会保险费的义务机关，其因自身原因未能依法按时缴纳社会保险费，向某地

税分局提出部分清欠申请，得到批准，可见金某公司对自己承担缴纳职工社会保险费的义务是知情的。现因其未能依规定按时履行缴纳义务，某地税分局依法下达限期缴纳通知，该具体行政行为合法、有效。判决：驳回上诉，维持原判。

┃案件评析┃

本案主要涉及两个争议问题，一为税务分局是否具有社会保险费征收的执法主体资格问题；二为劳务派遣情况下的社会保险费征收对象以及民事主体间协议与社会保险费征收的关系问题。就第一个问题，我们认为，按照《税收征收管理法》第14条关于税务机关的定义，税务机关包含税务分局。从立法层面理解，《社会保险费征缴暂行条例》所规定的社会保险费可以由税务机关征收，该处的税务机关的内涵和外延应该与税收征收管理法的定义保持一致。因此，税务分局应当具备社会保险费征收的执法主体资格及相应行政职权。而对于职权范围具有特定性的税务稽查局是否具有相应社会保险费征收、查处职权，本章已专门论述，不再赘述。

关于劳务派遣用工形式下的社会保险费征收问题，我们认为：首先，劳务派遣情况下，用人单位即为派遣单位，而非实际用工单位，法律规定应当缴纳并代扣代缴社会保险费的是用人单位，因此，无论派遣单位的员工去往何处工作，派遣单位均应为员工缴纳社会保险。至于用人单位与其他公司的协议，或用人单位与员工个人的协议，均不能对抗税务机关征收社会保险费。正如本案判决所言，如果用人单位与其他主体有协议，可在缴纳拖欠的社会保险费之后，再依约向其他主体追偿。

第三章 登记环节争议

第一节 社会保险登记概述

在税务机关全责征收社会保险费模式下,登记环节是行政权力运行的初始环节和基础环节。社会保险费征收所涉及的登记一般包括参保登记、缴费登记、变更登记、免参保登记以及注销登记。《社会保险法》第57条第1—2款规定:"用人单位应当自成立之日起三十日内凭营业执照、登记证书或者单位印章,向当地社会保险经办机构申请办理社会保险登记。社会保险经办机构应当自收到申请之日起十五日内予以审核,发给社会保险登记证件;用人单位的社会保险登记事项发生变更或者用人单位依法终止的,应当自变更或者终止之日起三十日内,到社会保险经办机构办理变更或者注销社会保险登记。"该条款所规定的事项为社会保险的参保登记、变更登记、注销登记,要求用人单位在法定期限内办理参加社会保险登记,并获取社会保险登记证。如登记事项发生变更或终止应及时办理变更、注销登记。《社会保险法》没有直接规定免参保登记,实践中对于已办理税务登记且符合下列条件之一的单位,应办理免参保登记[①]:(1)业主从未参保且已超龄(男60周岁以上,女55周岁以上),又无其他雇员的个体工商户;(2)全员已在其他单位参保的缴费单位。

《社会保险法》没有明确缴费登记的概念。在社会保险经办机构征收模式下,参保登记和缴费登记可以一并处理,但在税务部门征收模式下,尤其

---

① 以各地规定和实际操作为准。

是税务机关全责征收模式下,缴费登记一般应由税务机关处理,参保登记由社会保险经办机构处理。正是由于参保登记和缴费登记的分离,导致登记权限、信息定性以及信息匹配等方面的争议。实践中,还存在增员、减员缴费登记,补缴登记以及延缴登记等情形。

从行政法角度而言,社会保险登记属于行政决定,可归入行政确认范畴。无论是参保登记还是缴费登记,都是行政职能部门对社会保险费参保、缴费事实的一种确认,并宣示其法律效力。登记本身并不创设除登记以外的权利义务关系,也不直接形成或处分相对人的权利义务。其功能仅在于对世宣示社会保险参保、缴费关系的存在与效力,并起到对抗第三人的法律作用。由于社会保险登记属于行政决定的一种形式,相对人如果对登记行为不服,有权就此提起行政复议、行政诉讼。

税务部门全责征收社会保险费模式下,一般由税务部门办理除参保登记之外的其他登记业务,而且一般由用人单位先行在税务机关办理缴费登记业务后,再由社会保险经办机构根据税务机关提供的缴费登记信息办理参保登记。原广东省劳动和社会保障厅、原广东省地方税务局共同制定的《广东省社会保险费地税全责征收实施办法(暂行)》第3条第1项规定:"地方税务机关负责办理缴费登记,社会保险经办机构根据地方税务机关提供缴费登记信息办理参保登记。本办法实施前已在社会保险经办机构办理参保登记的单位,有关信息由社会保险经办机构提供给地方税务机关。"正是由于地方税务机关承接了社会保险经办机构的登记职能,且将社会保险费缴费登记置于参保登记之前,导致在登记环节容易因职权不清、程序不明、审查不当等情形引发争议。

第二节 登记资料审查

社会保险征收所涉及的登记事项仅是行政确认,其与行政许可、行政处罚等行政决定在作出前的审查职责有着本质区别。社会保险征收登记仅由行政职能部门设定正向的登记所需文件、证明等资料,登记部门对于该等资料负有一定的审查义务，但该种审查主要指对文件资料的形式审查，即文件在制作形式、种类要求、格式规范等形式方面是否符合要求；而对于该文件的真实性、合法性，登记机关并不需要在登记环节予以实质性核查。

税务部门全责征收社会保险费模式下，税务部门负责除参保登记以外的其他登记事项。由于国家层面缺乏统一的对登记事项的法律规范，而实行全责征收的各地所制定的登记规程多数未落实到规范性法律文件的层面，仅通过内部办事规程确定登记流程，甚至完全没有登记流程，导致实践中出现大量因登记资料审查不恰当而形成的行政争议。

一、关于是否提供登记资料的问题

在资料审查上，首先要解决的问题为是否需要提供资料供税务部门审查。一般而言，税务部门在全责征收社会保险费过程中所涉及的登记包括门前登记和网络登记两种形式。其中，缴费登记、免缴费登记、注销缴费登记一般均采用门前办理的形式，即申请人应在税务部门办事服务厅进行岗前办理。该种门前办理一般需要申请人填写相关事项的申请登记表格，并提供相关资料审查。如办理缴费登记，一般需由符合条件的参保单位自领取营业执照（或自成立）之日起 30 日内携带以下资料向其经营所在地税务部门登记受理岗申请办理缴费登记[①]：（1）税务（社会保险缴费）登记表；（2）法人（负责人）身份证件原件及复印件；（3）营业执照原件及复印件；（4）税务登记证副本；（5）应参保员工花名册。这是税务部门对登记行为规定的正向登记所需资料。在资料齐备的情况下，税务部门应在相应的期限内办理缴费登记。在用人单位经营过程中，如发生新员工入职或者现有员工离职，则需要进行增员、减员登记。税务机关为了提高登记效率，可能采用门前登记、网络登记相结合的形式予以办理。门前增员、减员登记同样需要提供相关资料供税务部门审查。如增员登记，一般需要提供所增加人员的身份证明以及建立劳动关系的证明等材料。网络增员、减员登记则一般无须提供相关资料，直接

[①] 实际所需资料以各地要求为准。

由企业自行在网络系统中发起增员、减员记录登记，税务部门一般不对该类登记行为进行资料即时审查，但一般也要求企业留存相关证明资料备查。

随着政务活动信息化的发展，网络登记将越来越广泛地得到适用。该种登记方式虽然可以提高登记效率，但在实践中也不可避免地存在一些问题。网络登记一般缺少资料现场审查环节，导致用人单位自主性过大。实践中经常出现用人单位发起网络增员、减员登记后，被增员或减员的劳动者认为增员、减员登记错误，从而要求用人单位进行纠正的问题。劳动者如果以社会保险缴费登记错误为由对行政机关提起行政复议，甚至行政诉讼的话，则税务部门应向复议机关或法院提供证据及法律依据说明其登记行为程序和实体的合法性。而事实是，目前绝大多数省、市没有社会保险缴费登记的程序性规定。在缺乏程序性规定的情形下，行政行为的确立只能通过合理性解释予以弥补。由于在网络登记程序中，税务机关没有要求申请单位提供相关资料审查，在没有法定程序免除税务机关审查义务的情况下，税务部门在行政复议和诉讼中将面临被动地位。

因此，在社会保险登记环节，无论是采用门前登记还是网络登记，最为迫切的是应由各省、市制定统一的登记程序规范性法律文件。对于登记所需提供的资料按登记种类的不同提供正向指引。尤其在网络登记程序中，在明确用人单位采用网络登记的情况下，应确保其所录入资料的真实性、合法性，并对此承担法律责任，税务部门无须进行即时审查；同时可规定用人单位在办理网络登记时，应留存相关的文件、证明材料备查。这样一方面可以规范企业发起网络登记的责任意识，另一方面可以在争议发生时明确参与登记各方的责、权、利。

二、关于税务部门对登记资料审查方式的问题

税务部门在登记程序中，一般应对登记所需资料进行审查确认。对于符合登记条件的予以登记，不符合登记条件的在补充、补正后符合条件的，予以登记。但对于税务部门登记审查的方式到底应为形式审查还是实质审查，在实践中往往容易产生争议。尤其是对用人单位与劳动者之间的劳动关系证

明材料的审查，参与登记的各方均容易产生误解。从登记行为的行政效力而言，由于社会保险费征收所涉及的登记实际为行政确认行为，仅是确认一种资格或者法律关系，其本身并不设定除登记行为以外的权利、义务关系。另外，限于税务部门的行政职权，其并不具备判定劳动关系实际有无、劳动关系真假，甚至是否合法的判定权。因此，不能苛责税务部门在登记过程中对用人单位提供的员工花名册、劳动合同、解除劳动关系证明等资料进行实质审查，更不能要求税务部门脱离登记资料对用人单位及劳动者之间的劳动关系进行实质调查、认定。该种登记意义上的资料审查，应限定为形式审查，即只要用人单位所提供的劳动关系材料符合基本的形式要求，则应当认定税务部门尽到了审查义务。例如，在增员登记中，如果用人单位所提供的其与劳动者签署的劳动合同具备企业印章、劳动者签名，企业印章、劳动者签名与其身份资料相互吻合，则税务部门可以凭此进行增员登记；而不能要求税务部门去辨别印章和签名的真伪，也不能要求税务部门审查劳动关系的事实有无及合法性。

当然，对于税务部门而言，在进行登记材料的审查时，应把握一个总体原则，即只要该登记行为可能会对劳动者或用人单位的实际权利义务产生影响，则在进行审查时，应确认申请人所提供的文件资料是否经过用人单位及劳动者双方的形式确认。例如，在减员登记中，如果用人单位发起减员，但所提供的解除劳动关系证明并没有劳动者的确认，而仅是用人单位的单方证明，则应当认定该证明不符合减员登记的形式要求。

实践中，税务部门往往会对劳动关系证据的证明力产生疑问。税务部门在进行劳动关系确认的资料审查中，应把握自认和公证两个标准。自认标准，即由劳动关系双方自行签署的确认文件，最典型的为劳动合同；公证标准，即有公信力的法律文件证明材料，如劳动仲裁委员会或司法机关关于劳动关系的认定文件。除此之外，税务部门不宜主动、直接对劳动关系存在与否进行直接界定。但这并不意味着税务部门在劳动关系争议的情况下必然不能作出是否登记的决定。如劳动者和用人单位在劳动关系中虽存在争议，但税务部门所取得的现有材料符合登记的形式要求，税务部门仍可以进行登记。只不过该种登记的效力最终会因为劳动争议部门或人民法院对劳动争议的确认结果而产生影响。为确保行政登记效力的稳定性，在劳动者和用人单位因劳动关系产生争议的情况下，一般也可建议双方通过有权机关明确劳动关系后再处理登记事宜。

第三节　职权范围争议

行政行为合法性首要问题，是行政机关所实施行政行为的职权范围确定问题。如果行政机关不具备某项行政行为的职权，而越权实施该行为，则人民法院有权以超越行政权限为由确认该行政行为违法，甚至无效。税务部门在社会保险登记环节也要注意职权范围问题。

首先，应厘清税务部门的登记行为与社会保险经办机构在登记职权上的划分。税务部门全责征收社会保险费后，其全部职权几乎都来源于社会保险经办机构，而目前又缺乏国家层面的法律、法规就相关权限进行界定，导致实践中存在职权不明、职权缺位的现象。例如，参保登记属于社会保险经办机构的行政职责，而缴费登记属于税务部门的行政职责，两者不能混淆。就现有实践而言，用人单位应先向税务部门办理缴费登记。社会保险经办机构根据税务部门提供的缴费登记信息办理参保登记。这里需要明确的一个问题是，社会保险经办机构根据税务部门的缴费登记信息办理参保登记，意味着税务部门的登记信息成为社保经办机构办理参保登记的前提信息。这要求税务部门对于相关登记信息的真实性、准确性承担更高的审查责任。

其次，税务部门全责征收社会保险费登记应厘清与劳动行政部门的职权。社会保险费参保既是劳动者的权利也是劳动者的义务。一般而言，除以灵活就业人员身份参加社会保险、社会保险费延缴等情形以外，一般的参保行为均以劳动者与用人单位存在劳动关系为前提。正是由于参保缴费登记行为与劳动关系存在条件和结果的逻辑关系，导致税务部门在履行登记过程中，涉及对用人单位与劳动者之间劳动关系的审查。在该问题上，税务部门始终要明确劳动关系的实质认定并非税务部门的行政职权，税务部门不具备确认劳动关系是否存在、合法与否的职权，不能对此进行认定。税务部门需要审查的仅是其登记过程中所搜集、审查的劳动关系证明资料的有无以及是否符合相关规程的形式要求。

最后，税务部门全责征收社会保险费登记应厘清与其他相关部门的职权。税务部门在进行社会保险缴费及其他登记过程中会涉及工资基数、经营地址、缴费人身份等具体信息。税务部门不具备确认该等信息实质真实、合法的行政职权。例如，对于缴费人的身份信息到底为工人还是干部，此涉及缴费人社保待遇享受时间，税务部门无权在登记过程中进行认定或更改，而只应审查该等信息证明文件在形式上符合登记本身规程即可。

参与登记的各方均应明确登记行为所对应的登记机关的职权范围，否则在处理登记事务过程中容易产生争议。如劳动者或用人单位要求登记机关进行登记、确认的事项超出了其职权范围而无法处理所可能产生的不作为行政争议。如果登记机关接受申请或依职权进行超越职权范围的登记，又可能导致登记行为不合法甚至无效。为避免此类争议的产生，要求登记各方对登记机关的职权范围进行明确判断。

第四节　登记错误处理

税务部门在处理社会保险费登记过程中，难免会出现错误。对于实践中出现的各种错误应如何处理，登记部门应谨慎对待，否则容易产生行政争议。常见的登记错误主要有以下几类：一为单纯数据录入错误，二为数据采集错误，三为数据审核错误。单纯数据录入错误，指工作人员或用人单位网上录入人员因操作失误，将登记资料上记载的数据错误地上传，如在录入缴费人姓名时有拼写错误；数据采集错误，指登记人员根据申请资料综合有关信息时产生错误，并上传系统，如在办理社会保险费补缴时，错误计算应补缴的年限；数据审核错误，一般指登记人员在对信息进行实质审核时超越职权所产生的认定错误，如登记人员在登记时对劳动者与用人单位之间的劳动关系进行实质性认定，并根据认定结果决定登记信息。

对于该等错误的处理方式，首先应充分衡量该错误登记是否会影响当事人的实际权利义务关系，如果答案是肯定的，则要预见争议产生的最大可能性。如果是单纯数据录入错误，由于数据录入本身，只是将相关的数据信息化，并不改变真实的数据关系，一般可由登记机关在发现后主动予以纠正，对相对人的实际权益不会产生实际影响，产生争议的可能性不大，或者即使产生争议，也相对比较容易解决。对于数据采集错误以及数据审核错误，则涉及登记人员对相关数据的整理、审核，一旦出现错误，不仅容易对相对人产生误导，还会影响相对人的实际权益。在进行该类错误的纠正时，应将其作为撤销或改正某项行政行为的正式行政事项，依法定程序进行。例如，对于登记人员将缴费人员应补缴社会保险费月数计算错误，则对于该错误的纠正，一般应按相关程序撤回或撤销原登记行为，再予以重新核定。实践中面临的问题是，多数登记部门因目前尚无法定行政纠错程序而无所适从，相对人也往往会认为行政机关在撤销、撤回行政行为的过程中过分随意，缺乏法律依据，从而对该类行政决定的合法性产生争议。

因此，对于登记部门而言，无论是依申请还是依职权纠正错误登记行为，只要该登记行为的变更对相对人将产生实质性影响，则应该充分预见争议产生的可能性，并严格依照相关程序和法律规定作出撤回、撤销或纠正的行政决定，以避免争议的产生，保障相对人的合法权益。

第五节　案例评述

案例3-1　杜某与某税务局变更社会保险信息系统身份案

‖案情简介‖

2013年8月，第三人A公司向被告某税务局递交了申请、变更个人信息申报表和某公司员工劳动合同等资料，申请将其公司职工杜某（本案原告）等3人的社保干部身份修改为工人身份。同日，被告某税务局在社会保险费征收管理信息系统将原告的身份由"干部"变更为"工人"。原告不服，申请行政复议，复议机关于2013年12月作出行政复议决定书，维持被告某税务局的上述变更行为。原告仍不服，诉至法院，要求法院撤销某税务局2013年8月在社会保险信息系统中将原告身份由"干部"变更为"工人"的具体行政行为。

┃税务局答辩┃

被告某税务局辩称：（1）征管系统与社保部门信息系统系两套不同的系统，某税务局仅依据原审第三人申请材料进行数据录入工作。实际上，地税部门仅依据第三人A公司提供的劳动合同上注明的身份，在地税部门征管系统上进行数据录入工作。关于身份的核准以及保险待遇的发放仍为社保部门的职责，对于身份变更的核准工作由社保部门完成。（2）某税务局是依据第三人A公司的申请录入数据，且与第三人A公司提交的材料相一致。某税务局依据第三人A公司提交的材料所做信息录入，并不涉及身份核准。而是就材料所载明的内容进行数据录入操作，并将数据传递到社保部门，该处理行为合法合理。（3）根据现行规定，涉及员工身份的问题，无论是新登记、变更身份认定，还是数据录入，都应以原告与第三人A公司的劳动合同所载内容为基础。

┃法院裁判┃

法院经审理认为：根据《社会保险法》及当地全责征收规范性文件的规定，某税务局负责社会保险费征缴环节中的缴费登记、申报、审核（核定）、征收、追欠、查处、划解财政专户等相关工作，具有本案所涉行政行为的行政职权。但其职权是社会保险费征缴中的缴费登记等工作，并不包括对杜某身份的认定。本案中，第三人A公司向某税务局申请将杜某的身份由"干部"变更为"工人"，该变更不只是对杜某社会保险费征缴信息的更改，还涉及对杜某身份的认定，影响到原告的退休时间，显然已超出上述规定中社会保险费征缴环节的范围，因此某税务局不能提供充分的职权依据证实其具有对参保人员身份认定的职责。某税务局对杜某的身份由"干部"变更为"工人"属于超越职权作出的行政行为。根据《行政诉讼法》第 54 条第 2 项①的规定，判决：撤销某税务局于 2013 年 8 月在社会保险信息系统中将原告杜某身份由"干部"变更为"工人"的行政行为。

┃案件评析┃

本案是一例典型的社会保险参保信息登记错误而引发的行政诉讼。登记错误的类型可以归结为数据审核错误。某税务局在本案中败诉的根本原因在于，其仅依据 A 公司一方的申请对杜某的缴费信息予以更改。很显然，将杜某的身份信息由"干部"变更为"工人"，对杜某的退休时间及社保待遇均会产生影响。换言之，该类信息的更改将对杜某的实际权益产生影响，而更改行为本身也将因此被纳入行政复议和行政诉讼的范畴。从社会保险缴费登记的形式审查观点出发，某税务局本应核查该变更的证明文件是否经劳动者同意、确认，且该核查亦仅为对劳动者表述内容及签名的形式审查，不对其身份进行实质性认定。而本案中，某税务局履行的并非审查义务，而是依据 A 公司的单方申请，直接予以变更。这相当于对杜某的身份直接进行了正向确认，超越了其行政职权，影响了杜某的实际权益，理应撤销。

因此，就登记部门行政行为合法性角度而言，对于社会保险登记信息的确立和修改，一般应依据用人单位和劳动者的双方确认，或者依据有权部门的生效文件作出，否则将容易产生争议，且承担不利的诉讼后果。

案例 3-2 叶某与某税务局增减员登记案

┃案情简介┃

叶某曾是某市国有企业职工，自 2010 年 7 月 1 日起双方已不存在劳动关系。在该企业改制过程中，叶某的劳动关系转移至该企业的下属企业。该国

---

① 根据本案发生的时间，本案适用的是 1989 年版《行政诉讼法》第 54 条第 2 项。

033

有企业在劳动关系移转的同时，向所属的税务部门办理减员登记，同时由劳动关系接收单位向所属税务部门办理增员登记。但叶某本人对于本次劳动关系的转移存在异议，认为其与接收单位并不存在劳动关系，不应由接收单位为其办理社会保险参保登记。此后，其向该市人力资源和社会保障部门提出信访事项，人力资源和社会保障部门答复确认接收公司对叶某进行的就业登记无效，并删除了该就业登记。叶某在取得人社部门的答复后，以其与接收单位不存在劳动关系为由，向税务部门提出信访事项，要求社保退费。税务部门作出信访事项处理意见书，答复不同意退费，同时说明"市人力资源和社会保障局删除叶某在某分公司的就业登记并非否定双方之间可能存在的事实劳动关系。叶某提交的市人力资源和社会保障局作出的复函不能作为其要求办理社会保险费退费的有效凭证，至于其与某公司之间是否存在劳动关系的争议，可通过仲裁、诉讼等法律途径解决"。

叶某不服上述处理意见，向某市地方税务局申请复查，某市地方税务局受理后作出信访事项复查意见书，维持了信访事项处理意见书的处理意见。叶某仍不服，遂提起本案诉讼。

┃税务局答辩┃

被告某税务局辩称：（1）信访处理意见不属于行政诉讼的受案范围。《最高人民法院关于不服信访工作机构依据〈信访条例〉处理信访事项的行为提起行政诉讼人民法院是否受理的复函》规定，对信访事项有权处理的行政机关依据《信访条例》作出的处理意见、复查意见、复核意见和不再受理决定，信访人不服提起行政诉讼的，人民法院不予受理。（2）信访事项处理意见书作出的形式和程序合法。（3）信访事项处理意见书认定事实清楚、证据确凿、适用法律法规正确。首先，某地方税务局为缴费单位提供网上自行办理社会保险费增减员登记功能，并提示缴费单位对填列资料的真实性负责。某市国有企业可自行通过网上办理减员登记。其次，针对叶某信访所反映的问题，税务局分别对改制企业和接收企业进行了检查。其中，改制企业提交了生效民事判决书一份，用于证明其办理减员符合客观事实。接收企业提供了社会保险申报流程的说明及员工划拨手册、考勤表、工资条等证据材料。

根据检查情况，税务部门并未发现存在错征或多征社会保险费而应予退费的情况。据此，叶某暂不符合办理社保退费的条件。综上，税务部门作出的信访事项处理意见书程序合法、证据确凿、适用法律法规正确，原告的起诉没有依据，不能成立。为保障社会保险基金的安全性，请求人民法院依法驳回原告的诉讼请求。

‖ 法院裁判 ‖

法院经审理认为：《最高人民法院关于执行〈中华人民共和国行政诉讼法〉若干问题的解释》第1条第1款规定："公民、法人或者其他组织对具有国家行政职权的机关和组织及其工作人员的行政行为不服，依法提起诉讼的，属于人民法院行政诉讼的受案范围。"《某省社会保险费征缴办法》第4条第1款规定："社会保险费由地方税务机关征收。"《某省社会保险费地税全责征收实施办法（暂行）》第3条规定："地方税务机关负责办理缴费登记……"由此，地方税务机关负有征收社会保险费并办理缴费登记的行政职责。本案中，原告向市地方税务局信访反映其社会保险费的增减员登记及退费等问题，被告针对其反映的上述问题依职权进行了相应调查后，作出不予退费的信访处理意见，该行为已对原告的权利义务产生实际影响，具有可诉性。被告认为其作出的信访处理意见不属于行政诉讼受案范围，于法无据，本院不予采纳。另，被告在收到原告反映的上述问题后，进行了相应调查，查明了原告与改制企业于2010年7月起不存在劳动关系及进行社会保险增减员登记等事实，并调取查阅了相应的民事判决、员工划拨手册、考勤表、工资条等证据材料，已依法履行调查职责。虽然市人力资源和社会保障局出具的信访答复载有删除就业登记记录的内容，但该答复同时说明撤销就业登记记录并非否定双方可能存在的事实劳动关系。原告对此亦未提交其他有力证据予以证明，故被告据此认为市人力资源和社会保障局作出的上述答复不能作为叶某要求办理社会保险费退费的有效凭证并作出本案信访事项处理意见书并无不妥。原告的诉请无事实和法律依据，本院不予支持。判决：驳回原告的诉讼请求。

案件评析

本案是一起典型的因企业通过网络自行办理社会保险增减员登记而引起的行政诉讼案件。如果将社会保险增减员登记视作行政登记行为，则应为其确立相应的登记程序和规范，否则容易导致纠纷，且在纠纷发生时，不能找到相应的依据进行合法性评定。本案中，叶某之所以提出税务部门受理用人单位为其办理增员不合法，主要理由在于，其认为用人单位在办理增员登记时，并无其认可并签署的法律文件，而税务部门在未核查其本人意见的情况下，接受了增员登记，导致社会保险费缴交关系争议。

在该种诉求之下，本案争议的焦点问题主要在于税务部门受理用人单位网络增减员登记时须尽到何种材料审查义务。目前而言，对于网络增减员登记，一般由用人单位自行发起，由用人单位对其登记的信息和资料的真实性、合法性负责，税务部门并无明确的审核义务。但这种做法仅是实践中的普遍做法，并没有上升到法律文件层面的明确规定，这导致税务部门在阐述行政行为的合法性方面存在一定障碍。当然，就本案而言，由于税务部门所调取的证据可以从形式上反映出原告与接收单位存在劳动关系，如果原告认为该形式上的劳动关系不成立，其应首先取得劳动行政部门或其他有权单位出具的有效劳动关系证明文件。

在确定劳动关系有无的问题上，不能要求税务部门进行实质审查。一方面，税务部门不具有劳动关系认定的职权，无权就劳动关系状态作出最终判断；另一方面，税务部门在进行登记审查中，也不可能就所有登记行为进行劳动关系的实质审查。但税务部门在进行增减员登记过程中，应尽量取得用人单位和劳动者对劳动关系有无的确认文件，这样的做法对于防范登记行为可能产生的行政争议具有积极作用。在立法层面应尽快确立社会保险登记行为，包括增减员登记行为的程序规则，应是解决和预防此类争议的最有效的办法。

当然，本案还涉及信访答复意见可诉性问题。因本案发生于《行政诉讼法》修正前，当时未明确信访事项可诉与否。2017年《行政诉讼法》修正以后，2018年《最高人民法院关于适用〈中华人民共和国行政诉讼法〉的解释》第1条规定,"公民、法人或者其他组织对行政机关及其工作人员的行政行为不服,依法提起诉讼的,属于人民法院行政诉讼的受案范围。下列行为不属于人民法院行政诉讼的受案范围:……(九)行政机关针对信访事项作出的登记、受理、交办、转送、复查、复核意见等行为……"因此,一般而言,信访答复意见不具有可诉性。本案中人民法院从行政相对人权利义务已受影响角度受案处理,虽有当时法律规定未明确的因素,但一定程度上也反映出立案登记制度下,人民法院对于行政诉讼的受案范围越来越宽泛的现象。

案例3-3 邓某与某地税局社保缴费登记案

‖案情简介‖

2014年12月,邓某要求某税务分局责令某国有企业为其补缴1994年1月至2011年4月的养老保险费。根据此前某区法院的生效判决,邓某为该国有企业下属A企业的"不在岗职工",A企业已于2002年破产,邓某既没有实际提供劳动,也没有且不应该领取A企业的工资,该国有企业应承继A企业与邓某劳动关系中的权利义务。邓某在省社会保险基金管理局没有办理养老、工伤、生育登记。该国有企业认为其没有义务为邓某补缴当年的社会保险费。税务分局就该国有企业是否有为邓某缴纳社会保险费的义务等问题向省地税局规费处进行了请示并收到省直社会保险费稽核投诉回复书。税务分局向邓某出具了该回复书,认为邓某为A企业的不在岗职工,既没有提供实际劳动,也没有领取工资,根据《社会保险法》第七章第58条"用人单位应当自用工之日起三十日内为其职工向社会保险经办机构申请办理社会保险登记……"的规定可以看出单位为职工参保和缴交社会保险费的责任是建立在事实用工的基础上的,所以该国有企业没有责任为邓某补缴社会保险费,不支持邓某要求责令补缴的请求。邓某对以上答复不服,遂向法院提起行政诉讼,请求法院撤销省直社保费稽核投诉回复书;责令税务分局追缴1994年1月至2011年4月某国有企业欠缴的社会养老保险费。

税务局答辩

被告某税务分局辩称：邓某对其没有提供劳动、没有工资的事实予以承认。我国法律在认定是否存在劳动关系这一问题上，判断标准就是用工，即只有提供实际劳动才能认定建立了劳动关系，若没有提供实际劳动，就没有建立劳动关系。邓某几十年来一直没有提供劳动，其与 A 企业之间已经不存在劳动关系。邓某只有提供劳动才能获得报酬及社会保险福利，而其一直没有提供劳动，故无权要求国有企业补缴社保。邓某的诉讼请求于法无据，请人民法院依法驳回原告的诉讼请求。

法院裁判

法院经审理认为：税务分局负有处理对违反社会保险法律、法规行为的举报、投诉，并责令应缴而未按时足额缴纳社会保险费的用人单位限期缴纳或者补足社会保险费的职能。根据某区法院的生效判决及《社会保险法》第 12 条第 1 款规定："用人单位应当按照国家规定的本单位职工工资总额的比例缴纳基本养老保险费，记入基本养老保险统筹基金。"由于邓某在 A 企业的实际工资为零，因此，该国有企业应为邓某按比例缴纳的基本养老保险费也应为零。《社会保险法》第 58 条第 1 款规定，用人单位为劳动者缴纳社会保险费的前提是已经实际用工。邓某作为 A 企业职工，一直不在岗，没有实际提供劳动，也没有领取工资，没有对 A 企业尽到劳动者应尽的义务，该国有企业自然也不负有为其缴纳养老保险费的义务。税务分局作出的投诉回复书并无不当，邓某的诉讼请求缺乏法律依据，法院不予支持。依照《行政诉讼法》第 69 条的规定，判决：驳回原告邓某的诉讼请求。

案件评析

本案涉及的是社会保险缴费登记及征缴问题。按照全责征收制度，税务部门应负责社会保险缴费登记。用人单位应在用工后的法定期限内为劳动者办理缴费登记。对于税务部门而言，在办理该类缴费登记时，应就劳动关系是否存在进行形式核查。当用人单位和劳动者对是否存在劳动关系发生纠纷，且双方均无法提供存在或不存在的有效证明文件时，税务部门一般不宜直接就劳动关系的有无进行界定,而应该指引双方当事人先就劳动关系存在与否进行劳动仲裁、诉讼。在取得生效证明文件后,再作出登记或不登记的决定。

但是,若从形式上可判定劳动关系有无,执法条件已满足,则税务机关依据已符合登记要求的现有材料,可作出相应的登记行为。该登记行为并不意味着税务机关对劳动关系的实质判定,而是对执法条件的评价。当然,如果税务部门对劳动关系的判定最终与劳动仲裁部门、人民法院的裁判文书相违背,不能代表税务部门作出的行政行为错误,而应视为因现实因素变更导致执法条件不再具备,执法行为相应变更的情况。此时税务部门应根据相应的生效裁判文书进行纠正。因此,为避免争议和错误产生,在不影响社会保险费征收效率的情况下,一般应在劳动关系争议界定后,再进行登记处理。

案例3-4 郑某与某地税局社保缴费登记案

案情简介

A药店是郑某于1992年注册成立的个体工商户。2009年12月,某地税局向A药店发出责令限期改正通知书,以A药店未按规定办理纳税申报或者报送代扣代缴、代收代缴税款报告事项,限其于2010年1月前补缴2009年4月至2009年11月的社会保险费。郑某按通知要求去补缴社会保险费时,被告知A药店的参保人不是郑某而是罗某。因参保资料不对,郑某未能补缴相关费用。此后,郑某多次要求地税局变更参保资料。地税局、社保局均认为非己方责任。2013年12月,郑某向信访局申诉。地税局复函,辩称社保数据错误,是2009年5月前的,而2009年5月前的资料由社保局负责。被告社保局复函,辩称A药店、郑某和罗某在社保局均无参保资料。2014年6月,地税局出具了书面证明,证实2009年4月地税局社会保险费电脑征收系统上线运行,因电脑征收系统产生错误数据,导致数据显示A药店名下的参保人为罗某。社保局移交给税务局的参保资料没有A药店、郑某和罗某的参保资料。郑某认为其有参保享受职工养老保险待遇的权利,且几年来为了维权花费了大量时间、精力和路费。于是,郑某以该税务局、社保局为被告提起行政诉讼,请求判令两被告纠正错误,为其补办2000年起的企业职工养老保险参保手续，并请求判令两被告赔偿原告精神损失和经济损失共 2 万元。

▍社保局答辩▍

被告某社保局答辩称：（1）郑某曾多次来了解具体情况，已知某社保局于 2009 年 4 月移交某地税局的参保资料中，没有 A 药店、郑某和罗某的参保资料。（2）郑某多次向某社保局解释，其属于个体工商户，不符合补缴条件，且已达到法定退休年龄，不建议参加职工养老保险。（3）郑某要求某社保局纠正错误，补办自 2000 年起的职工养老保险均与某社保局无关。据此，郑某的诉求没有法律依据，应予驳回。

▍税务局答辩▍

被告某地税局答辩称：（1）郑某的起诉已超过起诉期限，应予驳回。我局已于 2010 年 1 月向 A 药店发出催缴罗某社会保险费欠费的责令限期改正通知书，郑某以 A 药店业主的身份签收。从此时起，郑某已知道我局作出的具体行政行为。而郑某直至 2014 年 8 月才提起诉讼，明显超过起诉期限。（2）我局已履行了法定职责。A 药店错误数据产生是 2009 年地税系统对社会保险费全责征收时系统测试产生的，由于当时测试人员没有及时删除测试数据而保留于系统中。我局的错误并没有影响到郑某的参保权利，郑某只要提供有关参保资料，并履行相关手续，其就可以从申请之日起缴费参保。且我局的过错没有对其参保造成损害，故对其提出的损失不予赔偿。此外，郑某要求为其补办 2000 年起的职工养老参保手续没有法律依据，也不属于我局职责，请求法院予以驳回。

▍法院裁判▍

法院经审理认为：第一，被告某地税局称原告的起诉已超过起诉期限的答辩因未能举证，本院不予支持。本院认为，原告于 2009 年 12 月收到责令限期改正通知书，后要求两被告变更资料，补缴社会保险费，2013 年 12 月向信访局申诉，并于 2014 年 6 月提起诉讼。《最高人民法院关于执行〈中华人民共和国行政诉讼法〉若干问题的解释》第 39 条第 1 款规定，公民、法人或者其他组织申请行政机关履行法定职责，行政机关在接到申请之日起 60

日内不履行的，公民、法人或者其他组织向人民法院提起诉讼，人民法院应当依法受理。该司法解释第41条第1款规定，行政机关作出具体行政行为时，未告知公民、法人或者其他组织诉权或者起诉期限的，起诉期限从公民、法人或者其他组织知道或者应当知道诉权或者起诉期限之日起计算，但从知道或者应当知道具体行政行为内容之日起最长不得超过2年。行政不作为的起诉期限应从当事人申请行政作为，行政机关不予答复或不予处理时起算。根据《最高人民法院关于行政诉讼证据若干问题的规定》第4条第3款"被告认为原告起诉超过法定期限的，由被告承担举证责任"的规定，应当由被告地税局举证证明原告郑某提出申请的时间与向信访局申诉之间已超过两年。因被告地税局未能举证，故对其辩称原告的起诉已超过起诉期限，不予支持。

第二，原告不符合办理补缴手续的条件。根据《最高人民法院关于行政诉讼证据若干问题的规定》第4条"公民、法人或者其他组织向人民法院起诉时，应当提供其符合起诉条件的相应的证据材料。在起诉被告不作为的案件中，原告应当提供其在行政程序中曾经提出申请的证据材料"的规定，原告应当提供符合起诉条件的相应证据材料。本案中，原告要求被告补办2000年起的企业职工养老参保手续，但未能提供证据证明其在2000年提交了申报参加养老保险的材料，因此原告要求补办2000年的养老保险参保手续，没有法律和事实依据。根据《社会保险法》第58条第2款"自愿参加社会保险的无雇工的个体工商户、未在用人单位参加社会保险的非全日制从业人员以及其他灵活就业人员，应当向社会保险经办机构申请办理社会保险登记"的规定，无雇工的个体工商户属于可以自愿参加社会保险的情形，不属于应当参保的人员，故原告不符合办理补缴手续的条件。

第三，原告要求两被告共同赔偿其经济和精神损失2万元的诉讼请求没有证据支撑，本院不予支持。原告主张被告社保局、地税局行政不作为，没有法律和事实依据。虽地税局的电脑征收系统产生错误数据而导致原告的参保资料出现错误，但原告没有就其所提，由被告社保局、税务局共同赔偿其经济损失和精神损失2万元的请求提供相关证据予以证实，本院不予支持。综上所述，依照《最高人民法院关于执行〈中华人民共和国行政诉讼法〉若干问题的解释》第 56 条第 1 款第 1 项的规定，判决：驳回原告的诉讼请求。

┃案件评析┃

　　本案主要涉及社会保险登记资料错误及补缴登记的问题。社会保险登记资料错误，可能导致参保人损失。从行政赔偿的角度而言，如果该登记错误确实由税务部门造成，则税务部门对该错误登记行为所可能导致的相对人的直接损失应承担相应赔偿责任。但是在确定赔偿责任时既要考虑登记错误行为与损失结果之间的直接因果关系，也要考虑损失的现实性、客观性，间接损失、精神损失不属于赔偿范围。本案中涉及的另外一个问题是依申请进行的社会保险补缴登记问题。从行政诉讼举证责任角度而言，一般由行政机关就其行政行为的合法性承担举证责任。但对于依申请而作出的行政行为，则相对人应先就其提出申请的行为进行举证。本案中，原告并未提出证据证明其就社会保险补缴登记提出过申请。因此法院认为，其没有完成对已提出申请的举证责任，应承担举证不能的法律后果。

第四章　申报环节争议

全责征收模式下，一般由税务机关负责受理参保单位和个人的缴费基数调整、增减员变动和基本信息变更申报，包括参保单位因撤销、合并、分立及其他原因提出的信息变更或注销申报，并将申报信息传递到社会保险经办机构。社会保险经办机构依据税务机关传递的明细信息进行登记。实践中，申报环节可能产生的争议类型主要体现为申报信息准确性争议、申报程序责任争议以及不合法申报的查处问题争议等。

第一节　申报信息

社会保险申报信息[①]一般包括：用人单位名称、组织机构代码、地址及联系方式；用人单位开户银行、户名及账号；用人单位的缴费险种、缴费基数、费率、缴费数额；职工名册及职工缴费情况；其他事项。用人单位应当按月在规定期限内到当地税务部门办理缴费申报。税务部门对于申报信息的准确性应进行核实，但该核实亦应限定在形式审核的范畴内，其真实性、合法性应由缴费单位负责，否则会造成税务部门需要对所有申报的缴费基数、缴费险种等与劳动关系、劳动报酬相关事项进行实质判定。一方面，税务部门并不具备对该等申报信息的最终真实性、合法性进行判定的行政职权；另一方面，如此庞大的数据核实也会造成税务部门工作负荷过重，降低行政

---

① 具体以各地实际规定为准。

效率。

在申报信息核查方面，最容易产生纠纷的主要体现为缴费基数、缴费数额的确认问题，以及企业错误申报、隐瞒申报职工缴费人数的责任和查处问题。在缴费基数确认方面，如对用人单位所申报的缴费基数，劳动者存有异议，将产生争议。税务部门一旦在系统中确认和接受了缴费单位的申报，劳动者将通过信访、复议、诉讼等各种方式提出异议，并要求更正。对于税务部门而言，在确认和接受申报时，应尽量核查缴费单位和劳动者双方确认的缴费基数，这些确认材料包括劳动合同、工资证明、劳动仲裁裁决书以及人民法院的判决书等。如由于网络申报等原因没有进行核查，也应要求用人单位留存相关的证明备查。否则，在劳动者提出异议，税务部门又不能证明该申报数额经过劳动者确认的情况下，将使税务部门在后续处理中处于被动地位，甚至承担赔偿、败诉等后果。人力资源和社会保障部发布的《社会保险费申报缴纳管理规定》也规定"用人单位代职工申报的缴费明细以及变动情况应当经职工本人签字认可，由用人单位留存备查"。

实践中，由于全责征收程序尚不完善，又限于网络申报的时效性要求，很多税务部门对企业申报的缴费基数并不进行实质性审核，而是完全由企业自行填报，税务部门一般仅对企业申报的基数是否符合上限、下限进行审查。这是造成目前企业申报的基数与用工实际应缴费基数不符的主要原因之一。该种状况的改善，一方面依赖企业、劳动者双方用工关系的规范化，另一方面依赖有关政策的进一步完善。

第二节　申报义务

依照相关文件规定，用人单位应当自用工之日起30日内为其职工申请办理社会保险登记并申报缴纳社会保险费。可见，排除以灵活就业人员形式参加社会保险、社会保险费延缴等特殊情况外，用人单位在确立劳动关系后负有在法定期限内为员工申报缴纳社会保险费的义务。实践中存在一些特殊用工情况，对于用人单位是否应为劳动者申报缴纳社会保险费存在争议，导致纠纷的发生。常见的一种情形为，员工和劳动者在达成劳动关系后，通过私下协商的方式，免除用人单位申报缴纳社会保险费的义务。然而，劳动者往往会在将来由于劳资纠纷，而另行向税务部门提出信访意见，投诉用人单位不为其申报缴纳社会保险费，要求税务机关责令用人单位改正或强行征缴。还有一种情形为用人单位与劳动者之间在是否存在劳动关系的问题上存在争议，用人单位认为其无须为劳动者申报缴纳社会保险费。该种情况在出租车行业、网络租车等类似的特殊行业较为多见。出租车司机与出租车公司之间的法律关系是承包经营关系还是劳动关系，在实践中存在很大争议。为了避免风险，两者往往会同时签署两份协议，一份为劳动合同，另一份为承包合同，并同时约定出租车公司应为司机缴纳的社会保险费，实际已通过扣减承包费的形式由公司支付给了员工，从而免除公司为司机申报缴纳社会保险费的义务。在这种情况下，如双方产生纠纷，员工往往会向税务部门投诉要求责令出租车公司改正，为其申报缴纳社会保险费。出租车公司则会以其与劳动者不存在劳动关系，或其已向司机支付了社会保险费为由，否认其负有为司机申报缴纳社会保险费的义务。

对于该类型争议的处理，税务部门应首先审查劳动关系是否存在。但如前所述，该种审查应限于形式审查，如各方不能提供劳动关系确立的有效凭证，则应首先建议其通过有权部门确认劳动关系，在取得劳动关系证明文件后再处理社会保险费的申报缴纳问题。如果经有权部门认定，双方存在劳动关系，则应考虑社会保险费的统筹性、强制性要求。用工双方所签署的排除社会保险费申报缴纳义务的协议不能免除缴交社会保险费的法定义务。实践中，有部分法院、劳动仲裁委员会在劳动关系审判、仲裁中，确认用人单位实际已为劳动者承担或另行向其支付了社会保险费用，所以不承担为劳动者缴纳社会保险费的义务。对于该类裁决，税务部门应谨慎适用、准确理解。该类裁决更多的是对民事争议的处理，不能作为行政行为的依据，更不能当然免除用人单位代扣代缴社会保险费的法定义务。

第三节　缴费基数

　　缴费基数的申报和确定是社会保险费征收中的最为实质和重要的环节之一。缴费基数的固定相当于缴费金额的确定，对用人单位和劳动者的缴费金额产生直接和根本性影响。《社会保险法》第12条规定，用人单位应当按照国家规定的本单位职工工资总额的比例缴纳基本养老保险费，记入基本养老保险统筹基金。职工应当按照国家规定的本人工资的比例缴纳基本养老保险费，记入个人账户。无雇工的个体工商户、未在用人单位参加基本养老保险的非全日制从业人员以及其他灵活就业人员参加基本养老保险的，应当按照国家规定缴纳基本养老保险费，分别记入基本养老保险统筹基金和个人账户。可见，《社会保险法》实行的是用人单位和个人的"双基数制"，即用人单位和个人缴费部分采用不同的基数标准。原劳动和社会保障部《关于规范社会保险缴费基数有关问题的通知》①进一步对用人单位、一般职工和特殊职工的缴费基数予以统一、明确，同时也规定基本养老保险和其他险种采用不同基数标准的"双轨制"基数。这一文件也肯定了部分地方整合经办资源，实行社会保险费的统一征收和统一稽核，并将各险种单位和个人的缴费基数统一为单位和个人缴纳基本养老保险费的基数的做法，认为这种做法方便了参保企业和参保人员，有利于提高稽核效率。实践中，已有省份将社会保险费基数统一为"上

---

　　① 该通知第5条规定："关于统一缴费基数问题。（一）参保单位缴纳基本养老保险费的基数可以为职工工资总额，也可以为本单位职工个人缴费工资基数之和，但在全省区市范围内应统一为一种核定办法。单位职工本人缴纳基本养老保险费的基数原则上以上一年度本人月平均工资为基础，在当地职工平均工资的60%—300%的范围内进行核定。特殊情况下个人缴费基数的确定，按原劳动部办公厅关于印发《职工基本养老保险个人账户管理暂行办法》的通知（劳办发〔1997〕116号）的有关规定核定。以个人身份参缴费基数的核定，根据各地贯彻《国务院关于完善职工基本养老保险制度的决定》（国发〔2005〕38号）的有关规定核定。（二）参保单位缴纳基本医疗保险、失业保险、工伤保险、生育保险费的基数为职工工资总额，基本医疗保险、失业保险职工个人缴费基数为本人工资，为便于征缴可以以上一年度个人月平均工资为缴费基数。目前，一些地方整合经办资源，实行社会保险费的统一征收和统一稽核，并将各险种单位和个人的缴费基数统一为单位和个人缴纳基本养老保险费的基数，这种做法方便了参保企业和参保人员，有利于提高稽核效率。"

一年度个人月平均工资"[①]。

表4-1 各险种缴费基数核定方式规定

基本养老保险费基数			医疗保险、失业保险、工伤保险、生育保险
缴费主体		核定方式	
单位		可以为职工工资总额或本单位职工个人缴费工资总额基数之和，但在全省区市范围内应统一为一种核定办法	职工工资总额
一般职工		原则上以上一年度本人月平均工资为基础，在当地职工平均工资的60%—300%的范围内进行核定	医疗保险、失业保险职工个人缴费基数为本人工资，为便于征缴可以上一年度个人月平均工资为缴费基数
特殊职工	新招职工	以起薪当月工资收入作为缴费工资基数，从第二年起，按上一年实发月平均工资作为缴费基数	
	长期脱产学习人员、长假职工，保留工资关系的	以脱产或请假的上一年度月平均工资作为缴费工资基数	
	单位派到境外、国外工作的职工	以出境（国）上一年度在本单位领取的月平均工资作为缴费基数	
	失业后再就业职工	再就业起薪当月的工资作为基数，从第二年起，以上月平均工资作为基数	
	以个人身份参保	根据各地贯彻《国务院关于完善企业职工基本养老保险制度的决定》的有关规定核定	

注：依据《关于规范社会保险缴费基数有关问题的通知》整理。

---

① 国家税务总局广东省税务局发布的《关于调整2018年度省直社保缴费基数的通知》明确："根据省人社部门的规定，2018年度省直社保缴费基数上下限调整为：上限20004元，下限3469元，基本养老单位缴费比例保持不变，自2018年7月1日起执行。请各单位在申缴缴纳省直社保费时做好调整工作，严格按照2017年个人月平均工资收入进行申报。省直社保灵活就业人员可在上下限范围内自行选择缴费基数，如需调整的可到原广东省地方税务局直属税务分局（大企业局）办税服务厅前台办理相关业务。"

申报环节比较容易出现争议的事项为缴费基数的申报。缴费基数一般由缴费单位申报，缴费单位本应按与劳动者协商确定的工资基数依法如实申报。实践中，税务部门一般只对缴费基数是否符合法定的最高限度和最低限度进行审查，不对缴费单位申报的基数进行实质审核。劳动者如果对缴费单位申报的基数提出异议，可要求税务部门纠正。这就可能涉及税务部门需要对缴费单位和劳动者之间的工资数额进行审核认定。由于工资数额的确定，本质上仍属于缴费单位与劳动者对劳动关系具体事项所达成协议的内容，税务部门没有对劳动关系事项进行判定的最终法定职权。因此，在缴费单位与劳动者对缴费基数存在争议的情况下，如果任何一方提供的表面证据，如正式、稳定的工资发放记录，劳动合同的明确约定，生效法律裁判文书的认定等可以明显证明工资的基数，那么税务部门可以此为准进行基数核定。然而，如果双方虽就缴费基数存在争议，但任何一方均无法提供明显的证据证实其主张时，那么税务部门一般不宜直接依职权进行审查、认定，而应建议双方先通过劳动争议处理程序确定工资基数，再以此确定缴费基数。

当然，如果缴费基数不确定并非双方对数额争议所导致，而是由于缴费单位未按规定申报应缴纳的社会保险费数额的，则税务部门有权暂按该单位上月缴费数额的110%确定应缴数额[1]；没有上月缴费数额的，税务部门可以暂按该单位的经营状况、职工人数、当地上一年度职工平均工资等有关情况确定应缴数额。用人单位补办申报手续后，由税务部门按照规定结算。

实践中，还存在一种争议，即劳动者对用人单位缴费基数存在争议，并认为税务部门在用人单位申报时就应当发现基数存在问题而没有发现，存在行政不作为，由此导致劳动者的损失，包括应缴费基数差额导致的保险待遇损失应由税务部门予以赔偿。对于这一类争议，应考量税务部门对于用人单位申报的缴费数额是否具有真实性核查的法定义务。对该问题目前并无明确

---

[1] 《社会保险费申报缴纳管理规定》第8条第2款规定："用人单位未按照规定申报应缴纳的社会保险费数额的，社会保险经办机构暂按该单位上月缴费数额的110%确定应缴数额；没有上月缴费数额的，社会保险经办机构暂按该单位的经营状况、职工人数、当地上年度职工平均工资等有关情况确定应缴数额。用人单位补办申报手续后，由社会保险经办机构按照规定结算。"

的法律规定，一般而言，如果缴费单位所申报的基数明显低于法定最低限额，或明显与用人单位提供的合同约定的数额不一致，则税务部门应当具有核实、纠正的义务。但如果缴费单位申报的数额没有符合限额的规定，且通过网络申报，并未提供劳动合同等文件时，应如何处理？对该类型争议目前只能更多地从行政行为的合理性角度去阐释。由于目前没有统一的申报程序，对网络申报这种新形式更缺乏详细的规范，税务部门在接受网络申报时，到底应如何核查申报信息的真伪，需要税务部门尽快形成统一的程序规则。另外，从行政行为合理性角度而言，网络申报最大益处体现在其时效性，原则上应由用人单位对其申报数额的真实性负责，并留存相关证明文件备查，不应要求税务部门在申报时对申报信息的准确性进行最终核查，否则将失去网络申报的意义。

第四节　双重劳动关系申报

目前，在我国劳动法层面，如果各方协商一致，允许一个人同时与多个用人单位建立劳动关系。对于双重或多重劳动关系下，出现重复申报社会保险费缴纳而产生的争议应如何处理，也是申报环节的常见争议类型。双重劳动关系下是否应重复购买社会保险，目前法律法规并无直接、明确规定。但有关文件对工伤保险的双重购买进行了规定，如原劳动和社会保障部发布的《关于实施〈工伤保险条例〉若干问题的意见》第1条规定，"职工在两个或两个以上用人单位同时就业的，各用人单位应当分别为职工缴纳工伤保险费。职工发生工伤，由职工受到伤害时其工作的单位依法承担工伤保险责任"。但除了工伤保险以外的其他险种，是否可以重复参保，目前并未明确。当然，根据《社会保险法》第58条第3款的规定，国家建立全国统一的个人社会保障号码，个人社会保障号码为公民身份证号码。据此推知，如果在一个用人单位申报缴纳社会保险费后，系统应不接纳另外的申报。但在目前税务部门缴费系统中，很多还不具备排查功能，以及未全国并网的现实情况，实践中会出现重复申报的情况。如发现重复申报，一般应由劳动者作选择性退费处理。

但在退费过程中，又面临没有针对该种情形下退费的法律规定，进而给实际退费工作带来风险。这一问题也需要从立法层面予以规范，如明确在劳动者存在双重或多重劳动关系的情况下，只能选择在其中一个劳动关系下申报缴纳社会保险费，如确实存在重复申报的，劳动者应作退费处理。

第五节　违法申报查处权

《社会保险法》对于用人单位不按时、不足额申报社会保险费具体应如何查处，没有明确规定。仅在第62条规定，"用人单位未按规定申报应当缴纳的社会保险费数额的，按照该单位上月缴费数额的百分之一百一十确定应当缴纳数额；缴费单位补办申报手续后，由社会保险费征收机构按照规定结算"。《社会保险费申报缴纳管理规定》第7条第2款规定，"社会保险经办机构在开展社会保险稽核工作过程中，发现用人单位未如实申报造成漏缴、少缴社会保险费的，按照社会保险法第八十六条的规定处理"。《社会保险法》第86条规定，"用人单位未按时足额缴纳社会保险费的，由社会保险费征收机构责令限期缴纳或者补足，并自欠缴之日起，按日加收万分之五的滞纳金；逾期仍不缴纳的，由有关行政部门处欠缴数额一倍以上三倍以下的罚款"。据此规定，社会保险经办机构对用人单位不如实申报，具有加收滞纳金和行政处罚的权力。

据上述文件规定，税务部门对于用人单位不合法申报行为，有权责令限期缴纳、改正，加收滞纳金，但对于行政处罚权并未明确设定。原广东省地方税务局在《关于进一步落实〈贯彻实施社会保险法工作会议纪要〉的意见》中明确，"用人单位未办理社会保险登记、未按规定申报应当缴纳的社会保险费数额（不申报、申报时瞒报工资总额或者职工人数）的由人力资源社会保障部门依法查处"。由此可见，现阶段全责征收模式下，对税务部门是否具有对用人单位申报行为的查处权，存在一定争议。但2016年7月1日修订后的《广东省社会保险基金监督条例》第 15 条[①]又明确，社会保险费征收机构的职责包括对申报的缴费基数、人数与实际不符的用人单位开展实地核查。该条例第 59 条规定"用人单位不办理社会保险登记，由社会保险费征收机构或者其行政主管部门责令改正；逾期不改正的，对用人单位处应缴社会保险费数额一倍以上三倍以下的罚款，对其直接负责的主管人员和其他直接责任人员处五百元以上三千元以下的罚款。用人单位未按时足额缴纳社会保险费的，由社会保险费征收机构责令限期缴纳或者补足，并自欠缴之日起，按日加收万分之五的滞纳金；逾期仍不缴纳的，由社会保险费征收机构或者其行政主管部门处欠缴数额一倍以上三倍以下的罚款。"该条例通过上述规定赋予了税务部门对申报、登记行为的行政处罚权。但由于《社会保险法》对这一问题并未明确，加之处罚的细则亦没有明确，实践中税务机关对于用人单位的行政处罚仍然需要非常谨慎。

第六节　案例评述

案例 4-1　某公司与某人力资源和社会保障局劳动社会保障行政处理案

|案情简介|

2005 年 11 月 1 日，某人力资源和社会保障局对某公司作出限期缴纳社会保险费决定书，认定某公司欠缴养老保险费 98321.7 元，并申请法院强制执行。2010 年 5 月 20 日，某人力资源和社会保障局作出劳动保障监察行政处理决定书，认定某公司从 2000 年 12 月至 2010 年 2 月，共欠缴养老、医

[①] 该条例第 15 条规定："对社会保险费征收机构的监督主要包括其履行下列职责的情况：（一）按时足额征收社会保险费；（二）对申报的缴费基数、人数与实际不符的用人单位开展实地核查；（三）对用人单位未按时足额缴纳社会保险费的行为进行查处；（四）按照规定将已征收的社会保险费及时存入社会保障基金财政专户；（五）向社会保险经办机构提供缴费单位和个人的缴费情况；（六）参与编制社会保险基金征收预算草案；（七）按照规定程序执行预算，并定期向同级社会保险行政部门和财政部门报告执行情况；（八）社会保险基金征收管理的其他事项。"

疗、失业、工伤、女职工生育保险费共计2590402.49元（其中包含该局在2005年11月1日作出限期缴纳社会保险费决定书中已认定欠缴的养老保险费98321.7元）。某公司不服，向某省人力资源和社会保障厅申请复议，复议决定维持了人力资源和社会保障局作出的行政处理决定。某公司在一审判决其欠缴医疗保险费586188.81元后提起上诉，主张："（1）某人力资源和社会保障局从2005年起没有向我公司或个人每年发送过一次基本养老保险、基本医疗保险个人账户通知单，致使我公司不清楚2005年以后的医疗保险金的数额是否正确，况且我公司并不认可某人力资源和社会保障局的计算数字。（2）我公司与某市供销社的合同书约定有效期限是1998年7月1日起至2008年6月30日止，我公司不应承担2008年6月以后的医疗保险金。请求法院撤销被告某人力资源和社会保障局作出的具体行政行为。"

| 人力资源和社会保障局答辩 |

被告某人力资源和社会保障局辩称：（1）发送基本医疗保险个人账户通知单是我局2005年之前推出的便民措施之一，仅是为了方便职工个人了解基本医疗费个人账户情况，并不是行政征收行为，因此不属于可诉的具体行政行为。（2）根据《社会保险费征缴暂行条例》第2条①、第10条②的规定，某公司作为缴费单位必须按月向我局申报应缴纳的社会保险费数额。某公司不履行申报义务时，我局有权对某公司应缴纳的社会保险费数额进行核定。（3）某公司是独立企业法人，应对与其建立劳动关系的职工缴纳社会保险费。

| 法院裁判 |

法院经审理认为：《劳动法》第72条规定，社会保险基金按照保险类型

---

① 该条例第2条规定："基本养老保险费、基本医疗保险费、失业保险费（以下统称社会保险费）的征收、缴纳，适用本条例。本条例所称缴费单位、缴费个人，是指依照有关法律、行政法规和国务院的规定，应当缴纳社会保险费的单位和个人。"

② 该条例第10条规定："缴费单位必须按月向社会保险经办机构申报应缴纳的社会保险费数额，经社会保险经办机构核定后，在规定的期限内缴纳社会保险费。缴费单位不按规定申报应缴纳的社会保险费数额的，由社会保险经办机构暂按该单位上月缴费数额的百分之一百一十确定应缴数额；没有上月缴费数额的，由社会保险经办机构暂按该单位的经营状况、职工人数等有关情况确定应缴数额。缴费单位补办申报手续并按核定数额缴纳社会保险费后，由社会保险经办机构按照规定结算。"

确定资金来源，逐步实行社会统筹。用人单位和劳动者必须依法参加社会保险，缴纳社会保险费。

《社会保险费征缴暂行条例》第2条规定，基本养老保险费、基本医疗保险费、失业保险费（以下统称社会保险费）的征收、缴纳，适用本条例。本条例所称缴费单位、缴费个人，是指依照有关法律、行政法规和国务院的规定，应当缴纳社会保险费的单位和个人。《社会保险费征缴暂行条例》第10条规定，缴费单位必须按月向社会保险经办机构申报应缴纳的社会保险费数额，经社会保险经办机构核定后，在规定的期限内缴纳社会保险费。缴费单位不按规定申报应缴纳的社会保险费数额的，由社会保险经办机构暂按该单位上月缴费数额的110%确定应缴数额；没有上月缴费数额的，由社会保险经办机构暂按该单位的经营状况、职工人数等有关情况确定应缴数额。缴费单位补办申报手续并按核定数额缴纳社会保险费后，由社会保险经办机构按照规定结算。《社会保险费征缴暂行条例》第16条规定，社会保险经办机构应当建立缴费记录，其中基本养老保险、基本医疗保险并应当按照规定记录个人账户。社会保险经办机构负责保存缴费记录，并保证其完整、安全。社会保险经办机构应当至少每年向缴费个人发送一次基本养老保险、基本医疗保险个人账户通知单。缴费单位、缴费个人有权按照规定查询缴费记录。

本案中，某公司作为缴费单位没有向某人力资源和社会保障局申报应缴纳的社会保险费数额，某人力资源和社会保障局暂按某公司的经营状况、职工人数等有关情况确定应缴数额符合规定。某公司是否认可某人力资源和社会保障局的计算数额均不影响某人力资源和社会保障局按照规定确定应缴数额。某公司可在补办申报手续并按核定数额缴纳社会保险费后，由某人力资源和社会保障局按照规定结算。

根据《社会保险费征缴暂行条例》第16条的规定，人力资源和社会保障局有每年向缴费个人发送一次基本医疗保险个人账户通知单的义务，没有向缴费单位发送的义务。而且按照《社会保险费征缴暂行条例》第10条的规定，应缴纳的社会保险费数额是由缴费单位按月向社会保障局申报并经社会保障局核定的，某公司作为缴费单位按月向某人力资源和社会保障局申报应缴纳的社会保险费数额是其法定义务。某公司上诉称某人力资源和社会保障局从2005年起没有向公司或个人每年发送基本医疗保险个人账户通知单，使其不清楚2005年以后的医疗保险金的数额是否正确，且不认可某人力资源和社会保障局的计算数额的上诉理由不能成立，本院不予支持。

在劳动关系方面，法院认为，某公司虽主张其在2008年6月以后与员工不存在劳动关系，没有义务申报此后的社会保险费，但某公司在职职工工资收入申报表、职工流动医疗保险关系转移申报表等证据可以认定存在劳动关系的事实，某公司的主张不能成立。判决：驳回某公司上诉，维持原判。

| 案件评析 |

该案例是因用人单位未依法申报缴纳员工社会保险费数额而产生的行政诉讼案件。本案中用人单位提出的未按时申报的理由主要有两点，一为人力资源和社会保障部门未向其发送账户通知单，导致其对基数不清晰，无法申报；二为其与员工不存在劳动关系，无须申报。对行政机关而言，本案属于应参保而未参保的查处。在全责征收模式下，应参保未参保的问题一般由人力资源和社会保障部门查处。人力资源和社会保障部门依法核定缴费单位欠缴数额后，将数据传递给税务部门，由税务部门征收。对用人单位而言，按时申报缴纳社会保险费是其法定义务，如果没有法定理由，该义务不能因其主张的其他原因免除。在申报基数方面，如果用人单位未能申报，导致基数不明，人力资源和社会保障部门有权暂按该单位上月缴费数额的110%确定应缴数额；没有上月缴费数额的，暂按该单位的经营状况、职工人数等有关情况确定应缴数额。缴费单位补办申报手续并按核定数额缴纳社会保险费后，由社会保险经办机构按照规定结算。全责征收模式下，对于未申报或未按时申报的查处，税务部门首先应进行职权确定，属于税务部门职权范围的可依法查处，否则，应转由人力资源和社会保障部门处理。

案例4-2 某公司与某社会保险管理处劳动和社会保障行政给付案

| 案情简介 |

2014年2月28日，袁某与某公司签订一份全日制劳动合同书，约定合

同期限为一年，自 2014 年 2 月 25 日起至 2015 年 3 月 31 日止。2014 年 9 月 18 日，某公司向某社会保险管理处提交某县参加社会保险职工增加花名册，为袁某等职工办理增加养老、工伤、失业、生育保险，人员增加时间为 2014 年 10 月。2014 年 10 月至 2015 年 2 月，某公司为袁某缴纳工伤保险费用。2014 年 9 月 29 日，袁某在执行某公司安排的工作任务时发生交通事故，造成右髌骨骨折，多处挫伤。2015 年 5 月 12 日，某人力资源和社会保障局作出工伤认定书，认定袁某上述伤情系工伤。2015 年 12 月 29 日，某市劳动能力鉴定委员会对袁某的伤残情况作出如下鉴定结论：致残程度为十级。2016 年 3 月 4 日，某公司与袁某签订解除劳动关系协议书，约定双方于 2015 年 2 月 12 日起正式解除劳动关系，由某公司一次性支付袁某经济补偿金（含一次性伤残就业补助金等）共计人民币 7.5 万元。2016 年 10 月 30 日，某公司向某社会保险管理处提交工伤赔偿申请书，要求某社会保险管理处按规定给付工伤职工袁某一次性工伤赔偿金，某社会保险管理处收到上述申请后向某公司送达关于某公司申请工伤赔偿答复意见书，认为袁某的工伤待遇应由用人单位自行承担，工伤保险基金不予给付。某公司遂提起行政诉讼，认为其于 2014 年 9 月 18 日就已经某社会保险管理处审核通过与袁某建立社会保险关系，请求法院判令某社会保险管理处支付一次性工伤医疗补助金 2.5 万元、一次性伤残补助金 2.1 万元。

社会保险管理处答辩

被告某社会保险管理处辩称：首先，申报工伤保险时间与参加社会保险时间是两个不同概念，用人单位可以选择即时申报即时生效，也可以选择下月生效，而某公司选择的是下月生效，即 2014 年 10 月参加社会保险。某社会保险管理处加盖的印戳时间是申报时间，而非参加社会保险时间。其次，某公司仅能适用《工伤保险条例》第 62 条第 2 款[①]的规定，而不能适用该条例第 62 条第 3 款[②]的规定。本案中，某公司与袁某约定的劳动期限为 2014 年

[①] 该条例第 62 条第 2 款规定："依照本条例规定应当参加工伤保险而未参加工伤保险的用人单位职工发生工伤的，由该用人单位按照本条例规定的工伤保险待遇项目和标准支付费用。"

[②] 该条例第 62 条第 3 款规定："用人单位参加工伤保险并补缴应当缴纳的工伤保险费、滞纳金后，由工伤保险基金和用人单位依照本条例的规定支付新发生的费用。"

2月25日至2015年3月31日，后双方协议于2015年2月12日解除劳动关系。依照《社会保险法》第58条第1款规定，用人单位应当自用工之日起30日内为其职工向社会保险经办机构申请办理社会保险登记。未办理社会保险登记的，由社会保险经办机构核定其应当缴纳的社会保险费。即某公司需要补缴的袁某工伤保险费应从2014年2月起算，在补缴工伤保险费及滞纳金后，新发生的费用才能在工伤保险基金中报支。同时，一次性工伤赔偿金并不属于新发生的费用，某公司与袁某解除劳动关系的时间是在2015年2月，即便上诉人现在补缴有关费用及滞纳金，也无法追溯到2015年2月。

┃法院裁判┃

法院经审理认为：本案的争议焦点在于，某社会保险管理处拒绝给付某公司原职工袁某一次性工伤医疗补助金及一次性伤残补助金，是否有相应的事实和法律依据。首先，根据《社会保险费申报缴纳管理规定》第4条①、第5条②第1款、第7条③第1款，《工伤保险经办规程》第9条④的规定，社

---

① 该规定第4条规定："用人单位应当按月在规定期限内到当地社会保险经办机构办理缴费申报，申报事项包括：（一）用人单位名称、组织机构代码、地址及联系方式；（二）用人单位开户银行、户名及账号；（三）用人单位的缴费险种、缴费基数、费率、缴费数额；（四）职工名册及职工缴费情况；（五）社会保险经办机构规定的其他事项。在一个缴费年度内，用人单位初次申报后，其余月份可以只申报前款规定事项的变动情况；无变动的，可以不申报。"

② 该规定第5条规定："职工应缴纳的社会保险费由用人单位代为申报。代职工申报的事项包括：职工姓名、社会保障号码、用工类型、联系地址、代扣代缴明细等。用人单位代职工申报的缴费明细以及变动情况应当经职工本人签字认可，由用人单位留存备查。"

③ 该规定第7条规定："用人单位应当向社会保险经办机构如实申报本规定第四条、第五条所列申报事项。用人单位申报材料齐全、缴费基数和费率符合规定、填报数量关系一致的，社会保险经办机构核准后出具缴费通知单；用人单位申报材料不符合规定的，退用人单位补正。社会保险经办机构在开展社会保险稽核工作过程中，发现用人单位未如实申报造成漏缴、少缴社会保险费的，按照社会保险法第八十六条的规定处理。"

④ 该规定第9条规定："登记部门应自受理用人单位申报之日起15日内审核完毕。审核通过后，根据用人单位营业执照或其他批准成立证件中登记的主要经营范围，对照《国民经济行业分类》（GB/T4754—2011）和《工伤保险行业风险分类表》（《关于工伤保险费率问题的通知》劳社部发〔2003〕29号），确定其行业风险类别。经办机构向首次参加社会保险的用人单位核发社会保险登记证，为首次参加社会保险的职工个人建立社会保险关系，核发社会保障卡。未通过参保审核的，登记部门应书面向用人单位说明原因。"

会保险关系的建立需经过用人单位申报、经办机构参保审核、用人单位缴费等多个环节。用人单位仅向社会保险经办机构申报有关材料，但未能依法缴纳相应社会保险费用的，不能视为社会保险关系已经建立。本案中，某公司和某社会保险管理处提交的某县参加社会保险职工增加花名册载明的人员增减时间为2014年10月，而据某社会保险管理处提交的姓名为袁某的人员缴费明细清单，某公司为袁某首次缴费的足额到账时间为2014年10月。因此，结合袁某于2014年9月29日因公受伤的事实，应当认定袁某因公受伤时尚未参加工伤保险。

其次，根据《社会保险法》第58条第1款[①]、《工伤保险条例》第62条第2款及第3款[②]、《人力资源社会保障部关于执行〈工伤保险条例〉若干问题的意见》第12条[③]、《江苏省实施〈工伤保险条例〉办法》第38条[④]等规定，职工发生工伤后由工伤保险基金支付相关费用的前提是用人单位已经依法参加工伤保险。另外，应当参加工伤保险而未参加工伤保险的用人单位职工发生工伤后，用人单位申请工伤保险基金支付新发生的费用，需以用人单位参加工伤保险并补缴相关工伤保险费及相应滞纳金为前提。本案中，一方面，据前所述，某公司原职工袁某因公受伤时，尚未参加工伤保险；另一方面，某公司在与袁某建立劳动关系后，并未依法及时参加工伤保险，且据其陈述亦未补缴相关工伤保险费用及相应滞纳金。因此，本案中，某社会保险管理处拒绝支付某公司原职工袁某的一次性工伤医疗补助

[①] 该法第58条第1款规定："用人单位应当自用工之日起三十日内为其职工向社会保险经办机构申请办理社会保险登记。未办理社会保险登记的，由社会保险经办机构核定其应当缴纳的社会保险费。"

[②] 该条例第62条第2款及第3款规定："依照本条例规定应当参加工伤保险而未参加工伤保险的用人单位职工发生工伤的，由该用人单位按照本条例规定的工伤保险待遇项目和标准支付费用。用人单位参加工伤保险并补缴应当缴纳的工伤保险费、滞纳金后，由工伤保险基金和用人单位依照本条例的规定支付新发生的费用。"

[③] 该意见第12条规定："《条例》第六十二条第三款规定的'新发生的费用'，是指用人单位职工参加工伤保险前发生工伤的，在参加工伤保险后新发生的费用。"

[④] 该办法第38条规定："用人单位依照《条例》和本办法规定应当参加工伤保险而未参加或者参加工伤保险后中断缴费期间，职工发生工伤的，该工伤职工的各项工伤保险待遇，均由用人单位按照《条例》和本办法规定的项目和标准支付。用人单位按照规定足额补缴工伤保险费、滞纳金后，职工新发生的工伤保险待遇由工伤保险基金和用人单位按照《条例》和本办法规定的项目和标准支付。"

金及一次性伤残补助金并无不当。判决：驳回某公司关于"要求某社会保险管理处支付一次性工伤医疗补助金2.5万元、一次性伤残补助金2.1万元"的诉讼请求。

▍案件评析▍

本案是因工伤保险申报时间和参保时间存在区别，导致社会保险关系建立时间产生争议，进而影响劳动者享受工伤保险待遇的案例。社会保险关系主体包括用人单位、劳动者、社会保险经办机构、社会保险征收机构，本案中用人单位申报缴纳社会保险费后未经社会保险经办机构确认，其后亦未缴费，故其单方申报行为不足以建立社会保险关系。事实上，申报缴纳社会保险费与实际参加社会保险属于两个不同的概念，如用人单位虽已申报缴纳社会保险费但未明确即时生效，也未及时缴纳相应费用，则不认为其已参加社会保险。全责征收模式下，税务部门应注意向缴费单位和个人说明社会保险费申报缴纳与实际参保的区别，避免产生争议。同时，从自身利益出发，参保单位和个人更应该关注其是否已完成实际参保以及社会保险费缴纳情况，以免影响保险待遇的享受。

案例4-3 某公司与某人力资源和社会保障局劳动和社会保障行政监督案

▍案情简介▍

陈某从1999年9月起在某公司工作，于2014年7月离职。2014年5月4日，陈某向某人力资源和社会保障局投诉某公司未缴纳社会保险费等问题，陈某要求某公司为其补缴1999年9月至2008年6月的社会养老保险费并补偿经济损失，并在某人力资源和社会保障局填写了劳动保障违法案件立案审批表。后某劳动监察大队经调查后作出劳动保障监察限期改正指令书，责令某公司为陈某申报1999年9月至2008年6月应缴纳的社会保险费数额。2014年8月5日，某公司向某人力资源和社会保障局及劳动监察大队提交答辩书主张陈某的投诉超出2年查处期限，故其未执行改正指令。

2014年8月8日,某人力资源和社会保障局作出劳动保障监察行政处理告知书,并告知其陈述申辩权,某公司未进行陈述申辩。2014年8月18日,某人力资源和社会保障局对某公司作出劳动保障监察行政处理决定书,要求某公司立即到社会保险经办机构为陈某申报(1999年9月至2008年6月)应缴纳的社会保险费数额。某公司不服上述处理决定,认为根据《劳动保障监察条例》第20条①的规定,陈某在某公司已参保6年多,超过了《劳动保障监察条例》规定的年限,某人力资源和社会保障局不应再查处,于是向人民政府申请复议。2014年12月16日,人民政府作出行政复议决定书,维持了某人力资源和社会保障局作出的劳动保障监察行政处理决定书。

2015年1月7日,某公司向法院提起行政诉讼,请求撤销某人力资源和社会保障局于2014年8月18日作出的劳动保障监察行政处理决定书,判令本案诉讼费由某人力资源和社会保障局负担。

| 人力资源和社会保障局答辩 |

被告某人力资源和社会保障局辩称:首先,人力资源和社会保障局具有作出相应行政行为的职权,其认定行为合法。根据《社会保险法》第7条第2款②、《社会保险费征缴暂行条例》第5条③规定,人力资源和社会保障局是国家行政机关,在相关劳动保障法律法规规定的范围内行使职权,该行政处理决定行为是依法行政的有效行为。其次,根据《劳动保障监察

---

① 该条例第20条规定:"违反劳动保障法律、法规或者规章的行为在2年内未被劳动保障行政部门发现,也未被举报、投诉的,劳动保障行政部门不再查处。前款规定的期限,自违反劳动保障法律、法规或者规章的行为发生之日起计算;违反劳动保障法律、法规或者规章的行为有连续或者继续状态的,自行为终了之日起计算。"

② 该法第7条第2款规定:"县级以上地方人民政府社会保险行政部门负责本行政区域的社会保险管理工作,县级以上地方人民政府其他有关部门在各自的职责范围内负责有关的社会保险工作。"

③ 该条例第5条规定:"国务院劳动保障行政部门负责全国的社会保险费征缴管理和监督检查工作。县级以上地方各级人民政府劳动保障行政部门负责本行政区域内的社会保险费征缴管理和监督检查工作。"

条例》第17条①、《广东省劳动保障监察条例》第45条②，本案中，陈某于2014年5月4日投诉某公司未为其办理社会保险登记、申报手续，人力资源和社会保障局的劳动监察大队于2014年5月8日立案。由于案件情况复杂，涉及年限较久，调查取证工作难度较大。根据《广东省劳动保障监察条例》第45条之规定，经批准，此案办案时间延长30个工作日，并书面告知了投诉人陈某。经劳动监察大队调查，某公司自1999年9月至2008年6月未为陈某办理社会保险申报手续情况基本属实。2014年7月28日，劳动监察大队对该公司下达劳动保障监察限期改正指令书，但某公司未在规定期限内履行整改指令。2014年8月8日，某人力资源和社会保障局依法对该公司发出劳动保障监察行政处理告知书。2014年8月5日，某公司向人力资源和社会保障局书面答辩。2014年8月7日，劳动监察大队向该公司出具了陈述申辩复核书，对其答辩书理由不予采纳。2014年8月18日，人力资源和社会保障局依法对该公司作出劳动保障监察行政处理决定书。因此，人力资源和社会保障局在规定时限内作出行政行为，程序合法。再次，本案主要事实清楚、证据充分。某公司未依法为陈某申报1999年9月至2014年6月的生育保险和失业保险费，某公司的违法行为存在连续或者继续状态。即应将养老、医疗、失业、生育和工伤"五险"全参加才能证明违法行为终止，但某公司直到2014年6月也未为陈某参加生育、失业等险种。某人力资源和社会

---

① 该条例第17条规定："劳动保障行政部门对违反劳动保障法律、法规或者规章的行为的调查，应当自立案之日起60个工作日内完成；对情况复杂的，经劳动保障行政部门负责人批准，可以延长30个工作日。"

② 该条例第45条规定："人力资源社会保障行政部门对违反劳动保障法律、法规或者规章的行为，根据调查、检查的结果，应当自立案之日起四十五个工作日内作出以下处理：（一）对依法应当受到行政处罚的，依法作出行政处罚决定；（二）对应当改正未改正的，依法责令改正或者作出相应的行政处理决定；（三）依法撤销立案。对情况复杂的，经人力资源社会保障行政部门负责人批准，可以延长三十个工作日。属于投诉案件的，应当书面通知投诉人。公告、委托审计或者鉴定等期间不计算在办案时限内。投诉事项属于未依法支付工资、经济补偿金、赔偿金，经调查事实的证据证明违法行为存在的，应当依法责令改正或者作出相应的行政处理决定。对前款规定的投诉事项，人力资源社会保障行政部门已按照本条例第四十一条的有关规定充分调查核实，仍无法查实相关事实，双方存在争议的，告知投诉人按照劳动争议处理程序办理。发现违法案件不属于劳动保障监察事项的，应当及时移送有关部门处理；存在拒不支付劳动报酬，骗取社会保险基金支出或者社会保险待遇，或者雇用童工从事危重劳动等情形，涉嫌犯罪的，应当依法移送司法机关。"

保障局已依法履行了职责，责令某公司为陈某办理社会保险登记手续、申报应缴纳的社会保险费数额，但缴费环节的违法行为并不属于劳动保障监察职责。而其他事项，如公司按要求到社会保险经办机构办理时，该机构会明确告知社会保险补缴的种类和数额，此项工作不属于人力资源和社会保障局的职权范围。至于是否具备可行性，也应由社会保险征收机构或经办机构出具能否缴交证明，此项也不属于人力资源和社会保障局的职权范围。最后，适用法律依据正确。某人力资源和社会保障局主要依据《社会保险费征缴暂行条例》第23条"缴费单位未按照规定办理社会保险登记、变更登记或者注销登记，或者未按照规定申报应缴纳的社会保险费数额的，由劳动保障行政部门责令限期改正……"的规定，对某公司作出劳动保障监察行政处理决定书的行为具有合理性和合法性。据此，请求法院驳回上诉，维持原判。

| 法院裁判 |

　　法院经审理认为：某人力资源和社会保障局作出劳动保障监察行政处理决定书的行政行为主要证据不足，适用法律、法规错误。

　　首先，某人力资源和社会保障局要求某公司申报的社会保险费数额不仅指养老保险及医疗保险，还包括了养老、医疗、失业、生育和工伤保险等"五险"。由于某人力资源和社会保障局要求某公司立即申报的时间范围为1999年9月至2008年6月，而某人力资源和社会保障局在一审、二审法院审理期间并未提供法律、法规或者相关规范性文件说明国家强制要求企业为职工缴纳"五险"及劳动保障部门进行行政监察的起算时间，某人力资源和社会保障局认定某公司应当申报1999年9月至2008年6月的"五险"主要证据不足。

　　其次，行政法规只有授权行政机关"责令改正"的处理内容，没有"申报"的处理内容。"申报"只是行政机关认定行政管理相对人存在"违法"行为的用语，不是行政机关处理违法行为的规范用语，故某人力资源和社会保障局的处理决定所写要求某公司"申报"不规范，属于适用法律、法规错误的情形。

　　最后，某人力资源和社会保障局作出的劳动保障监察行政处理决定书仅根据陈某的投诉，只要求缴纳2008年6月前的社会保险费，该局未对已经发现的违法行为作出处理，适用法律错误。判决：撤销某人力资源和社会保障局作出劳动保障监察行政处理决定书的行政行为，并限期重新作出行政行为。

❙案件评析❙

本案涉及的是社保部门对用人单位未申报查处的处理规范问题，对税务部门处理类似问题具有借鉴意义。本案社保部门之所以败诉的原因主要有三个：一为对时间跨度很长的未申报情况处理未细化，不能形成具体指引；二为处理决定书所使用的处理结果描述用语不规范；三为查处期限的限制。由于我国社会保险制度的发展历程较长，在不同时期，对不同险种有不同规定，对于跨度较长的未申报处理，应结合所属期的实际情况，明确应申报而未申报的险种、基数及费率，而不能不加区分。另外，对于应申报未申报的处理结果的表述，应严格按照法律法规授权使用责令限期改正（或缴纳）的规范用语，而不能轻易变更法律责任的表述。关于查处期限是否受两年限制的问题，理论和实践中均存在较大争议。该问题将在其他章节详细阐述。

案例4-4 李某诉某汽车出租有限公司劳动争议案

❙案情简介❙

李某系出租车司机，其与某公司签订了出租汽车员工承包合同及两份劳动合同，约定李某与某公司协商承包经营出租车，李某多劳多得，每个月基本工资1300元；李某缴交约定的承包费用给某公司后，其余部分即李某的劳动报酬；某公司为李某依法参加社会保险，李某享受相应社会保险待遇，李某个人征缴部分由李某自行承担，并每月将个人征缴部分交与某公司，由某公司向社保部门代为缴纳。

劳动关系解除后，李某主张某公司一直拖欠其劳动合同所载明的基本工资未发放，且因某公司未购买社会保险导致其无法享受失业保险金、一次性生活补助及求职补贴。因此，向人民法院起诉要求某公司支付拖欠的基本工资249600元，以及因未缴纳社会保险导致李某无法享受的失业保险损失

36384元、一次性生活补助21412元，以及求职补贴6257元等。

【公司答辩】

被告某公司辩称：某公司主张其并未收取承包合同约定的基准价外的承包费，即并未收取用于缴纳社会保险、工资的费用，该费用包括在李某收取出租车运营费用中，已随着其运营由其收取。而李某未向某公司支付缴纳社会保险及工资支出的费用，故某公司无法为其缴纳社会保险费，某公司不存在拖欠李某工资的情形，且李某无证据证明其月收入低于基本工资。

【法院裁判】

法院经审理认为：根据双方约定，李某应向某公司缴纳的承包费包括基准价和基准价以外的承包费，而后者则包含了每月企业为司机参加社会保险的实际支出及每月企业向司机支付工资的实际支出。上述约定并未违反有关价格主管部门和交通行政主管部门关于承包费收取的相关规定，故双方应依约履行。本案中某公司并未收取其承包费基准价之外的费用，故其无义务向李某额外发放工资及缴纳社会保险费用。李某与某公司一方面存在承包权利义务关系，另一方面存在劳动关系，李某以出租汽车企业的名义通过运营收取的费用，实质为出租汽车企业的经营收入，并非单纯是其个人收入，故李某向公司缴纳承包费后的其余部分均作为李某劳动报酬的做法，可视为李某已领取了相应工资。而李某因自身未向某公司缴纳社会保险费用而导致某公司无法为其代缴社会保险费所致的相应后果亦应由其自行承担。一审法院判决某公司无须向李某支付因未购买社会保险而造成的失业保险待遇损失24256元，及因未购买社会保险而未享受的求职补贴6087.6元。李某提起上诉，二审法院维持了上述判决。

【案件评析】

本案虽然属于劳动争议案件，但法院在判决中涉及了社会保险费的申报缴纳义务，对税务部门的行政行为产生了影响。法院认为"本案中某公司并未收取其承包费基准价之外的费用，故其无义务向李某额外发放工资及缴纳社会保险费用"。该认定相当于在民事判决中确认了某公司与李某关于不申报缴纳社会保险费的协议具有法律约束力,否定了某公司的强制代扣代缴义务。在李某向税务机关投诉某公司没有为其申报缴纳社会保险费后,某公司向税务部门提交了该份判决作为其没有义务为李某申报缴纳社会保险费的证据。税务部门在该种情况下,是否可以强制向某公司征缴社会保险费?我们认为,该民事判决解决的其实是用人单位和李某之间关于社会保险费的实际承担以及未申报缴纳社会保险费的赔偿责任问题,而不能否定某公司的代扣代缴行政法律义务。某公司和李某的协议仅能作为其内部的约定,不能作为对抗行政机关征收社会保险费的依据或正当理由。

案例4-5　王某诉某税务局社会保险争议案

‖案情简介‖

王某与某公司自2013年2月28日至2016年2月27日存在劳动关系。原告王某户籍为A市城镇户口。A市社会保险个人权益记录载明其参保信息。王某认为其在职期间某公司存在少缴、漏缴社会保险的行为,其公司在其试用期内未为其缴纳社会保险费且以后各月缴费基数也存在问题。2017年5月10日,王某通过书信和电话分别向某市社会保险基金管理中心和市长热线举报投诉某公司的前述社会保险违法行为。后前述机关告知王某:本省追缴社会保险的法定职责由某税务局履行,遂将原告的举报投诉事项移交某税务局处理。某税务局于2017年8月7日受理王某检举某公司欠缴其社会保险费一案,对王某检举社保违法一案进行处理。某税务局受理检举案件后,向某公司调查情况。某公司提供相关材料并向王某陈述,某公司与王某存在劳动关系期间,其已在A市为王某参保并缴费。对某公司陈述事实,王某亦表示认可。某税务局认为因原告已在A市参保,根据《国务院关于整合城乡居民基本医疗保险制度的意见》第2条第1款"各地要完善参保方式,促进应保尽保,避免重复参保"的规定,其不能在某市重复参保。某税务局于2018年2月7日电话告知王某该案处理结果,并依法向王某作出和送达本案告知书,该告知书称:"经核实,在检举人任职期间,企业已在A市委托第三方公司为检举人办理参保缴费手续。我局已督促企业在A市为检举人办理社保补缴手续。"王某对告知书不服,提起行政诉讼,请求法院确认该告知书违法,判令被告某税务局重新作出行政行为,判令被告某税务局向其赔偿损失 25000 元并承担本案诉讼费。

┃税务局答辩┃

被告某税务局辩称:(1)根据《社会保险法》第 59 条、第 82 条,《社会保险费征缴暂行条例》第 6 条、第 21 条等规定,本单位作为税务机关,具有处理原告检举社会保险违法案件的法定职权。(2)本单位作出案涉告知书认定事实清楚,适用法律、法规正确,程序合法。本单位于 2017 年 8 月 7 日受理原告检举某公司欠缴其社会保险费一案,并根据国家税务总局发布的《税收违法行为检举管理办法》规定的程序,对原告检举社保违法一案进行处理。本单位受理原告检举案件后,及时向第三人某公司调查情况。某公司提供相关材料并向本单位陈述,某公司与原告存在劳动关系期间,其已在 A 市为原告参保并缴费。原告对某公司陈述事实亦表示认可。因原告已在 A 市参保,根据《国务院关于整合城乡居民基本医疗保险制度的意见》第 2 条第 1 款"各地要完善参保方式,促进应保尽保,避免重复参保"的规定,其不能在本市重复参保。本单位于 2018 年 2 月 7 日电话告知原告该案处理结果,并依法向原告作出和送达本案告知书。(3)原告关于本单位应赔偿其损失的诉讼请求没有事实和法律依据,依法应予驳回。本单位依法受理原告检举某公司欠缴其社会保险费一案后,及时进行了调查、处理,在发现原告不能在本市重复参保后,向原告告知了办理结果。本单位作出的行政行为合法、适当。综上,本单位作出案涉告知书认定事实清楚,证据确凿,适用法律、法规正确,程序合法,原告诉讼请求无事实和法律依据,依法应予驳回。

┃法院裁判┃

法院经审理认为:当事人对被举报人与原告在 2013 年 2 月 28 日至 2016 年 2 月 27 日存在劳动合同关系,被举报人委托第三方在 A 市为原告交纳涉案社会保险费时存在漏缴、少缴的情况之事实,并无异议。本案的诉争焦点是被告对原告投诉举报事项作出的告知书在程序上、内容上是否合法有据。对于被告作出的告知书是否具有法律和事实依据：本案原告投诉某公司未足额为其缴纳社会保险费、要求被告责令某公司为其补缴2013年3月至2015年5月少缴部分以及已缴纳社会保险费基数不足部分。根据《社会保险法》第58条、第63条，未参保和逾期不足额缴纳社会保险费导致社会保险费补缴程序发生的两种情形。首先，原告的参保记录、通话记录以及原告当庭确认等表明，某公司实际已委托第三方在A市为原告参保，因此本案情形不属于未参保情形；其次，原告认为某公司委托第三方代缴社会保险费的行为违法，要求被告强制某公司在A市已参保的基础上补缴，该诉求已超出被告的职权范畴，被告既无权认定A市参保行为的合法性，也没有相应的执法依据对A市的参保基数予以确认。因此，原告的相关诉求缺少事实和法律依据，本院不予支持。此外，《社会保险法》第19条、第58条规定了国家建立全国统一的个人社会保障号码，如个人跨统筹地区就业的，其基本养老保险随本人转移。原告已在A市存在参保记录，无法在某市另行建立社会保障号码参加社会保险，如其符合社保转移条件，其应按照相关规定办理转移手续。人力资源和社会保障部发布的《关于贯彻落实国务院办公厅转发城镇企业职工基本养老保险关系转移接续暂行办法的通知》附件1第3条规定："参保人员流动就业，同时在两地以上存续基本养老保险的，在办理转移接续基本养老保险关系时，由社会保险经办机构与本人协商确定保留其中一个基本养老保险关系和个人账户……"原告在某公司工作时，既未要求用人单位办理社保转移手续，也未对某公司委托第三人在A市为其续缴社会保险费的行为提出异议。因此，被告作出的涉案告知书符合上述法律法规之规定，并无不妥之处。判决：驳回原告王某的全部诉讼请求。

▎案件评析▎

本案涉及的是参保人能否在两地同时申报参加社会保险的问题。由于全国各地社会保险征收模式有别，且未实现信息共享，实践中存在同一参保人因流动就业或多个劳动关系等原因同时在两地以上申报参保的情形。本案原告基于同一劳动关系要求在已有参保记录基础上异地补缴社会保险费。对此，法律并无明确规定参保人不得在两个以上统筹地区同时参保，但结合《社会保险法》及相关政策中关于社保关系转移的规定，每个参保个人以其唯一的个人社会保障号码建立社会保险账户，如存在重复参保则可按照相关规定办理清退转移手续，对多重社会保险关系予以清理规范。可见，参保个人已得到社会保险保障的情况下不应另行重复或异地申报参保。税务机关在处理重复参保清退转移过程中，应注重与参保人协商清退转移账户选择问题，以免发生争议。

第五章 审核（核定）环节争议

行政机关对社会保险费缴费项目进行核定可以归属为行政法上的行政确认行为，属于行政决定的一种形态。即由有权机关依申请或依职权对用人单位与劳动者是否存在社保关系，是否缴纳社会保险费，如何缴纳的法律事实和法律关系进行审查、认定并宣示其法律效力的行政行为。在税务部门全责征收模式下，税务部门负责根据社保政策对参保单位和个人进行社会保险费缴费项目核定。核定内容主要包括缴费基数、缴费人数、费率和险种等。核定范围主要包括对主动申报的核定、对普通欠费的核定、对应参保未参保的核定、对申报不实的核定等。该环节容易产生争议的事项主要体现在稽核与核定区分、职权划分、缴费基数核定等方面。

第一节 稽核与核定区分

社会保险费征收中的"稽核"与"核定"是两个不同的概念，也是两个不同的行政职权体现，其所依据的法律规范及所产生的法律后果并不一致。但在社会保险费征收实践中，"稽核"与"核定"长期被混淆或替代使用，导致出现职权不清、行政行为不规范的现象。《社会保险法》中并没有"稽核"这一概念，"社保稽核"出自原劳动和社会保障部出台的《社会保险稽核办法》，该办法第2条规定，"本办法所称稽核是指社会保险经办机构依法对社会保险费缴纳情况和社会保险待遇领取情况进行的核查"。该办法第9条规定，社会保险费稽核内容主要包括：缴费单位和缴费个人申报的社会保险缴费人数、缴费基数是否符合国家规定；缴费单位和缴费个人是否按时足额缴纳社会保险费；欠缴社会保险费的单位和个人的补缴情况；以及国家规定的或者劳动保障行政部门交办的其他稽核事项。该办法第 10 条规定了社会保险经办机构实施稽核的工作程序。社会保险经办机构应提前 3 日将进行稽核的有关内容、要求、方法和需要准备的资料等事项通知被稽核对象（特殊情况下的稽核也可以不事先通知）。稽核人员原则上应有两名并持证件进行稽核，稽核过程中应做好笔录，记录稽核情况。如发现被稽核对象在缴纳社会保险费或按规定参加社会保险等方面，存在违反法规行为，据实写出稽核意见书，并在稽核结束后 10 个工作日内送达被稽核对象。被稽核对象应在限定时间内予以改正。如被稽核对象没有违反法规行为的，社会保险经办机构则应在稽核结束后 5 个工作日内书面告知其稽核结果。

社会保险费"核定"是《社会保险法》和《社会保险费征缴暂行条例》明确规定的概念。《社会保险法》第 58 条第 1 款规定，"用人单位应当自用工之日起三十日内为其职工向社会保险经办机构申请办理社会保险登记。未办理社会保险登记的，由社会保险经办机构核定其应当缴纳的社会保险费"。《社会保险费征缴暂行条例》第 10 条第 1 款规定，"缴费单位必须按月向社会保险经办机构申报应缴纳的社会保险费数额，经社会保险经办机构核定后，在规定的期限内缴纳社会保险费"。

从上述规定及全责征收前的社会保险费征收工作实践可以看出，稽核工作与核定工作实际都应属于社会保险费征收工作的一个部分，稽核权与核定权都应从属于征收权。当然，从事后检查的角度看，稽核权实际还包含了对社会保险费征收的监督权。从外延看，"稽核"应理解为"核定"的一种特殊形式，这样才能解释《社会保险法》及《社会保险费征缴暂行条例》仅规定了"核定"，而由部门规章规定"稽核"的立法授权问题。"核定"一般相对于"申报"而言，申报与核定是征缴环节的两个层面的内容，有申报就要有核定，核定是针对申报内容进行核实、确定。仅有申报而不核定，势必造成申报不实，不能足额征缴的情形；"稽核"更多的是执法部门主动核查、核实，一般不因申报而启动，而因"投诉""举报"或主动执法实施。核定所产生的一般法律后果是责令改正，限期缴纳，而稽核还可能产生行政处罚的后果。

根据《人力资源社会保障部关于切实做好社会保险费申报缴纳管理规定贯彻实施工作的通知》的规定，[①] 核定与稽核是整个参保征缴工作的两个内容和环节，并提出了要逐步实现各险种统一核定、统一征收、统一稽核等五统一的要求。根据这一文件，人力资源社会保障部分别针对申报缴纳工作和稽核部门行使稽核职责，制定了不同的文书版式，形成由业务征缴部门负责缴费申报、核定职责与稽核部门的稽核工作并行的社会保险费征收体制。

第二节 职权划分

在非全责征收模式下，无论是"核定权"还是"稽核权"都应由社会保险经办机构行使。税务部门完全不涉及对社会保险费的核定或稽核。在全责征收模式下，社会保险费核定权、稽核权全部或部分移转至税务部门。例如，《广东省社会保险费地税全责征收实施办法（暂行）》规定，"地方税务机关负责根据社保政策对参保单位和个人进行社会保险费缴费项目核定。核定内容包括：缴费基数、缴费人数、费率和险种等。参保单位和个人申报不实，由地方税务机关核定其应缴纳的社会保险费数额"。该办法还规定，"地方税务机关负责对参保单位未按规定参保、申报、缴纳社会保险费的情况进行稽核"。

从该办法的规定看，全责征收模式下，应由税务部门行使社会保险费的核定权、稽核权，但在实践中，社会保险经办机构与税务部门在核定权、稽核权具体划分方面仍存在争议。首先，《社会保险法》及《社会保险费征缴

[①] 该通知第1条第1项规定："理顺管理体制，积极推进统一经办管理。（一）由社保经办机构征收社会保险费的地区，应积极整合经办管理资源，逐步实现各险种统一登记、统一核定、统一征收、统一稽核、统一处罚，以方便用人单位和个人参缴费，提高工作效率。"

暂行条例》明确规定由社会保险经办机构行使社会保险费核定权。那么，如果税务部门负责社保核定、稽核工作则与上位法并不完全一致。其次，规范性文件关于社会保险费核定权的规定本身存在一定冲突。例如，《广东省人力资源和社会保障厅、广东省地方税务局贯彻实施〈社会保险法〉工作会议纪要》同时规定，"人力资源社会保障行政部门接到有关用人单位不依法参加社会保险的投诉举报的，应当按照《社会保险法》第八十二条、第八十四条和《劳动保障监察条例》第二十七条等规定及时处理。投诉、举报人要求社会保险经办机构按照《社会保险法》第五十八条规定直接核定应当缴纳的社会保险费的，社会保险经办机构应当依法核定并按规定送地税机关征收"。该规定在承认税务部门享有核定权的情况下，又认可社会保险经办机构在对投诉举报进行处理的情况下，有权直接进行核定。最后，现行法律规范对于跨全责征收阶段的核定权行使和衔接缺乏明确具体的规定。《广东省社会保险费地税全责征收实施办法（暂行）》规定，"实行地方税务机关征收社会保险费后（2000年起），参保单位欠缴的社会保险费由地方税务机关负责追收。实行地方税务机关征收社会保险费前（1999年年底前），参保单位欠缴的社会保险费，由社会保险经办机构催缴，并提供欠费单位详细资料，具体由地方税务机关征收"。该规定似乎以税务部门代征社会保险费的起始日为界线，分别由社会保险经办机构和税务部门负责催缴、追收，但事实上该规定没有明确催缴和追收是否包含了核定、稽核，也没有明确跨越两个阶段的欠费如何核定、追缴。

从现有全责征收实践看，一般认为对应参保未参保的核定、对直接投诉至社会保险经办机构的核定以及对税务部门征收前产生欠费的核定一般可由社会保险经办机构进行。但随着2016年7月1日《广东省社会保险基金监督条例》的施行，上述几类社会保险费的核定权也越来越多地移转至税务部门。

正是由于法律规范的不清晰、不统一，导致社会保险经办机构和税务部门在社会保险费核定、稽核工作中存在分工不明确的情形。尤其对于税务部门征收前所发生的社会保险费，应由哪个部门进行核定、稽核存在争议。实践中，对于税务部门征收前所产生的社会保险费，一般仍由社会保险经办机构核定，并将核定的数额传递至税务部门，由税务部门负责征收。缴费单位或劳动者如对征收行为有异议，一般将社会保险经办机构与税务部门列为共同被告，要求变更或撤销征收决定。人民法院在审查该类案件时，一般会认可社会保险经办机构具有核定、稽核社会保险费的职权，并确认税务部门根据社会保险经办机构稽核结论作出的限期缴纳决定合法。但人民法院在个案中的处理结果，并不能解决立法层面的问题。解决社会保险费稽核、核定权在社会保险经办机构和税务部门的职权划分，仍需尽快通过立法予以完善，以明确职权划分，避免争议。

第三节 缴费基数核定

缴费基数的核定是实践中最容易产生争议的问题之一。缴费基数的核定一般包括以下情形：一为对缴费单位申报的基数进行核定；二为对用人单位不申报时基数的核定；三为在用人单位与劳动者对基数产生争议时的核定。

一、依申报进行的核定

《社会保险费征缴暂行条例》第10条第1款规定："缴费单位必须按月向社会保险经办机构申报应缴纳的社会保险费数额，经社会保险经办机构核定后，在规定的期限内缴纳社会保险费。"该条规定了社会保险经办机构对用人单位主动申报的核定。在全责征收模式下，缴费单位的申报对象变更为税务部门，并由税务部门进行核定。由于该种确认，本质上是税务部门依缴费单位申请进行的审查、认定行为，自然涉及税务部门进行审查、认定的标准和程序问题。但在目前的全责征收实践下，对此并没有统一、完整的规定。一般而言，税务部门仅审查缴费单位所申报基数的上限、下限额是否符合法律规定，而不会主动审查其申报的基数是否与客观实际相符。《人力资源社会保障部办公厅关于贯彻落实国务院常务会议精神切实做好稳定社会保险费征收工作的紧急通知》第 3 条进一步明确："严禁自行组织对企业历史欠费进行集中清缴。目前，仍承担社会保险费征缴和清欠职能职责的地区，要稳妥处理好历史欠费问题，严禁自行对企业历史欠费进行集中清缴。已经开展集中清缴的，要立即纠正，并妥善做好后续工作。"该文件实际对税务部门对缴费基数的核定进行了一定程度的规范和限制。但对于因投诉、举报要求核定的欠费，税务部门仍可核定、清缴。

在资料审查方面，由于目前主要的申报形式是网络申报，无法对其申报的基数进行实质核查，又缺乏网络申报程序的具体、统一规定，导致实践中网络申报基数与工资实际基数存在差异，引起劳动者投诉、复议、诉讼。解决这一问题的关键在于尽快制定网络申报的程序规范，明确由用人单位对其申报基数的真实性负责并留存证据材料备查，税务部门进行网络核定时，无须对申报数额进行材料审查。这样可以先确保税务部门在整体层面的核定程序合法，就个案进行的纠错，不属于因税务部门不履行工作职责而产生的行政违法。

二、依职权确定及补充核定

《社会保险费征缴暂行条例》第 10 条第 2 款规定："缴费单位不按规定申报应缴纳的社会保险费数额的，由社会保险经办机构暂按该单位上月缴费数额的百分之一百一十确定应缴数额；没有上月缴费数额的，由社会保险经办机构暂按该单位的经营状况、职工人数等有关情况确定应缴数额。缴费单位补办申报手续并按核定数额缴纳社会保险费后，由社会保险经办机构按照规定结算。"《社会保险法》第 62 条规定："用人单位未按规定申报应当缴纳的社会保险费数额的，按照该单位上月缴费额的百分之一百一十确定应当缴纳数额；缴费单位补办申报手续后，由社会保险费征收机构按照规定结算。"上述两个规定对于未按规定申报的社会保险费数额的确定方法是一致的，即按一定比例先行确定应缴数额，待用人单位补充申报后，再按补充申报材料核定结算。但《社会保险法》规定由社会保险费征收机构进行补充核定、结算，《社会保险费征缴暂行条例》则规定由社会保险经办机构结算。由于

《社会保险法》属于上位法且实施在后,应该以《社会保险法》的规定为准。按《社会保险法》的上述规定,全责征收模式下,税务机关具有对未按规定申报的社会保险费应缴数额进行确定,并在用人单位补充申报后进行重新核定、结算的职责。

三、依职权核定

《社会保险法》第58条第1款规定:"用人单位应当自用工之日起三十日内为其职工向社会保险经办机构申请办理社会保险登记。未办理社会保险登记的,由社会保险经办机构核定其应当缴纳的社会保险费。"据此规定,如用人单位逾期没有为其职工办理社会保险登记,应由社会保险经办机构核定其应当缴纳的社会保险费。如仅根据该法条字面理解,税务机关没有对应参保未参保的社会保险费的核定职权。该规定与税务部门全责征收社会保险费模式下的核定权存在一定冲突,实践中对于核定职权也存在一定争议。在法律法规未完善的情况下,应坚持既尊重全责征收制度的精神又考虑实际情况的原则,即不能简单运用上位法的规定,直接否定税务部门在该种情形下的核定权,也不能简单排除社会保险经办机构的核定权。对于税务部门征收后的核定权,包括但不限于对于应参保未参保的核定权,一般应由税务部门行使,但对于税务部门征收前的核定也可以由社会保险经办机构进行。这样既确保了全责征收制度的推行,也考虑了我国社会保险费征收制度的历史延革特殊性。

四、争议核定

实践中经常出现用人单位所申报的基数,劳动者不认可,进而产生争议。最终如无法协商解决,劳动者可能以税务部门未尽审查义务,导致基数核定错误为由,启动行政复议、诉讼程序。当此类争议产生时,往往是劳动者凭借劳动合同、工资证明、劳动裁判文书等权利凭证向税务部门信访、举报、投诉认为用人单位申报的缴费基数与其持有的证据证明的工资基数不符,而要求税务部门进行调整。税务部门在处理该问题时应首先自查在核定时是否就用人单位的申报进行了必要的核查，如是否核对过相关的劳动合同或工资证明。当然，该种核查仍应限制在形式核查的范围，而不能要求税务部门就每一单申报进行实质性核查。对于因网络申报而没有进行核查的情形，税务部门要就网络申报的办事规程进行固定和说明。其次，税务部门在接收劳动者提供的证明材料后，如通过形式判断就可以得出基数错误的结论，应责令用人单位进行申报调整或作出退、补决定。这里的形式判断指的是税务部门通过证据的直接显示或简单推理就可以得出结论，而无须进行实质性调查、确认。例如，劳动者已提供生效的劳动裁判文书确定了工资额度，而该额度与用人单位申报的额度并不一致，用人单位又无法推翻生效法律文书的认定时，税务部门可以直接确认法律文书认定的工资基数。但如果劳动者提供的证明材料在形式上不能得出显而易见的结论，而用人单位对此又不认可，则说明用人单位和劳动者在工资数额上存在争议，且双方均无法证明工资的准确数额。税务部门在该种情况下应指引劳动者通过劳动仲裁、民事诉讼或其他合法途径先行确定工资数额，再进行核定。税务部门没有认定劳动关系和就劳动关系争议进行认定、处理的职权，在无法依形式审查进行判定的情况下，一般不应介入用人单位与劳动者对劳动关系、工资数额而产生的实质性争议。当然，对于缴费单位对劳动者单方确定的补缴基数存在异议，而要求税务部门进行核定的情况，亦应参照上述思路予以处理。

另外一个值得关注的问题是，缴费单位和劳动者在就缴费基数产生争议后，协商变更基数，税务部门应如何处理？《社会保险法》第61条规定，"社会保险费征收机构应当依法按时足额征收社会保险费，并将缴费情况定期告知用人单位和个人"。鉴于社会保险兼具权利和义务的特征，且社会保险费的征收涉及社会公共利益，我们认为该法规定的足额征收，应当认定为按用人单位实际支付给劳动者的工资征收社会保险费，而不应认可用人单位和劳动者私自协商降低变更基数。但当双方确实无法就工资标准提出相关证明，税务部门又无法核定，而用人单位和劳动者协商、变更的结果，不至于违反法律规定和社会公共利益时，税务部门可以按双方协商结果进行核定。

第四节　职工医疗保险延缴核定

实践中，由于社保政策时间性和地域性的区别，各地在不同时间段制定的职工医疗保险缴费政策可能会存在差异，甚至在同一地区、同一时间段出现用人单位、劳动者以及社保部门、税务机关因对政策的理解不同，对职工医疗保险补缴年限核定结果产生争议。《社会保险法》第 27 条规定，"参加职工基本医疗保险的个人，达到法定退休年龄时累计缴费达到国家规定年限的，退休后不再缴纳基本医疗保险费，按照国家规定享受基本医疗保险待遇；未达到国家规定年限的，可以缴费至国家规定年限"。也就是说，参加职工基本医疗保险的个人在退休后若累计缴费未达到国家规定年限的，可以申请补缴医保费，直至达到国家规定年限后享受相应基本医疗保险待遇。

人力资源和社会保障部《实施〈中华人民共和国社会保险法〉若干规定》第 7 条第 1 款规定"社会保险法第二十七条规定的退休人员享受基本医疗保险待遇的缴费年限按照各地规定执行"。据此，《社会保险法》规定的"国家规定年限"并无具体统一的标准，而由各地自行规定。在此情况下，各地所规定的缴费年限要求不尽相同，税务机关在核定职工延缴社会医疗保险个人应补缴月数及金额时需根据当地实际规定予以核定。

对于劳动者流动就业，先后在两个统筹地区参加职工社会医疗保险的情形，其缴费年限如何核定？人力资源和社会保障部、卫生部、财政部联合发布的《流动就业人员基本医疗保障关系转移接续暂行办法》第 12 条规定："各省、自治区、直辖市要按照本办法，并结合当地实际制定流动就业人员基本医疗保障登记管理和转移接续的具体实施办法。"因此，流动就业人员转移接续相关医疗保险事项以各地具体规定为准，在这种情况下，流动人员面临两地统筹区延缴年限政策不同的理解问题。以广东省为例，广东省人力资源和社会保障厅、广东省财政厅发布的《广东省流动就业人员基本医疗保险关系转移接续暂行办法》第 5 条规定，"参保人达到法定退休年龄，同时符合下列条件的,退休后不再缴纳,按照规定享受职工医保待遇:(一)在各统筹区参加职工医保的累计缴费年限符合退休后待遇享受地规定的年限要求。(二)在待遇享受地参加职工医保实际缴费年限累计满10年"。该条对于职工享受医保待遇设置了两个条件,即一般而言,参保人需同时满足待遇享受地所规定的各统筹区累计缴费年限及待遇享受地缴费年限要求,方可在达到法定退休年龄后不再缴费,享受职工医保待遇。而劳动者由于对政策的理解差异,容易对税务机关核定结果产生异议。例如,劳动者在原统筹区的医保缴费年限已经达到累计缴费年限要求,但未满足在待遇享受地的实际缴费年限要求,税务机关依据上述规定核定其需补缴金额,劳动者不服审核结果,认为已达到国家规定年限,可享受医保待遇,由此引发争议。

这类争议产生的原因是:一方面,医疗保险尚未实现省级统筹,相对人对原统筹区的年限要求视为待遇享受地的要求,甚至认为税务机关核定所依据的规定违反了上位法;另一方面,各地经济发展状况不同,医疗消费水平不同,医保待遇承担能力亦有所区别。对于司法机关而言,应充分考虑社保政策的特殊性,对于社保政策适用争议,尤其对于因社保政策适用导致个案核定结果较为极端的情形,仍应结合社保政策整体考虑。不仅需考虑政策规定,且要考虑立法本意,区别各地实际医疗现状,更全面尊重社保基金的公益性和稳定性,并据此作出符合具体社保政策的裁判。税务机关审核时亦应向相对人进行充分说理,以避免此类争议发生。

一般而言,影响职工延缴社会医疗保险年限的因素主要有三个。[①] 其一,通过首次参加社会医疗保险并缴费的时间确定职工缴费年限;需要注意的是,在确定职工缴费年限时,需同时满足待遇享受地对于累计缴费年限及本地实际缴费年限的要求。其二,养老实际缴费月数及养老保险视同缴费月数之和为养老保险缴费年限。由此确定可适用政府资助比例为政府一次性全额资助、半额资助或不资助。鉴于政府资助比例跨度较大,导致应缴月数审核结果相差较大,容易引起相对人的质疑。例如,实践中有劳动者因养老保险缴费年

---

① 具体影响因素以各地实际规定为准。

限与政府全额资助比例要求年限仅相差一月,导致个人需补缴90个月的社会医疗保险费而不能免予缴纳,这种情况下容易引发争议。其三,由职工社会医疗保险实际缴费月数确定最终个人实际应缴月数。当然,因为各地社会医疗保险规定实施时间及规定内容不尽相同,退休职工延缴社会医疗保险个人应缴月数影响因素亦有所区别,所以需根据实际规定予以审核。

第五节 案例评述

案例5-1 某公司与某地税局社会保险行政处理案

▌案情简介▐

某社保中心向某地税局发函,称因某公司未按稽核整改意见书的要求为梁某、谭某补缴相应期间的社会保险费,因此将相关材料移交某地税局查处征缴。其中对欠缴谭某社会保险费的稽核整改意见,要求某公司在10个工作日内为谭某缴纳在职期间的社会保险费,该稽核意见书附件社会保险费补缴情况表中列明了相应期间应为谭某补缴的险种及缴费基数。某地税局于2015年1月作出两份责令限期改正通知书,责令某公司为谭某缴纳社会保险费8007.98元及滞纳金。某公司不服,申请复议,某地税局维持了其行政行为。某公司提起行政诉讼,认为其未为谭某缴交社会保险费的行为已经过了《劳动保障监察条例》规定的两年查处时效,不应再受到查处,其不应补缴谭某的社会保险费,要求撤销某地税局的行政行为。

▌地税局答辩▐

被告某地税局辩称:本案涉及的社会保险费追缴行为不适用《劳动保障监察条例》第20条关于查处社保违法行为时效的规定。该条例第20条规定的两年诉讼时效是针对劳动保障行政部门对相关劳动违法行为进行查处的时效规定,其并非我国社会保险法律法规对于社会保险费征缴行为的时效限制,劳动行政部门的查处行为属于其自己的职权范围,而社会保险费的征缴行为属于我局权限范围的职责行为,这两个行为相互独立,并受不同的法律部门规制和约束,因此,某公司所述的两年时效不涉及本案的社会保险征缴情况,我局依照社会保险经办机构所传递的数据,及时对社会保险费予以追缴,以维护社会保险基金的权益,符合法律规定,没有超过相关时效。请求驳回某公司的诉讼请求。

| 法院裁判 |

法院经审理后认为:根据《社会保险法》第 58 条第 1 款、第 63 条第 1 款规定,本案中,某地税局根据某社保中心稽核整改意见书所认定的事实及核定的欠缴社会保险费数额作出责令某公司限期为谭某缴纳社会保险费的处理决定,该处理决定是履行上述法律规定职责的行为,内容未超出某社保中心稽核整改意见书核定的范围,实体与程序均符合法律规定。某公司如对核定结论不服,应对该稽核整改意见另行申请行政复议或提起行政诉讼。关于社会保险费追缴行为是否适用《劳动保障监察条例》第 20 条关于违法行为两年未被发现不再查处的规定。本院认为,上述追诉时效的规定适用于用人单位劳动保障违法行为的查处,即检查、处罚;社会保险费追缴行为是督促行政相对人履行其应尽法律义务之行政处理,不属于行政处罚,而某公司欠缴谭某社会保险费的事实一直处于持续状态,亦不存在未被发现一说,故某公司关于社会保险费追缴行为应受两年时效限制的主张于法无据,本院不予支持。判决:驳回某公司的诉讼请求。

| 案件评析 |

本案争议的核心问题在于三方面:一为社会保险经办机构与税务部门对社会保险费的核定职权;二为税务部门是否有权直接以社保的稽核结论作出征收行政行为;三为社保欠费是否适用两年追诉时效问题。在全责征收之前,税务部门的职权只是按照社保部门的核定结果,代为征收社会保险费,税务部门不具有除征收之外的其他职权,包括稽核、核定。但全责征收后,税务部门的职权应包括对社会保险费的稽核、核定。税务部门全责征收后,是否意味着社会保险经办机构就不能再行使核定权？我们认为，基于《社会保险法》的规定以及我国的社会保险费征收实践，不能简单地否定社会保险经办机构的核定权。社会保险经办机构对特殊情况的核定权仍应得到认可，例如，社会保险经办机构对包含全责征收之前的欠费的核定，对违法举报事项的核定，其核定结果可以作为税务部门征收的依据。社会保险经办机构作出的稽核结论本身就属于一个行政行为，如缴费单位或缴费人对该结论不服应就该结论提起复议、诉讼。税务部门一般可以将社保部门的稽核结论作为发出责令限缴文件的基础，但应当对该稽核结论进行形式合法性审查，如该稽核结论是否存在明显违法情形以及该稽核结论是否有效送达等。但司法实践中有法院本着实际纠错的原则，认为全责征收模式下，虽社保部门已作出稽核结论，但税务机关仍应在该基础上进行审核或二次核定，而不能直接引用该结论进行征收。至于社会保险费征收是否适用《劳动保障监察条例》所规定的两年时效限制的问题将在后文中详述。

案例5-2 黄某与某社保中心、某地税局不履行核定、征收社会保险费职责案

┃案情简介┃

黄某原系某兽医站临时工，1992年办理招工手续到另一兽医站工作。2008年6月，黄某经调配进入某动物卫生监督所工作，属在职在编的全额拨款事业编制人员。2012年3月12日，黄某以某动物卫生监督所为责任主体向某区劳动人事争议仲裁委员会申请人事仲裁，要求与该所签订无固定期限劳动合同，并为其缴纳全部社会保险费及住房公积金，支付相应的双倍工资及补贴等。某区劳动人事争议仲裁委员会以黄某的仲裁请求不属于该委受案范围为由未予受理。黄某不服又提起民事诉讼，2012年8月30日，法院以"人民法院受理的人事争议案件限于事业单位与其工作人员之间因辞职、辞退及履行聘用合同所产生的争议，某动物卫生监督所系全额拨款、具有公共事务管理职能的事业单位，黄某系某区动物卫生监督所在职在编的工作人员，双方没有签订聘用合同，双方的争议不属于人民法院审理人事争议案件的受

案范围"为由，裁定驳回黄某的起诉。

2012年5月15日，黄某向某区地税局邮寄投诉书，要求向某区动物卫生监督所征收社会保险费。2013年8月，黄某向某区人民法院提起行政诉讼，请求：某社保中心、某地税局履行向某动物卫生监督所核定、征收社会保险费的法定职责；判令某地税局征收各项社会保险费203304.7元。

|社保中心答辩|

被告某社保中心辩称：黄某属于全额拨款事业单位在职在编的固定工身份，根据《湖北省社会保险费征缴管理办法》规定，黄某不属于基本养老保险费征缴范围；社保中心已从2004年5月对黄某基本医疗保险费核定至今，已从2012年9月核定工伤、生育、失业保险费至今，且之前的基本医疗、工伤、生育、失业保险费第三人某区动物卫生监督所并未申报，可认定某区社保中心履行了法定职责。另外，社保中心未收到过黄某的投诉，也未收到过其要求社保中心向第三人某区动物卫生监督所履行核定社会保险费的法定职责的申请，故请求法院驳回诉讼请求。

|税务局答辩|

被告某地税局辩称：根据《社会保险法》《社会保险费征缴暂行条例》的规定，只有用人单位先向社会保险经办机构为职工申请办理社保登记，由社会保险经办机构对其应缴纳的社会保险费进行核定后，有关征收部门才能向用人单位征收核定后的社会保险费。因此，地税局只有在接到社保中心核定的社会保险费申报核定表等征收依据后，方能履行责令用人单位限期缴纳的法定职责。而且，黄某提起行政诉讼，仅能请求确认行政行为是否合理合法、是否侵害了其合法权益，无权要求某地税局征收各项社会保险费203304.7元。另外，第三人是否为黄某缴纳社会保险费属于劳动法律关系，并不属于行政诉讼受案范围。

|法院裁判|

法院经审理认为：其一，黄某属于全额拨款事业单位在职在编人员，依据《湖北省社会保险费征缴管理办法》的规定，黄某不属于基本养老保险费征缴范围，其关于某社保中心未履行核定基本养老保险费法定职责的主张不能成立。其二，虽然某社保中心具有依法核定社会保险费的法定职责，但黄某诉讼请求判令某社保中心履行向第三人某区动物卫生监督所依法核定社会保险费合计203304.7元的诉讼请求超出了行政审判范围。在行政诉讼中，人民法院只能对被告是否应当履行法定职责进行审查，而不能替代行政机关行使职权，直接判令其应当核定社会保险费的具体数额。因此，黄某的诉讼请求不当，本院不予支持。其三，关于黄某诉讼请求判令某地税局履行向第三人某区动物卫生监督所依法征收203304.7元社会保险费的法定职责，本院认为社会保险费未核定前，社会保险征收部门无权履行责令用人单位足额缴纳社会保险费的法定职责，某地税局作为社会保险费征收机构，在社会保险费未核定的情况下，无法履行征收社会保险费的职责。判决：驳回黄某的全部诉讼请求。

▎案件评析▎

本案实际为起诉税务部门不履行核定、征收义务的行政不作为案件。本案发生的背景显然属于税务部门代为征收社会保险费阶段，而并非全责征收阶段。在代征收模式下，税务部门只按社保部门登记、核定的结果征收社会保险费。如社保部门未登记、核定，税务部门无法直接予以征收。但如在全责征收阶段，税务部门如未依法行使核定、征收职权可能构成行政不作为。原告虽在本案起诉税务部门不作为，但其诉请法院判决税务部门征收社会保险费203304.7元不符合行政诉讼法的原则和规定。根据行政诉讼法的规定，原告可以提起确认行政行为违法，确认行政行为无效，要求重新作出以及撤销行政行为等诉讼请求，但原告不能直接要求法院判决被告作出什么样的行政行为。这是基于行政权和审判权的独立原则所产生的要求，即人民法院仅能对行政机关作出的行政行为的合法性及部分行政行为的合理性进行评价，而不能代替行政机关作出行政决定。因此，本案中原告可以请求法院确认税务机关行政不作为违法，并判决税务机关履行核定、征收职权，但不能请求法院判决税务机关征收社会保险费203304.7元。

案例 5-3　唐某与某地税局社会保障行政管理案

▮案情简介▮

2014年4月，唐某向某地税局申请办理延缴人员趸缴养老保险业务，某地税局予以受理。2014年4月30日，某地税局向唐某送达上述申请事项的回复书，同意唐某一次性趸缴10个月的养老保险费共8430元。2014年4月30日，某地税局向唐某发出社会保险费定额核定通知书，计费依据为2139元，费率为单位部分0.12、个人部分0.08。同日，某地税局向唐某作出税收缴款书，其中缴费基数4215元，费率为单位部分0.12、个人部分0.08。唐某收到税收缴款书后对缴费基数4215元有异议，提起本案行政诉讼，请求：撤销某地税局作出的税收缴款书；某地税局依照社会保险定额核定通知书的同一标准重新制作税收缴款书。

▮税务局答辩▮

被告某地税局辩称：（1）唐某主张的税收缴款书与社会保险费定额核定通知书的缴费基数标准不同，是因为两者所属期间不同、适用的文件不同、计算依据的法律规定也不同。对此，我局认为两者是不同的具体行政行为，应分别适用不同的法律依据，而且明确了被诉税收缴款书的缴费基数适用的法律依据。因此，我局作出税收缴款书的具体行政行为事实清楚、程序合法、法律依据正确。（2）唐某认为缴费基数4215元是我局剥夺其自行选择缴费上下限权利的违法结果。我局是依据相关法律文件规定依法确定缴费基数，作出税收缴款书的，相关的法律文件并未规定在该事项下唐某具有选择缴费基数的权利，其也未能提供法律依据证明其在办理延缴人员趸缴养老保险事项具有选择缴费基数的权利。因此，我局作出的具体行政行为是有法律依据的，是合法有效的。

▮法院裁判▮

法院经审理认为：本案的上诉争议焦点为某地税局作出涉案税收缴款书核定的缴费基数是否合法。根据某省的规定，唐某申请继续缴费时所属社保年度使用的全省在岗职工月平均工资为4215元，因此某地税局以4215元为缴费基数，符合上述文件规定，唐某要求撤销该税收缴款书没有法律依据，本院不予支持。至于唐某主张的税收缴款书与社会保险费定额核定通知书的缴费基数标准不同，涉案税收缴款书是依据某地税局对唐某一次性趸缴的回复作出，与社会保险费定额核定通知书没有对应关系，社会保险费定额核定通知书是针对唐某继续延长缴费的事项作出的，依据规定不同。唐某要求某地税局依照社会保险费定额核定通知书的同一标准重新制作税收缴款书缺乏法律依据，本院不予支持。判决：驳回唐某诉讼请求。

| 案件评析 |

　　本案涉及社会保险费缴费基数核定问题。对税务部门核定的缴费基数产生异议，甚至争议，是实践中比较普遍的问题。一般情况下，缴费基数由用人单位自主申报，税务部门在现阶段一般仅对缴费基数是否超出上限或未达到下限标准进行审核，对于具体数额不进行主动审查，由缴费单位对其真实性、合法性负责。但实践中往往出现劳动者对用人单位申报的缴费基数存在异议，要求税务部门解决，甚至因此提起行政复议、诉讼。从理论上而言，缴费基数的确定直接涉及用人单位和劳动者的权益，税务机关在进行缴费基数的核定时，应取得经由用人单位和劳动者双方确认的法律文件予以固定。在双方就缴费基数存在争议的情况下，如税务机关通过工资发放、劳动合同或其他文件可以认定工资数额时，可以进行认定。但如果税务机关通过表面证据不能进行基数的确定时，应指引劳动者通过劳动监察、仲裁、诉讼等途径先行确定工资基数后，再进行核定。当然，实践中存在部分劳动监察、仲裁、诉讼程序不接受劳动者仅要求确认工资的请求。对于这种情况，当工资基数确实无法查明时，税务部门有权直接根据法律规定的标准核定基数。税务部门以法定标准核定基数时，如该基数与劳动者个人所得税纳税依据标准存在不一致时，不能当然要求税务机关根据税收标准确定社会保险费缴交标准。劳动者个人所得税计税依据可以作为税务部门核定社保基数的一个标准，但不能直接等同于社保缴交基数。

案例 5-4　庄某与某税务分局社会保险行政处理案

┃案情简介┃

庄某系某公司职工，双方于 1999 年 4 月签订劳动合同，建立劳动关系。后双方发生劳动争议，庄某于 2006 年以某公司为被申请人向某劳动仲裁委员会申请劳动争议仲裁。某劳动仲裁委员会于 2013 年 1 月 24 日作出裁决，对庄某提出其与某公司的劳动合同关系仍然存续的主张予以支持，根据工资发放表计算庄某 2004 年 11 月至 2005 年 10 月的月平均工资为 783.13 元，并裁决某公司应根据本市当年度每月最低工资标准支付庄某 2005 年 11 月至 2013 年 1 月 24 日的工资损失 83836 元。该裁决已发生法律效力。2013 年，庄某多次向某税务分局反映某公司未按规定为其缴纳社会保险费，某税务分局要求某公司以当年缴费下限为缴费工资按照正常补缴业务流程为庄某办理了 2009 年 8 月至 2013 年 1 月的社会保险费稽核补缴业务并缴交滞纳金。对于 2005 年 11 月至 2009 年的稽核补缴业务，因庄某坚持要求按照当年全省社会平均工资为基数为其补缴，并拒绝在缴费工资基数确认表上签字，导致某公司中断业务办理。除此之外，庄某还要求某税务分局应征收补缴社会保险费的利息。

某税务分局对庄某作出书面回复，对庄某关于按照当年全省社会平均工资作为补缴社会保险费缴费工资及对补缴款征收利息的请求，均不予支持。庄某向某省地税局申请复议，某省地税局复议维持了直属分局的行政行为。庄某不服，提起行政诉讼，请求：撤销某税务分局作出的书面回复，责令某税务分局追缴 2001 年 7 月至 2014 年 2 月某公司欠缴的社会保险费，追缴基数为上年度社会平均工资，并追缴欠缴社会保险费的滞纳金，按照对应缴费年度的对账利率回收利息。

┃税务分局答辩┃

被告某税务分局辩称：首先，我局共征收某公司为庄某缴交的所属期为 2009 年 8 月至 2014 年 2 月的省直社会保险费本金 29623.10 元，滞纳金 5815.56 元。关于这期间庄某缴费基数问题，据某区劳动仲裁委裁决书所述，

2005年11月至2013年1月，某公司未向庄某发放过工资，但由于他们之间存在劳动关系，所以裁决某公司应按照本市当年度每月最低工资标准支付庄某工资损失，共计83836元。鉴于庄某在2005年11月至2013年1月从某公司取得工资薪金、津贴补贴仅有工资损失83836元一项，按月计算，庄某月工资薪金收入均低于当年规定的省直社会保险费缴费基数下限。因此，我局按照当年的政策规定标准计算征收某公司补缴的庄某省直养老保险费、工伤保险费、生育保险费及滞纳金是合法、合规的。其次，关于庄某提出的征收滞纳金和利息的问题。（1）地税机关征收利息无法定依据。我省税务机关征收社会保险费主要依据本省规定以及《社会保险法》，税务机关征收的职责是征收基本养老保险费、基本医疗保险费、失业保险费、工伤保险费、生育保险费，负责对逾期未缴交社会保险费的单位按规定加收滞纳金。按照职权法定原则，征收利息不是税务机关职责。因此，我局不存在行政不作为行为。（2）关于滞纳金。根据《最高人民法院关于人民法院执行工作若干问题的规定》，我局认为，由于社会保险费滞纳金只向某公司征收，并不返回给庄某，不属于庄某的合法权益，不实际影响其权利义务。因此，庄某诉我局未依法向某公司征收滞纳金事项，并不属此案行政诉讼的范围，而且，我局也按规定向某公司加收了滞纳金。

▎法院裁判▎

法院经审理认为：（1）本案争议之一是如何确定缴费基数的问题。根据《广东省社会保险费征缴办法实施意见》第1条，某区劳动仲裁委员会劳动争议仲裁裁决，由于庄某从2005年11月开始没有在某公司处从事实际工作，故该劳动仲裁委以本市当年度最低工资标准认定争议期间庄某的工资损失。该工资损失即庄某的实际工资收入。因庄某月工资收入总额低于省直社会保险费缴费基数下限，故省地税直属分局以省直社会保险费缴费基数下限作为为庄某追缴社会保险费的缴费基数，该缴费基数标准符合法律规定且公平合理，并无不妥。庄某认为应当以全省当年职工平均工资作为其缴费基数的主张，缺乏法律依据，本院不予支持。（2）本案争议之二为是否应当加收滞纳金及利息的问题。本案中某税务分局已依照《社会保险法》第86条及《广东省社会养老保险条例》第 35 条规定，向某公司加收 2009 年 8 月至 2013 年 1 月欠缴庄某社会保险费的滞纳金，且亦同意加收 2005 年 11 月至 2009 年 7 月的滞纳金，并未怠于履行职责。至于是否应计收利息，缺乏明确法律依据支持，故其不予加收利息，本院予以支持。判决：驳回庄某诉讼请求。

‖ 案件评析 ‖

本案涉及的是当劳动者工资低于社会保险费基数下限的社保基数核定问题。社保或税务部门对于社会保险费基数的核定其实包括在工资数额无法确定情况下的核定，以及工资数额虽确定但未在法定限额内的两种情况。工资数额无法确定的情况下，在符合条件的情况下，可以通过审查、认定工资数额的方法进行核定。在工资数额确定但低于法定限额的情况下，社保部门或税务部门可以直接根据规定进行核定。《广东省社会保险费征缴办法实施意见》第 1 条已对劳动者工资低于下限时基数的确定进行了明确规定，该省社保部门或税务部门可以直接根据该规定予以核定。关于滞纳金及利息收取问题，《社会保险法》第 86 条规定，用人单位未按时足额缴纳社会保险费的，由社会保险费征收机构责令限期缴纳或者补足，并自欠缴之日起，按日加收万分之五的滞纳金。据此，用人单位未按时足额缴费时，税务机关依法向其加收滞纳金，而收取利息并非税务机关法定义务。

案例 5-5　沈某与某社保局、某地税局劳动和社会保障行政确认纠纷案

‖ 案情简介 ‖

原告沈某于 1999 年 1 月入职某公司任清洁工一职，从 1999 年 1 月至 2010 年 9 月，用人单位某公司未为其向社会保险经办机构申报及缴纳该时间段的养老保险费。2010 年 10 月至 2014 年 10 月，某公司为沈某向社会保险经办机构申报及缴纳该时间段的城镇职工基本养老保险。2014 年 10 月 31 日，沈某因达到法定退休年龄与某公司终止劳动合同。之后沈某就用人单位未为其依法缴纳社会养老保险费的问题不断向相关部门投诉。

2014 年 9 月 12 日，某劳动人事争议仲裁院就沈某与某公司之间是否存

在劳动关系作出仲裁裁决书,认定沈某在1999年1月5日至2014年7月29日与某公司存在事实劳动关系。某公司因此提起民事诉讼,法院认可仲裁裁决书的认定,二审法院驳回某公司上诉,维持原判。2015年5月28日,沈某就某公司未依法为其申报1999年1月至2010年9月应缴纳的养老保险费和1999年1月至2014年10月应缴纳的医疗保险费数额的问题向某人力资源和社会保障局劳动监察大队提出投诉,该局于2016年1月6日作出劳动保障监察行政处理决定书,决定"责令立即改正行为"。2016年7月,原告沈某向被告某社保局辖下的某分局申请核定其1999年1月至2010年9月的养老保险费,并请求责令某公司为其一次性补缴1999年1月至2010年9月的养老保险费。某分局作出回复,核定了沈某1999年1月至2008年12月养老保险补缴金额,但表示2009年1月起由地方税务局全责征收社会保险费,因此2008年12月后的补缴金额需由地方税务局核定。同时表示其无权责令某公司办理补缴事宜。

随后,沈某向某地税局申请核定2009年1月至2010年9月的基本养老保险费,并责令某公司一次性为其补缴1999年1月至2010年9月的养老保险费。某地税局作出回复,称沈某的申请系关于未参加社会保险的投诉,应由社会保障部门查处,且某社保局已对沈某的申请作出处理,其不能重复处理也无权处理。

沈某对某地税局及某社保局的回复均不服,提起行政诉讼:请求撤销两被告作出的回复;请求判令两被告共同责令某公司为其一次性补缴1999年1月至2010年9月的养老保险费;请求判令某地税局为其核定2009年1月至2010年9月的基本养老保险费。

【税务局答辩】

被告某地税局辩称:(1)某公司及利害关系人沈某均未对劳动保障监察行政处理决定书提出行政复议或行政诉讼,沈某的投诉时间超过劳动保障违法行为的查处期限,其不再查处,某社保局作出的劳动保障监察行政处理决定书已发生效力,其不应重复处理。(2)沈某现起诉要求责令并强制征收1999年1月至2010年9月的养老保险和医疗保险费属应参保而未参保情形。

根据《社会保险法》第 58 条、《社会保险费征缴暂行条例》第 10 条及本省相关规定，沈某 1999 年 1 月至 2010 年 9 月的养老保险费不属于社会保险费欠费范畴，属于未办理社保登记，应参保未参保应补缴的社会保险费，应先通过某社保局核定征收数额，其才有征收依据。

‖ 社保局答辩 ‖

被告某社保局辩称：原告 1999 年 1 月至 2010 年 9 月与所在用人单位发生的社会保险争议，属于单位应参保未参保情形，而不属于省相关文件规定可以以个人身份申请办理一次性缴纳养老保险费的类别。沈某并未提供完整的相关资料并按程序申报补缴，因此其无法受理相关补缴手续，且自 2009 年 1 月 1 日起，本市社会保险费由市地方税务机关全责征收。因此，其不具备对沈某申请事项作出处理的法定职责。

‖ 法院裁判 ‖

法院经审理认为：社会保险费由各辖区地方税务机关全责征收是其责无旁贷的工作职责，因此地方税务机关对征缴社会保险费的工作具有不可推卸的责任。原告分别向被告某社保局、某地税局提出"请求核定申请人 1999 年 1 月至 2010 年 9 月（注：向某社保局申请核定的时间段），2009 年 1 月至 2010 年 9 月（注：向某地税局申请核定的时间段）的基本养老保险费，并责令被申请人为申请人一次性补缴 1999 年 1 月至 2010 年 9 月的基本养老保险费"的事项，因原告提出的申请事项存在跨越上述法律法规适用时间段的问题，因此分别向两被告提出申请事项是合理的。某地税局应负责参保单位和个人进行社会保险费缴费项目核定，核定内容包括缴费基数、缴费人数、费率和险种等，某地税局的行政行为适用法律错误，依法应予撤销并重新作出行政行为。某社保局关于其无权责令某公司办理补缴事宜的回复没有事实及法律依据，该部分回复内容依法应予撤销，某社保局应重新作出行政行为。

‖ 案件评析 ‖

本案涉及的主要问题是全责征收模式下税务部门对社会保险费的核定职责问题。从全责征收本意看，税务部门具有对社会保险费的核定职权。但实践中由于欠费的历史问题，出现跨全责征收前后的历史欠费，或者出现应参保而未参保的欠费。对于这些特殊情况下的核定权应由社保部门还是税务部门行使，实践中往往容易产生争议，甚至推诿。从职能分工来看，有的地方通过全责征收规范性法律文件，根据时间和欠费类型对核定职能进行划分。但从行政行为的外部效力而言，审判机关会更多地从全责征收模式的大原则出发，确定税务部门具有社会保险费的核定权。因此，在全责征收模式下，税务部门应更积极全面地行使核定职权。如确因历史原因、数据问题或者职权划分问题不能进行核定，应联动社保部门，共同核定，以避免行政争议。

当然，从另一个角度看，正是由于社会保险费征收模式演进过程较长，实践中不可避免地会产生税务机关客观上无法核定社保费金额的问题。本案涉及社保费的跨阶段征收，考虑到征缴数据的局限性，税务机关并不能全面掌握当时的征缴数据，无法充分核定应缴金额，客观上无法行使核定权。在这种情况下，若苛责税务机关主动核定或与社保部门联动核定，对于税务机关而言无疑存在较大困难和被动性，亦缺乏相应法律依据。人民法院在实际案件中应考虑社保费征收现实，尊重社保部门和税务机关内部明确的职权划分。否则，容易导致职权不清、征缴不及时的情形，也不利于对相对人形成明确清晰的指引，不利于保障相对人的合法权益。

第六章　征收环节争议

行政征收是行政主体依法向行政相对人强制性地收取税费或私有财产的行政行为，属于行政决定的一种形态。行政征收具有处分性、强制性、非对价性、法定性等特征。我国的行政征收种类主要包括土地征收、房屋征收、财产征收、税费征收等。当然，这是从最广义的行政行为类型化角度对行政征收所作的分类，在具体内涵上，税费征收区别于一般土地征收、房屋征收等，前者可以理解为有权机关依照税费法律、法规规定将义务人应当缴纳的税费款组织入库的一系列行政活动；后者则指国家为了公共利益的需要，依照法律规定对土地、房屋等私有财产实行征收并给予补偿的行为。也有观点认为，行政征收仅包含税费征收，而不包含土地、房屋及财产征收。因两者的区别并不在本书论述范围之内，在此不作赘述。仅从行政行为类型化角度，结合我国现有社会保险费征收的实践看，社会保险费征收可以算作行政征收的一种类型。行政征收，包括社会保险费征收的直接效果是剥夺和处分相对人的私有财产，其影响的是相对人受《宪法》和《物权法》保护的基本权利，非因法律的直接规定不能实施。《社会保险法》规定了社会保险征收机构征收社会保险费的权力。《社会保险费征缴暂行条例》第6条规定，"社会保险费实行三项社会保险费集中、统一征收。社会保险费的征收机构由省、自治区、直辖市人民政府规定，可以由税务机关征收，也可以由劳动保障行政部门按照国务院规定设立的社会保险经办机构征收"。由此解决了社会保险费由税务部门征收的法律授权。但全责征收模式下的征收与上述规定存在不同之处，需要立法层面尽快予以完善，以彻底规范社会保险费全责征收的法律授权。

从广义的角度而言，社会保险费征收工作包括两方面，一是对正常参保、正常申报所产生的社会保险费的征收；二是对非正常参保或非正常申报所形成的欠费的征收。本章所讨论的征收主要指第一种情形，即对在正常申报所产生的社会保险费征收过程中，可能产生的争议进行分析、论述。对于追欠过程中进行的征收工作，将在追欠环节予以论述。在全责征收模式下，税务部门一般应在每月底前完成当月社会保险费征收工作，并及时将已征费款按险种划入各级社会保障基金财政专户。税务部门负责提供征收过程中所需要的各种表证单书。税务部门对于未按规定缴纳和代扣代缴社会保险费的，有权责令限期缴纳；逾期仍不缴纳的，除补缴欠缴额外，从欠缴之日起，按日加收万分之五的滞纳金，并分险种划入财政专户。税务部门在征收社会保险费过程中，对经审核确属重收多收的社会保险费，应通知社会保险经办机构统一办理退费。

第一节　社会保险费征收程序

《社会保险法》目前没有规定专门的社会保险费征收程序，税务部门全责征收模式下，基本还是参照人社部门关于社会保险费征收程序的零散规定。《社会保险法》第60—63条[①]、《社会保险费征缴暂行条例》

[①] 该法第60条规定："用人单位应当自行申报、按时足额缴纳社会保险费，非因不可抗力等法定事由不得缓缴、减免。职工应当缴纳的社会保险费由用人单位代扣代缴，用人单位应当按月将缴纳社会保险费的明细情况告知本人。无雇工的个体工商户、未在用人单位参加社会保险的非全日制从业人员以及其他灵活就业人员，可以直接向社会保险费征收机构缴纳社会保险费。"该法第61条规定："社会保险费征收机构应当依法按时足额征收社会保险费，并将缴费情况定期告知用人单位和个人。"该法第62条规定："用人单位未按规定申报应当缴纳的社会保险费数额的，按照该单位上月缴费额的百分之一百一十确定应当缴纳数额；缴费单位补办申报手续后，由社会保险费征收机构按照规定结算。"该法第63条规定："用人单位未按时足额缴纳社会保险费的，由社会保险费征收机构责令其限期缴纳或者补足。用人单位逾期仍未缴纳或者补足社会保险费的，社会保险费征收机构可以向银行和其他金融机构查询其存款账户；并可以申请县级以上有关行政部门作出划拨社会保险费的决定，书面通知其开户银行或者其他金融机构划拨社会保险费。用人单位账户余额少于应当缴纳的社会保险费的，社会保险费征收机构可以要求该用人单位提供担保，签订延期缴费协议。用人单位未足额缴纳社会保险费且未提供担保的，社会保险费征收机构可以申请人民法院扣押、查封、拍卖其价值相当于应当缴纳社会保险费的财产，以拍卖所得抵缴社会保险费。"

第11—13条①对社会保险费的征收程序进行了概括性规定。人力资源和社会保障部发布的《社会保险费申报缴纳管理规定》在第三章、第四章细化了社会保险费的征收程序。按该规定，社会保险费的征收主要分为缴费单位主动缴纳和征收部门责令限缴两种形式（强制征收程序将在后面章节论述）。全责征收模式下的主动缴纳是指，用人单位持税务部门出具的缴费通知单在规定的期限内到其开户银行或者其他金融机构主动缴纳申报的社会保险费；或者按其与税务部门约定的其他方式主动缴纳。税务部门、用人单位可以与银行或者其他金融机构签订协议，委托银行或者其他金融机构根据税务部门开出的托收凭证划缴用人单位和为其职工代扣的社会保险费。责令限缴是指，当用人单位具有下列情形之一的，税务部门向用人单位发出社会保险费限期补缴通知，责令用人单位限期缴纳社会保险费：(1) 未按规定申报且未缴纳社会保险费的；(2) 申报后未按时足额缴纳社会保险费的；(3) 因瞒报、漏报职工人数、缴费基数等事项而少缴社会保险费的。

缴费单位主动缴纳社会保险费，一般不易产生争议。实践中对于主动缴纳的争议主要体现在职工对缴费单位主动申报的社会保险费数额及时间等存在异议，进而对税务部门实际征收的数额产生争议。这一部分争议实际为在申报、核定过程中产生的争议，在前文已详述。实际在征收过程中出现的争议主要体现在对责令限期缴纳作出程序、权利救济及文书规范性方面。《社会保险法》及《社会保险费征缴暂行条例》虽然都规定了征收机关有权作出责令限期缴纳决定，但对于该决定的作出程序没有规定，导致实践中出现执法不统一的情形。例如，实践中对于责令限缴文书的名称、责令限缴期限、送达方式、权利救济、文书格式等方面均缺乏统一规定。《社会保险费申报

---

① 该条例第11条规定："省、自治区、直辖市人民政府规定由税务机关征收社会保险费的，社会保险经办机构应当及时向税务机关提供缴费单位社会保险登记、变更登记、注销登记以及缴费申报的情况。"该条例第12条规定："缴费单位和缴费个人应当以货币形式全额缴纳社会保险费。缴费个人应当缴纳的社会保险费，由所在单位从其本人工资中代扣代缴。社会保险费不得减免。"该条例第13条规定："缴费单位未按规定缴纳和代扣代缴社会保险费的，由劳动保障行政部门或者税务机关责令限期缴纳；逾期仍不缴纳的，除补缴欠缴数额外，从欠缴之日起，按日加收千分之二的滞纳金。滞纳金并入社会保险基金。"

缴纳管理规定》第16条规定，对于符合法定情形的用人单位，社会保险经办机构应当于查明欠缴事实之日起5个工作日内发出社会保险费限期补缴通知，责令用人单位在收到通知后5个工作日内补缴，同时告知其逾期仍未缴纳的，将按照《社会保险法》第63条、第86条的规定处理。《广东省地方税务局征收社会保险费欠费管理暂行办法》第5条规定，"用人单位未依法按时足额缴纳社保费的，地方税务机关应在次月的15个工作日内通过短信、电话、直接送达、公告等方式进行催报催缴，发出《责令限期改正通知（决定）书》，责令其在收到《责令限期改正通知（决定）书》之日起15日内改正。对无法直接送达、委托送达或邮寄送达《责令限期改正通知（决定）书》的，主管地方税务机关可以公告的方式送达，自公告之日起满30日，视为送达"。

上述两份文件关于责令限缴程序的规定并不完全一致，实践中可能存在不同的理解。对比该两份文件，广东省的规定实际要宽于人力资源和社会保障部的规定，对发出程序也进行了细化。但值得注意的是，按广东省该规定，发出《责令限期改正通知（决定）书》与通过短信、电话、直接送达、公告等方式进行催报催缴为两个并列的程序，并没有先后关系。即税务机关可以先进行催报催缴，也可以直接发出《责令限期改正通知（决定）书》。但在送达方式方面，该规定参照了涉税文书的送达方式，即在无法直接送达、邮寄送达的情况下，可以采用公告送达。该规定没有明确留置送达的效力，但根据其他法律法规关于送达方式的规定，实践中应认可税务机关留置送达《责令限期改正通知（决定）书》的效力。

从执法和司法实践而言，由于征收模式的演变，征收职权在社保部门和税务部门进行了划转和变更，而目前关于社会保险费征收的《社会保险费申报缴纳管理规定》等程序性规定多数由社保部门制定发布。在全责征收模式下，除适用《社会保险法》外，税务机关应制定关于征收程序的法律文件。对此我们认为，在目前社会保险费征收程序在立法层面未得到统一规范的情况下，应充分考虑因全责征收而产生的职权主体变化及相应程序变更；在最大限度上认可税务部门制定的有关程序性规定，同时亦应允许税务机关在不违背上位法的情况下，参照适用社保部门制定的以及税收征管领域的有关程序性规定。当然，从执法的统一性和确定性角度而言，应尽快通过更高阶位的法律统一、完善、细化税务机关征收程序和执法指引。

第二节　社会保险费征收文书

社会保险费征收文书主要为责令限期缴纳方面的文书。《社会保险法》和《社会保险费征缴暂行条例》仅规定了征收机关责令限期缴纳的行政职权，没有明确文书名称及样式。实践中不同地区的征收机构作出的责令限期缴纳的文书名称和格式并不统一，甚至同一社保统筹区域内的不同征收机构所采取的形式也不尽相同。大体出现了"责令限期改正通知""责令限期改正决定""责令限期改正通知（决定）""社会保险费限期缴纳通知书""社会保险费限期缴纳决定书""社会保险费限期缴纳（补足）指令书"以及"社会保险费限期缴纳通知（决定）书"等名称不一而足。需要注意的是，行政机关从避免行政复议和诉讼的角度，将名称定为"通知"，但内容又设定了具体的权利、义务，实际并不能起到阻止复议和诉讼的效果。一方面，无论使用何种名称，首先要与文书的内容相符合，其次要使用法律的规范用语。如果文书的内容已确定缴费单位欠缴的金额、补缴的期限等内容，则该文书对缴费单位的实际权利义务将产生影响，其性质应属于行政决定。在这种情况下应使用"决定书"的形式，而不应使用"通知"。行政命令是设定行政相对人义务的方式之一，行政命令一经作出，相对人便有了相关的义务，必须按行政命令要求进行一定的作为或不作为。从这个意义上说，责令限期缴纳或改正具有强制性，不宜使用"通知"的形式作出，而更符合行政决定的要求，应尽量使用"决定"的形式作出。另一方面，2004年1月14日，《最高人民法院关于规范行政案件案由的通知》所附的行政行为种类中，"行政命令"被列为第八种独立的行政行为。说明责令限期缴纳作为行政命令且对缴费单位的权利义务产生实际影响，其应当属于行政复议、诉讼的范围。无论征收机构使用"通知"或是"决定"的形式作出都不影响其可复议性、可诉讼性。因此，为了与上位法统一，以及使行政行为更符合行政法理论要求，责令限缴文书名称可以设定为"责令限期缴纳（补足）社会保险费决定书"。

另外，《中华人民共和国行政强制法》（以下简称《行政强制法》）第55条第1款规定："行政机关向人民法院申请强制执行，应当提供下列材料：（一）强制执行申请书；（二）行政决定书及作出决定的事实、理由和依据；（三）当事人的意见及行政机关催告情况；（四）申请强制执行标的情况；（五）法律、行政法规规定的其他材料。"据此，人民法院在受理行政机关非诉执行案件时需要行政机关提交行政决定书，如果征收机关使用"通知"代替"行政决定"，在申请法院强制执行时可能遇到执行依据障碍。也有的税务机关，将责令限改行为和征收决定分别处理，先以"通知"的形式通知缴费单位限期缴纳，逾期未缴再作出"征收决定"。这样做固然能解决申请强制执行的文件障碍问题，但同时面临征收决定作出的上位法依据问题，并且责令限改通知与征收决定两个行政行为先后存在，可能会增加行政行为的复议和诉讼程序，影响行政效率。另外，在救济权利方面，无论是以通知还是决定形式作出的责令限改，只要该文书对相对人或其利益相关人员的权益会产生实际影响，税务机关均应在文末告知行政复议、诉讼的救济权利。当然，对于部分税务机关将通知行为和征收决定行为进行分离处理的情形，其应释明该通知文书属于过程性文件，明确该行为的不可诉性，以免产生争议。

在文书内容方面，除了明确欠缴的社会保险费金额、明细，限期缴纳的期限外，还可以参照《社会保险费申报缴纳管理规定》第16条的规定告知逾期缴纳的法律后果，即告知如逾期缴纳，征收机关将按照《社会保险法》第63条、第86条的规定处理。但在表述滞纳金时，应根据个案情况及相关规定严谨表述（该部分将在其他章节详述）。在表述行政处罚时，税务机关应严格按照《社会保险法》第86条的规定表述为"逾期仍不缴纳的，由有关行政部门处欠缴数额一倍以上三倍以下的罚款"，而不能直接表述税务部门将加处罚款的意思。这样处理的原因主要在于，在目前全责征收模式下，税务部门是否具有对该类情况的行政处罚权还存在重大争议,在法律没有明确授权的情况下,不宜直接在文书里表述税务部门具有行政处罚权。

第三节　用人单位代扣代缴义务

《社会保险法》第60条规定:"用人单位应当自行申报、按时足额缴纳社会保险费,非因不可抗力等法定事由不得缓缴、减免。职工应当缴纳的社会保险费由用人单位代扣代缴,用人单位应当按月将缴纳社会保险费的明细情况告知本人。"该条款明确规定了用人单位对于职工应当缴纳的社会保险费负有代扣代缴义务。根据《社会保险法》第10条、第23条、第33条、第40条以及第53条的规定,[①] 基本养老保险、基本医疗保险、失业保险三个险种的保险费由用人单位和职工按照国家规定共同缴纳。工伤保险、生育保险费由用人单位单独缴纳,职工不缴纳。因此,《社会保险法》规定的用人单位代扣代缴义务主要是针对养老保险、医疗保险和失业保险而言。

社会保险法虽然规定了用人单位的代扣代缴义务,但没有规定用人单位未履行代扣代缴义务的责任和后果,导致在征收实践中,对于未履行代扣代缴义务的用人单位应如何处理,缺乏统一的执法依据。其中最突出的问题是,如果用人单位未履行代扣代缴义务,征收部门是否可以直接向用人单位征收职工应缴部分的社会保险费?在税收征管领域,如果代扣代缴义务人怠于履

---

① 该法第10条规定:"职工应当参加基本养老保险,由用人单位和职工共同缴纳基本养老保险费。无雇工的个体工商户、未在用人单位参加基本养老保险的非全日制从业人员以及其他灵活就业人员可以参加基本养老保险,由个人缴纳基本养老保险费。公务员和参照公务员法管理的工作人员养老保险的办法由国务院规定。"该法第23条规定:"职工应当参加职工基本医疗保险,由用人单位和职工按照国家规定共同缴纳基本医疗保险费。无雇工的个体工商户、未在用人单位参加职工基本医疗保险的非全日制从业人员以及其他灵活就业人员可以参加职工基本医疗保险,由个人按照国家规定缴纳基本医疗保险费。"该法第33条规定:"职工应当参加工伤保险,由用人单位缴纳工伤保险费,职工不缴纳工伤保险费。"该法第40条规定:"工伤职工符合领取基本养老金条件的,停发伤残津贴,享受基本养老保险待遇。基本养老保险待遇低于伤残津贴的,从工伤保险基金中补足差额。"该法第53条规定:"职工应当参加生育保险,由用人单位按照国家规定缴纳生育保险费,职工不缴纳生育保险费。"

行代扣代缴义务，税务部门可以对其进行查处，[①] 但不能直接要求代扣代缴人直接履行纳税义务。在社会保险费征收领域应如何处理？

《社会保险法》第63条第1款规定："用人单位未按时足额缴纳社会保险费的，由社会保险费征收机构责令其限期缴纳或者补足。"《社会保险费征缴暂行条例》第12条规定："缴费单位和缴费个人应当以货币形式全额缴纳社会保险费。缴费个人应当缴纳的社会保险费，由所在单位从其本人工资中代扣代缴。社会保险费不得减免。"该条例第13条规定："缴费单位未按规定缴纳和代扣代缴社会保险费的，由劳动保障行政部门或者税务机关责令限期缴纳……"《社会保险费申报缴纳管理规定》第11条规定："职工应当缴纳的社会保险费由用人单位代扣代缴。用人单位依法履行代扣代缴义务时，任何单位或者个人不得干预或者拒绝。用人单位未按时足额代缴的，社会保险经办机构应当责令其限期缴纳，并自欠缴之日起按日加收0.5‰的滞纳金。用人单位不得要求职工承担滞纳金。"由以上规定可以看出，社会保险费征收不同于税收征收，征收部门对于未履行代扣代缴义务的单位可以直接责令其限期缴纳。《广东省社会保险费征缴办法》第11条更是明确规定："缴费单位未按规定期限缴纳或者代扣代缴社会保险费的，由地方税务机关责令限期缴纳，逾期仍未缴纳或者代扣代缴的，经县（含县）以上地方税务局（征收管理分局、检查分局、稽查局）局长批准，地方税务机关可以书面通知其开户银行或者其他金融机构从其存款中扣缴社会保险费和滞纳金。"

虽然上述规定明确了税务部门有权直接责令缴费单位限期代扣代缴社会保险费，对负有代扣代缴义务的单位具有直接征收权。但由于《社会保险法》对这一权力界定并不清晰，导致实践中存在对这一行政职权缺乏上位法支持的争论。有观点认为，直接责令缴费单位缴交职工个人应缴的社会保险费，与我国目前的税收征管原则不一致，也缺乏法律的直接规定。其实，社会保险费与税收的征收还是存在区别的，用人单位作为代扣代缴义务人本身

[①] 《税收征收管理法》第69条规定："扣缴义务人应扣未扣、应收而不收税款的，由税务机关向纳税人追缴税款，对扣缴义务人处应扣未扣、应收未收税款百分之五十以上三倍以下的罚款。"

也是社会保险费的直接缴交人,且社会保险费一般是以单位和个人部分整体缴交,这与税收代扣代缴义务人本身并非直接纳税义务人存在本质区别。另外,关于上位法规定问题,对于《社会保险法》第60条、第63条所规定的用人单位足额缴纳社会保险费应作扩张性解释,该处的"足额缴纳"应包括用人单位代扣代缴部分。当然,从立法规范层面而言,应尽快通过立法对此进行完善。

从社会保险费征收实践来看,多数社会保险险种同时包括用人单位及劳动者个人缴纳部分,而鉴于当前征收技术手段的局限性,社会保险费征收系统无法实现缴费单位、缴费个人单独征收操作,而必须将两部分作为整体征收入库。因此,税务机关客观上无法在征收工作中将用人单位和个人部分分别征缴。但仍需注意对两部分进行分别计算,并将计算明细和缴费个人信息告知相对人,进行充分说理。

第四节　社会保险费征收告知义务

《社会保险法》第60条第1款规定:"用人单位应当自行申报、按时足额缴纳社会保险费,非因不可抗力等法定事由不得缓缴、减免。职工应当缴纳的社会保险费由用人单位代扣代缴,用人单位应当按月将缴纳社会保险费的明细情况告知本人。"该法第61条规定:"社会保险费征收机构应当依法按时足额征收社会保险费,并将缴费情况定期告知用人单位和个人。"《社会保险法》的上述规定对于社会保险费征收机构的告知义务进行了概括性表述,但由于上述两个规定过于原则,且存在一定冲突,实践中存在适用冲突,导致争议产生。最常见的争议类型体现为,职工或用人单位由于未及时了解自身的缴费情况,导致迟延缴费,由此可能产生的欠费责任,包括滞纳金和行政处罚,甚至可能造成因未缴费或未足额缴费,而不能享有社保待遇的严重后果。如争议无法协商解决,用人单位和职工可能以征收机关行政不作为为由提起行政复议、诉讼,甚至要求行政赔偿。由此可见,全责征收模式下,税务部门在征收过程中应适当履行社会保险费缴交的告知义务。

根据上述《社会保险法》第61条的规定，税务部门应将缴费情况定期告知用人单位和个人。从条文的表面意思理解，税务部门同时负有对用人单位和个人的告知义务。但该条款规定得过于原则，导致实践中产生不一致的理解。首先，"缴费情况"具体是指什么情况没有明确；其次，"定期"如何理解没有明确；再次，"告知"的具体形式没有规定；最后，告知对象中的单位和个人无法确定，是指在同一个参保关系中既要告知单位，也要告知个人，还是通过单位参保的只要告诉单位，个人以灵活就业形式参保的应告知个人？在没有法律规范对此予以明确的情况下，应尽量以行政行为合理性进行解释和弥补。从目前实际情况看，由于我国各地的参保人数过于庞大，联系方式难以掌握，如要求税务部门主动定期告知每个参保人缴费情况，基本不具备现实可能性，事实上征收机关也难以实现。

因此，对于上述《社会保险法》第61条的规定应作限制性理解，即只要税务部门向社会公开告知了社保缴费情况的查询途径，应当认为税务机关尽到了《社会保险法》规定的告知义务。事实上，税务部门一般会提供网页、手机客户端、微信、自助柜员机、业务前台等多种社保缴费信息查询渠道，无论是缴费单位还是职工，或者以灵活就业人员身份参加社保的个人都可以也应该主动获取自身的参保信息，对自己的个人权益尽到审慎的关注义务。如由于参保人自身未及时了解自己的社保缴费状况，由此产生的不利后果应由其自己承担责任。

第五节　责令限缴决定作出主体[①]

《社会保险法》第63条第1款规定："用人单位未按时足额缴纳社会保险费的，由社会保险费征收机构责令其限期缴纳或者补足。"《社会保险费征

---

① 具体请结合前文。

缴暂行条例》第 13 条规定："缴费单位未按规定缴纳和代扣代缴社会保险费的，由劳动保障行政部门或者税务机关责令限期缴纳；逾期仍不缴纳的，除补缴欠缴数额外，从欠缴之日起，按日加收千分之二的滞纳金。滞纳金并入社会保险基金。"据此规定，全责征收模式下，税务机关有权对用人单位作出责令限期缴纳或补足社会保险费的决定。对于上述规范中的"税务机关"是否包含基层税务分局？基层税务分局是否具有以自己名义作出责令限缴社会保险费决定的法定职权？实践中存在争议。现行《社会保险法》没有对"税务机关"进行界定，但《税收征收管理法》第 14 条规定："本法所称税务机关是指各级税务局、税务分局、税务所和按照国务院规定设立的并向社会公告的税务机构。"可见，在税收征管领域，税务机关显然包含了基层税务分局。有观点认为，社会保险费征收不同于税务征收，《税收征收管理法》不应适用于社会保险费征收。这种观点对税务机关的理解过于机械，也不符合我国目前的实际情况。税务机关经《税收征收管理法》特定后，应当具有特定的法律意义，其内涵和外延应受该法的约束。如果对税务机关的理解在不同的法律部门之间产生不同的含义，会导致立法以及法律适用方面的混乱。另外，从立法本意上看，《社会保险费征缴暂行条例》所指称的税务机关，实际应等同于税收征管意义的税务机关，而不能作扩张或限缩理解。

第六节　社会保险费退费

全责征收模式下，缴费单位和灵活就业人员多缴、错缴、重复缴纳的社会保险费，经税务机关审核属实的，应按规定退还。由于《社会保险法》和《社会保险费征缴暂行条例》对于社会保险费退费条件、程序没有明确规定，导致实践中对于是否可以退费、如何退费出现执法不统一的情形。《广东省社会保险费地税全责征收实施办法（暂行）》第 3 条第 4 款第 4 项规定："对经审核确属重收多收的社会保险费，暂按粤财社〔2002〕13 号的规定办理。"广东省财政厅、广东省劳动和社会保障厅、广东省地方税务局发布的《关于重收多收社会保险费退款问题的通知》规定,"为规范社会保险基金的管理,加强监督,根据社会保险财务管理的有关规定,对经审核确属重收多收的社会保险费,按规定应退还参保单位和个人。经研究,暂作规定如下:退费由各级社会保险经办机构根据地税部门的通知统一办理,资金从社会保险经办机构开设的'异地转移社会保险费收入户'中垫付,已退款的金额在报送下一次社会保险待遇发放计划时一并申请下拨归还'异地转移社会保险费收入户'基金"。据此,一般由缴费单位向所在地主管税务分局提交社会保险费退款申请书及其他相关文件,发起退费申请。主管税务分局审核退款申请和相关资料,核实应退的社会保险费金额,对不符合规定的,将资料退还缴费单位;符合规定的,填写社会保险费退款通知书,上报县(市、区)局审批。县(市、区)局审核同意后把通知书退还主管税务分局。主管税务分局通知缴费单位领取通知书,凭通知书及有关资料自行到社保部门办理退费。

实践中最突出的问题在于,通过用人单位缴交社会保险费的个人只能通过用人单位发起退费申请,而不能以个人名义申请退费,且社保退费也是直接退入用人单位账户。在用人单位与职工能够就退费达成一致意见的情况下,一般不容易产生纠纷。但如果员工和用人单位对于退费本就存在争议,而无法一致行动时,就会出现员工要求税务机关退费,但用人单位存在不同意见,而导致税务机关无法完成退费的情形。这种情形下,员工往往会通过信访、投诉甚至复议、诉讼的办法要求税务机关办理退费,使税务机关的工作陷入被动。为了统一规范退费执法,应通过立法确立退费的法定条件和程序,以避免产生争议。

第七节 社会保险费"按月计征"

用人单位需为与之建立劳动关系的职工参加社会保险,但《社会保险法》并未规定缴纳社会保险费的期限。《社会保险费征缴暂行条例》第10条第1款规定,"缴费单位必须按月向社会保险经办机构申报应缴纳的社会保险费数额，经社会保险经办机构核定后，在规定的期限内缴纳社会保险费"。据此，缴费单位申报缴纳社会保险费的时间频率为自然月，可理解为其申报缴纳社会保险费的动作应按每个自然月及时统一进行，不可逾期。但实践中适用该条文时亦引申出"按月"是否可理解为按足月申报并缴纳社会保险费的问题。一般而言，若劳动者与用人单位已建立稳定的社会保险关系，仅劳动关系期间的起始、期满当月工作期限未满一个月，这类情况按足月进行征缴是不容易产生争议的。一般容易引起争议的是，对于整体劳动期限未满一月的情形，缴费单位是否需要按足月为其缴纳社会保险费。以广东省为例，《广东省社会保险费征缴办法》第9条第1款规定，"社会保险费按月计征，由缴费单位于次月7日前申报缴纳"。《广东省社会保险费地税全责征收实施办法（暂行）》在第3条全责征收的具体程序中规定，"社会保险费当月申报当月缴纳，按月计征"。上述规定明确了社会保险费以月为计征单位，但也引申出两种理解，一为未满一月不满足按月征收的期限条件，不予征收；二为虽然不满一月，但因社会保险费按月征收，则统一按照足月征缴。

司法实践中有观点认为，"社会保险费按月计征应包含三层含义：一是征缴机构按月征缴；二是用人单位按月申报；三是不论劳动关系是否满整月，均按整月标准征缴"。但从用工实际来说，对于安保、物流等临时需求人数大、流动性较强的劳动密集型企业，因其用工的特殊性，与大量劳动者建立的劳动关系期间通常不满一月甚至仅为几日。从权利义务平衡角度出发，劳动者在履行劳动义务的同时享有享受社会保险待遇的权利。但对于其未提供劳动的期限，若一概认定用人单位需按足月缴纳该期限当月的社会保险费，无疑加重了企业负担，增加了不合理的用工成本，权利义务不对等。但是，若一概认定其无须为劳动者缴纳未满一月部分的社会保险费，对劳动者来说亦不公平。该类情况难以通过价值判断拟定统一标准予以评定是否进行征缴，举例而言，若劳动期限仅为1日或30日，孰轻孰重自然一目了然。但若劳动期限为15日、20日，其中价值天平又应如何倾斜？总体而言，征收部门处理此类争议不宜采取主观评判方式进行征缴。

从行政机关有法可依、有法必依的执法条件角度来说，在满足征收条件时，社会保险费征收部门应责令用人单位按时足额缴纳社会保险费。《社会保险法》第58条第1款规定，"用人单位应当自用工之日起三十日内为其职工向社会保险经办机构申请办理社会保险登记………"该法第63条第1款规定，"用人单位未按时足额缴纳社会保险费的，由社会保险费征收机构责令其限期缴纳或者补足"。可见，征收部门责令用人单位限期缴纳社会保险费的前提是其未能在规定期限内履行参保义务。劳动期限未满一月，用人单位未及时为劳动者申报缴费，并不违反上述规定，征收部门不具备执法条件，自然不可责令其进行补缴。需要注意的是，目前尚无规定明确未满一月劳动期限应如何缴纳，社会保险费征收部门仍需视案件实际情况谨慎处理。限于实践中只能满月征缴的征收条件，征收部门客观上无法满足劳动者征缴几天社会保险费的要求，仅能作出征缴或不征缴的行政决定，从而陷入两难。我们认为，从前述执法条件和客观实际而言，不按满月征缴为宜，但同时需要考虑的是，《社会保险法》规定职工应当参加社会保险，《劳动法》第72条规定，"社会保险基金按照保险类型确定资金来源，逐步实行社会统筹。用人单位和劳动者必须依法参加社会保险，缴纳社会保险费"。税务机关在执法过程中仍需注意如何与上述规定相衔接的问题。

第八节　案例评述

案例6-1　宋某诉某区地税局履行征收社会保险费法定职责案

|案情简介|

某律师事务所是由原某省第二律师事务所演变而来，该所原系某省司法厅所属的国资所，后于2001年由国有制所改为合作制所，2010年该所的组织形式又由合作制改为了合伙制。宋某系某律师事务所律师。2011年11月，宋某向某市地税局提交举报材料，要求税务机关查处某律师事务所违法不缴纳社会保险费和税款的行为，并对其欠缴的社会保险费和税款予以强制征收。

2011年12月，某市地税局将该举报材料转至被告某区地税局。2011年12月19日，经社会保险经办机构某社保处审核确认，被告某地税局依据该确认件于当日向某律师事务所送达了催缴社会保险费通知书。经社会保险经办机构核查，至2012年2月前某律师事务所应缴社会保险费共计628646.59元，该所负责人在社会保险费检查表上予以签字确认。2012年2月13日，被告某地税局向某律师事务所送达了第二次催缴社会保险费通知书。认定某律师事务所自2012年1月至2013年1月应缴未缴社会保险费共计84631.92元，滞纳金共计7372.58元。并针对2012年1月至2013年1月某律师事务所应缴的社会保险费作出了社会保险费行政处理决定书，并向某区人民法院申请强制执行，法院裁定准予执行。

某区人民法院作出执行裁定书，执行中查明某律师事务所现已停业，该所名下无可供执行的财产，裁定对某地税局作出的上述处理决定书中止执行，待具备条件后恢复执行。2013年12月，被告某区地税局对宋某作出回复，就其投诉举报办理情况进行了告知。宋某不服，向人民法院提起行政诉讼，请求判令被告立即履行法定职责，对某律师事务所自1996年1月至2011年12月欠缴的社会保险费570805.05元依法定程序和期限予以征收并承担本案诉讼费用。

│税务局答辩│

被告某区地税局辩称：其负责该区的社会保险费的征收，但是以依法办理了社会保险登记的缴费单位的按月申报后、社会保险经办机构的核定数额作为征收依据，并以社会保险经办机构提供据以核定的相关材料作为必要前提条件实施征收，如社会保险机构未先履行包括及时向地方税务机关提供规定的缴费数额，参加社会保险单位的名称、地址、社会保险登记号、缴费所属时期、应缴费种类的金额、累计欠额等资料的行政职责，则地方税务机关不能履行法定的社会保险费的征收职责。原合作制的某律师事务所与现存的合伙制的某律师事务所并非同一主体。社会保险经办机构未向被告某区地税局告知原合作制的某律师事务所的变更及迁址、新址信息，某区地税局则客观上不能对其继续实施社会保险费的依法征收。而现存的合伙制的某律师事务所至今未依法办理社会保险登记，且社会保险经办机构也未向某区地税局依法提供缴费登记信息、资料及社会保险费的应缴数额，因此被告某区地税局不能依法对其进行社会保险费的征收。

某区地税局已对某律师事务所进行了两次催缴，并针对2012年1月至2013年1月其应缴的社会保险费作出社会保险费行政处理决定书，并向某区人民法院申请强制执行。被告已履行法定职责。

| 法院裁判 |

法院经审理认为：被告某区地税局对某律师事务所进行催缴前，社会保险经办机构对某律师事务所欠缴的社会保险费进行了核定，被告某区地税局具备履职的前提和基础。根据司法部文件规定，合作制的某律师事务所整所改制后的合伙制某律师事务所应当概括承继清偿债务后又发现的原合作所的债务，且社会保险经办机构核定的数额及确定的缴费单位都是针对存续的合伙制的某律师事务所，故被告某区地税局不存在客观上不能履职的情形。

被告某区地税局虽针对某律师事务所于2012年1月至2013年1月应缴的社会保险费作出了社会保险费行政处理决定书并向某区人民法院申请强制执行，但其并未对某律师事务所2012年1月之前欠缴的社会保险费用继续履行相应的法定职责。判决：责令某区地税局继续履行对某律师事务所2012年1月之前所欠缴的社会保险费用进行征收的法定职责。

| 案件评析 |

本案法律关系相对简单，税务机关败诉的主要原因在于将征收行为和社保核定行为分裂开来，导致未能及时履行征收职责。在全责征收之前，税务部门仅代为征收社会保险费，其征收的基础和依据为社保部门的核定结论。一般而言，税务部门对社保部门的核定结论无权进行合法性评价。只要社保部门已作出核定结论并移交给税务部门征收，除非具备法定的不予征收事由，否则税务机关不能对社保部门的核定结论进行评价，甚至否定，更不能拒不征收。在全责征收模式下，由于核定权归属于税务部门，一般而言不会出现

核定行为和征收行为分离的情形，但对于部分因历史欠费、未参保投诉而由社保部门稽核的欠费，税务部门虽可以根据自己的职权和数额进行再次核定，但一般而言，不宜直接否定社保部门的核定。当然，如果税务部门核定后发现稽核结论确实存在错误，应当依据自行核定的结论进行征收。本案中社保部门已就某律师事务所的欠费情况进行了核定，税务部门应按照该核定结论进行征收，而不能作不予征收处理。因机构改革产生的前后承接问题，应慎重根据单位主体责任来判定相应义务，作出处理，本案税务局答辩观点应得到重视。

案例6-2 杨某诉某地税局社保费征收行政赔偿纠纷案

│案情简介│

杨某以"灵活就业人员"身份参加职工基本医疗保险。1990年5月，杨某与某地税局、建设银行某支行签订委托银行划缴税（费）三方协议书，由杨某在建行某支行开立缴税（费）专用账户，建行某支行为原告每月向某地税局划缴医疗保险费。2015年8月至2016年3月，杨某的缴税（费）专用账户资金余额不足，造成某支行无法为其向某地税局划缴医疗保险费。2016年3月至4月，杨某在医院住院治疗。2016年3月31日，杨某到某地税局的办税服务大厅补交了所欠的8个月社会保险费。杨某出院后，因前述8个月的延误缴费，某社保基金管理局不能按规定给予杨某医疗费用95%的报销，只给予50%的报销。随后，杨某到某社保基金管理局、某地税局等部门提出信访意见，两部门均以书面形式作了回复。但杨某不服，提起行政诉讼，认为某地税局应根据《社会保险法》的规定，按月将缴纳社会保险费明细告知本人，定期将个人权益记录单免费寄送本人，但某地税局在明知杨某账户余额不足无法扣缴的情况下，工作失职，从未通知杨某，造成杨某医疗费无法足额报销的经济损失。起诉要求确认某地税局未履行代扣代缴和未及时告知缴费情况的行政行为违法，并赔偿因代扣代缴基本医疗保险工作失职造成杨某经济损失13526.22元（无法按社保条例95%报销的差额）。

| 税务局答辩 |

被告某地税局辩称：（1）杨某以灵活就业人员身份参加职工医保，并非强制参保，其享有参保、停保的自由。灵活就业参保人员可以随时参保、停保，不受社会保险经办机构和征缴机构的干涉。（2）杨某与代扣银行签订的代扣授权书第3条明确规定"承担……因该账户余额不足造成在收费单位规定的扣划不成功而带来的一切后果"，杨某应承担相应后果。（3）某地税局已按照上级要求和现实情况，提供多种方式给包括杨某在内的参保人对参保缴费情况进行查询，履行了告知义务。按照《社会保险法》的规定，某地税局作为社会保险费征收机构，需要将缴费情况定期告知用人单位和个人，而免费寄送个人权益记录单的是"社会保险经办机构"，因此，杨某要求某地税局定期将个人权益记录单免费寄送给她的说法和要求没有法律依据，相关法律、法规、规章和规范性文件均未要求社会保险费征收机构以书面方式向参保人告知相关情况。因此，地税局认为，杨某以行政侵权为由要求地税局进行赔偿，没有事实和法律依据，应予驳回。

| 法院裁判 |

法院经审理认为：（1）某地税局在本案中无"代扣代缴"的法定职责。根据《社会保险法》第60条第1款，职工应当缴纳的社会保险费用由用人单位代扣代缴。杨某属于没有用人单位的"灵活就业人员"参加职工基本医疗保险，没有相关法律法规规定由哪个单位、部门代扣代缴。根据杨某与某地税局、建行某支行签订的三方协议，由建设银行某支行为其代扣代缴。（2）按照《社会保险法》第61条的规定，征收机构应把职工应当依法缴纳的社保保险费及缴费情况告知用人单位和职工个人，不包括杨某这样的"灵活就业人员"。而且，社会保险经办机构、征收机构已经通过各种渠道对参保人的参保、缴费情况进行了告知。只要关心自己的社会保险情况的职工、"灵活就业人员"均可利用多种渠道查询到自己的缴费情况等。（3）某地税局及其工作人员在具体行政行为中不存在侵害原告合法权益的行为，不存在《国家赔偿法》关于行政机关应给予行政赔偿的法定情形。杨某缴税（费）

专用账户资金余额不足，因个人原因造成某支行无法为其代扣代缴，由此造成的损失应由杨某自身承担。判决：驳回杨某的诉讼请求。

┃案件评析┃

本案涉及的是社会保险费征收过程中的告知义务。《社会保险法》征收过程中的告知义务主要有征收机关对缴费单位的告知义务、征收机关对缴费个人的告知义务，以及缴费单位对个人的告知义务。该等告知义务分别规定在《社会保险法》第60条和第61条。从法律条文上理解，第60条规定"用人单位应当按月将缴纳社会保险费的明细情况告知本人"，可知对于缴费个人的告知义务应由用人单位履行。但该条所规定"本人"显然是指通过用人单位成立社保缴交关系的个人，而不包括以灵活就业人员身份、无雇工个体工商户以及未在用人单位参加社会保险的非全日制从业人员。该法第61条同时规定："社会保险费征收机构应当依法按时足额征收社会保险费，并将缴费情况定期告知用人单位和个人。"法律并未明确该条中个人的外延，但结合第60条、第61条的规定，由于第60条规定"本人"应该可以明确为通过用人单位参加社保的个人，则第61条所规定的"个人"应当指没有通过用人单位参加社保的缴费个人，包括以灵活就业人员身份参保的人员。因此，单从法律条文理解，征收机关的告知义务应该包含对灵活就业人员的缴费信息告知义务。本案中法院和税务部门认为告知义务不包含以灵活就业身份的参保人员，有失偏颇。尽管如此，法律仍没有明确告知形式、时间等。实践中，由于参保人数过于庞大，且参保人员，尤其是非以单位名义参保的缴费人员联系方式变动较大，实际不太可能完成按月主动告知。随着政务活动信息化的发展，征收机关往往以提供查询，包括前台查询、网络查询、微信查询等多种方式实现缴费信息的告知。对于参保人员而言，其获取缴费信息的渠道是畅通的。

案例6-3　程某与某市人社局、财政局、地税局、社保管理局社会保障行政确认案

┃案情简介┃

程某原系某机床厂职工，该厂转制后，程某由第三人某机床厂接收，现某机床厂在工商机关登记状态为存续。1998年5月,为解决某机床厂出售后的遗留问题,某市人民政府通过会议确定包括程某在内的某机床厂38名职工"等到法定退休年龄按规定办理退休手续后,再由社保公司负责拨发退休费,所需基金由财政从国有资产出售收入中按〔1997〕56号文件规定标准予以补充"。2015年,某市人社局、财政局、地税局联合发布〔2015〕258号文,主要相关内容为"认定为无缴费能力企业,其未解除劳动关系的职工,参照〔2008〕32号有关规定,可参照灵活就业人员缴费标准缴纳养老保险费"。上述258号文执行后,因第三人某机床厂无力承担程某的养老保险费,又没有申请认定为困难企业,致使程某无法缴纳养老保险费。程某因此提起行政诉讼,请求按照某市人民政府公文处理单、市长批示(只收所欠的个人应缴部分的社会保险费),不能按258号文来收取,即按个人8%收取社会保险费至退休为止。

┃税务局答辩┃

被告某地税局辩称:(1)某地方税务局不是适格被告。第一,根据《辽宁省社会保险费征缴规定》第7条第2款,某地方税务局负责社会保险费的征收。在某地税系统征收社会保险费的工作分工中负责社会保险费的统计等宏观性管理工作,不直接征收。根据相关规定,征缴机构按月将为全员参加城镇企业职工基本养老保险社会统筹的企业名单提供给社会保险经办机构,社会保险经办机构按现行个人缴费政策,核定其个人缴费部分费款,征缴机构按核定的数额进行征收。地税部门只是依据社保部门核定的个人缴费数额征收社会保险费。第二,原告至2017年5月8日没有到我局申报缴纳过社会保险费,我局也没有作出拒绝其申报缴纳社会保险费的具体行政行为,没有形成行政法律关系。(2)程某提到的258号文件,某地税局参与制定并且在社会保险费征收工作中按此文件执行,程某不能对抽象行政行为提起行政诉讼。

┃法院裁判┃

法院经审理认为:劳动者依法享有享受社会保险和福利的权利,用人单位应当保障劳动者享有并能实现该权利。根据《社会保险法》第 12 条的规定，用人单位应自行申报、按时足额缴纳社会保险费，非因不可抗力等法定事由不得缓缴、减免，职工应当缴纳的社会保险费由用人单位代扣代缴。本案中 258 号文件实施后，第三人某机床厂未按照文件要求及时保障程某享有的社会保险的权利且未提出合理的理由，某市社保管理局、地税局均在法律规定的职权范围内履行了自己的职责，某市人社局及财政局没有实施具体的行政行为且对程某缴纳养老保险费一事不负有法定的职责。因此，程某无法缴纳养老保险系第三人不积极履行自己的义务所致，与四名被告无关。判决：驳回程某的诉讼请求。

▌案件评析▌

本案实际涉及社会保险费征收行为属于依职权行政行为还是依申请行政行为问题。社会保险费的征收具有强制性，从这一点看社会保险费征收行为属于征收机关的法定职责。《社会保险法》第 61 条也规定，"社会保险费征收机构应当依法按时足额征收社会保险费"。可见，只要参保关系建立了，征收机构就应当依职权征收，除非自愿补缴、延缴或以灵活就业人员身份参保的非强制性社会保险费征收。虽然社会保险费征收属于征收机构的法定职权，但在征收机构行使征收前，应完成参保登记、缴费核定的前置工作，如前置工作未完成，征收机构无法直接行使征收权。本案中，缴费人未完成申报、核定工作，直接要求征缴，没有法律依据。

案例 6-4　某汽车维修公司与某市人社局劳动监察行政处理案

▌案情简介▌

第三人王某与某汽车维修公司在 1998 年 11 月至 2010 年 1 月存在劳动关系，其中某汽车维修公司未给第三人王某缴纳 1998 年 11 月至 2007 年 11 月的社会保险费。第三人王某在 1998 年 11 月至 2007 年 11 月已在某飞虹公司缴纳社会保险费。某飞虹公司是某市社会保险管理中心的中断人员库（个人缴费），第三人王某与某飞虹公司不存在劳动关系。

2010年1月，某汽车维修公司与王某签订协商解除劳动合同协议书，该协议约定：某汽车维修公司向王某支付经济补偿、工资、奖金、出差补贴、社会保险等各项费用和补偿合计64585元。双方间劳动关系概由本协议解决，双方确认除本协议内容外，再无任何争议。王某不得再以任何形式向某汽车维修公司提出主张。如有违约，按国家相关法律法规执行，同时由违约方支付对方2万元违约金。

2011年9月22日，王某至某市人社局投诉某汽车维修公司未给其缴纳1998年11月至2007年11月社会保险费事宜。2011年9月，某市人社局对王某上述投诉进行立案调查。

2012年4月，某市人社局作出劳动保障监察行政处理决定书，决定限某汽车维修公司在收到处理决定书之日起3日内补缴1998年11月至2007年11月的社会保险费本金120712.68元、社会保险费利息47962.94元，共计168675.62元。某汽车维修公司不服，提起行政复议申请。2012年6月，某省人社厅作出行政复议决定书，维持某市人社局作出的处理决定。某汽车维修公司仍不服，向一审法院提起行政诉讼，认为某市人社局作出案涉行政行为超出《劳动保障监察条例》第20条规定的查处期限，而且第三人王某已在其他市有账户且已缴费，某汽车维修公司已与第三人就社会保险费缴纳问题达成协议，其无须再为第三人缴纳社会保险费，请求判决撤销案涉劳动保障监察行政处理决定书。

▎人社局答辩▎

被告某市人社局辩称：追诉期限的问题，适用《劳动保障监察条例》第20条的规定，因为双方劳动关系于2010年1月解除，王某于2011年投诉，未超过追诉期限；处理决定要求某汽车维修公司一并缴纳社会保险费符合《劳动保障监察条例》第13条的规定；根据《劳动法》第20条规定，某汽车维修公司必须缴纳社会保险费，这是强制性规定，不存在协议可以规避的问题；利息是由社会保险局通过系统计算出来的，都有相应的规定。

▎法院裁判▎

法院经审理认为：第一，本案某汽车维修公司与第三人之间的劳动关系自 2010 年 1 月解除，在劳动关系存续期间，用人单位未足额及时缴纳社会保险费的，应视为连续或继续侵权行为，即劳动关系存续期间的社会保险费缴纳问题应从劳动关系终止之日起算查处期限，故某市人社局于 2011 年 9 月对某汽车维修公司和第三人劳动关系存续期间（1998 年 11 月至 2007 年 11 月）的社会保险费缴纳问题进行立案查处，没有超过查处期限。第二，《劳动法》第 72 条规定，"……用人单位和劳动者必须依法参加社会保险，缴纳社会保险费"。《社会保险费征缴暂行条例》第 13 条规定，"缴费单位未按规定缴纳和代扣代缴社会保险费的，由劳动保障行政部门或者税务机关责令限期缴纳……"

本案中，在某汽车维修公司与王某存在劳动关系期间，依法应按规定缴纳和代扣代缴社会保险费，否则，某市人社局有权责令其限期缴纳。关于某汽车维修公司称其与王某之间已经就社会保险费缴纳问题达成协议的主张，缴纳社会保险费是用人单位和劳动者的法定义务，用人单位更负有代扣代缴社会保险费的法定义务。该等法定义务不是当事人可以通过约定免除的，所以对于某汽车维修公司的主张不予支持。关于某汽车维修公司主张某市人社局要求某汽车维修公司缴纳的社会保险费包含个人应负担的部分不合理，根据《社会保险费征缴暂行条例》第 13 条的规定，单位未按规定代扣代缴社会保险费的，某市人社局有权责令其缴纳，所以某市人社局的处理符合法律规定。判决：驳回某汽车维修公司诉讼请求。

| 案件评析 |

本案主要涉及的是社会保险费征收对象以及用人单位与劳动者之间的协议能否免除用人单位代扣代缴义务的问题。缴纳社会保险费是用人单位和劳动者的法定义务，用人单位负有代扣代缴社会保险费的法定义务，也即是说，对于存在劳动关系的用人单位与劳动者，其内部关于免除用人单位代扣代缴社会保险费的约定将因违反法定的强制义务而归于无效。而且被征收社会保险费的对象是用人单位，征收的内容不仅包括用人单位应承担的部分，还包括劳动者个人应承担的部分，用人单位不得主张征收机关向劳动者征收个人应承担的部分。实践中，很多用人单位以劳动者不愿意承担个人部分费用为由拒绝履行代扣代缴义务。有的税务机关受税收征收管理法的影响，认为社

会保险费的征收与税收征管一样,不能直接要求代扣代缴义务人承担纳税或缴交社会保险费义务。但在社会保险费征收过程中,用人单位如未履行代扣代缴义务,征收机关有权直接责令用人单位缴纳。从理论上讲,用人单位履行代扣代缴义务后,有权通过其他途径向劳动者追偿应由劳动者承担的缴费部分。当然,也有观点认为,目前《社会保险法》未直接规定用人单位负有直接承担个人应缴部分的义务,如强行要求用人单位承担,法律依据并不充分。

案例6-5 彭某与某人社局不履行社会保险费征缴职责纠纷案

▍案情简介▍

2011年4月28日,彭某入职某大酒店工作。2011年5月5日,彭某从该酒店离职。双方产生民事劳动争议,经某人事争议调解仲裁委员会及人民法院审查后,某市人民法院作出二审判决认定彭某与某大酒店之间存在劳动关系,说明关于彭某主张的补缴社保费问题可向劳动行政部门主张。2013年1月28日,彭某以某大酒店为被投诉人在某人社局处作了信访登记,请求依法追缴某大酒店2011年4月至5月及违法解除期间的保险费。某人社局收到上述投诉案件后,于2013年1月31日予以立案。经审查以及延长案件办理期限,某人社局作出劳动保障监察举报/投诉案件查处情况告知书:根据《社会保险法》第58条"用人单位应当自用工之日起三十日内为其职工向社会保险经办机构申请办理社会保险登记"的规定,二审民事判决已认定彭某在入职未超30日向某大酒店申请辞职,实际工作8天,因此某大酒店未为彭某办理社会保险不属于违法行为,对于彭某的诉求应不予支持;并根据《关于劳动保障监察案件撤销立案事项的通知》第1项、第6项的规定,决定对本案撤销立案。2013年6月5日,某人社局对彭某投诉的上述案件审批同意撤销立案。彭某不服上述告知书,向某市人民政府行政复议委员会申请行政复议,复议维持原行政行为。彭某仍不服,向法院提起行政诉讼。

▍税务局答辩▍

某税务局答辩称:我局对彭某于2013年1月28日的投诉进行了立案、

调查，并作出劳动保障监察举报/投诉案件查处情况告知，对原告的投诉请求作出了全面回复，履行了法定职责，且所作答复认定事实清楚、证据充分、适用法律正确、程序合法。

【法院裁判】

法院经审理认为：依据《劳动保障监察条例》第3条、第10条的规定，某人社局作为区一级人民政府劳动保障行政部门，依法享有受理对违反劳动保障法律、法规或者规章的行为的举报、投诉，依法纠正和查处违反劳动保障法律、法规或者规章的行为的职权。同时依据《劳动保障监察条例》第11条第7项、第9项的规定，某人社局对用人单位参加各项社会保险和缴纳社会保险费的情况以及法律、法规规定的其他劳动保障监察事项有实施劳动保障监察的职责。程序上，本案中，某人社局收到投诉后，审查立案并调查核实，作出涉案告知，已作出全面回复，依法送达当事人，符合《劳动保障监察条例》和《关于实施〈劳动保障监察条例〉若干规定》的有关程序规定，其执法主体适格，程序合法。

关于涉案告知实体处理是否合法的问题。关于彭某要求某人社局依法追缴某大酒店2011年4月至5月及违法解除期间的社会保险费的投诉请求，依据《社会保险法》第58条及《广东省社会保险费征缴办法》第9条的规定，用人单位应当自用工之日起30日内为其职工向社会保险经办机构申请办理社会保险登记，且社会保险费按月计征，由缴费单位于次月7日前申报缴纳。本案中，彭某于2011年4月28日入职某大酒店工作，同年5月5日即辞职离开，故某大酒店未能及时为其申报缴纳社会保险费并未违反上述法律、法规的规定，彭某的该项投诉理据不足，本院不予支持。某人社局对彭某的该项投诉请求不予支持的回复意见正确，本院予以确认。判决：驳回原告诉讼请求。

【案件评析】

本案争议为用人单位与员工用工关系不足一个月的情况下，税务机关应如何征收的问题。如前文所述，目前未有明确规定用人单位是否应为员工按整月标准缴纳不足月劳动关系期间的社会保险费。法院判决从是否存在社会保险费征缴违法情形的角度出发，认为第三人属于未能及时为员工缴纳社会保险费的客观情况，并不违法。

然而，该判决无法解释此类情形如何满足《社会保险法》和《劳动法》关于用人单位和劳动者必须依法参加社会保险，缴纳社会保险费的强制性规定。但司法机关并不当然具备对行政法律法规的设立权和解释权，无法对相关规定"按月计征"的定义进行恰当的合理解释。因此，人民法院从行政行为合法性以及现有征管技术和能力的角度作出判决并无不当。但征收机关在社会保险费征收过程中仍应对"按月计征"的外延和内涵在立法层面上寻求解释，才能解决实践中的问题。值得注意的是，考虑到其他情形，如对于不足月劳动关系横跨于规定的社会保险登记或申报日期的情形，本案判决并不具备可参考性。

第七章　追欠环节争议

第一节　欠费界定

全责征收模式下，欠费即欠缴社会保险费，一般是指特定统筹区域内纳入税务机关征收管理的用人单位（不含灵活就业人员、非全日制从业人员、无雇工个体工商户）未依法缴纳或补足社会保险费（含滞纳金）的情形。普遍意义上的欠费仅指通过用人单位建立社会保险关系，且由用人单位承担缴交义务的职工基本养老保险费、职工基本医疗保险费、工伤保险费、失业保险费和职工生育保险费的费款和滞纳金。实践中，一般由用人单位发起社会保险登记及缴费，欠费一般指用人单位所负担的缴费义务，包括其应履行的代扣代缴的缴费义务。欠费的产生一般包括以下三类：一为用人单位已自行申报但逾期未缴纳的社会保险费；二为用人单位已办理社保登记、申报，但未依法按时申报或不如实申报，由税务机关依法确定的社会保险费；三为社保经办机构依法核定，并传递税务机关征收的用人单位逾期未缴纳的社会保险费。基于欠费的产生原因，主要分为已登记申报但逾期未缴、少缴欠费；已办理社保登记但未按时或未足额、申报缴纳欠费；未办理社保登记欠费。在欠费界定方面容易产生争议的事项主要表现在对于社会保险费应由劳动者个人承担部分费款是否属于用人单位欠费的争议以及对于不同类型的欠费应如何确定的争议。

一、社会保险费应由劳动者个人承担的部分费款是否属于用人单位欠费

有部分用人单位认为社会保险费由个人承担的部分应由个人缴纳，如个

人不同意缴纳或者自愿放弃缴纳，该部分欠费不应由用人单位承担，用人单位仅负责代扣代缴，并不是该部分费用的欠费人。《社会保险法》第60条第1款规定："用人单位应当自行申报、按时足额缴纳社会保险费，非因不可抗力等法定事由不得缓缴、减免。职工应当缴纳的社会保险费由用人单位代扣代缴，用人单位应当按月将缴纳社会保险费的明细情况告知本人。"《社会保险费征缴暂行条例》第13条规定："缴费单位未按规定缴纳和代扣代缴社会保险费的，由劳动保障行政部门或者税务机关责令限期缴纳；逾期仍不缴纳的，除补缴欠缴数额外，从欠缴之日起，按日加收千分之二的滞纳金。滞纳金并入社会保险基金。"结合上述规定，可以看出，在社会保险费征收领域，无论是用人单位承担部分还是依法应由个人承担部分，都应由用人单位足额缴纳。用人单位不能以劳动者拒不承担或自愿放弃缴纳社保为由拒不履行代扣代缴义务，但其可在足额缴费后通过民事法律途径向劳动者主张该个人缴纳部分。至于用人单位未足额代扣代缴的责任，前文已论述，此处不再赘述。

二、不同类型的欠费应如何确定

对于已登记、申报逾期未缴或少缴的欠费，由于欠费金额自正常欠费之日已形成，不存在最终确定问题。对于已办理社保登记但未按时或未足额、申报缴纳欠费，则需要先行确定欠费金额、起始日才能最终形成欠费。《社会保险法》第62条规定："用人单位未按规定申报应当缴纳的社会保险费数额的，按照该单位上月缴费额的百分之一百一十确定应当缴纳数额；缴费单位补办申报手续后，由社会保险费征收机构按照规定结算。"该条规定了未按规定申报所形成欠费的确定方法，但未明确确定的机关，仅规定补办手续后，由社会保险费征收机构进行结算。既然社会保险费征收机构有权按补充申报材料进行结算，应该理解为征收机构有权确定该种情况下的欠费金额。全责征收模式下，自然可以理解为，税务部门对于已办理社保登记但未按规定申报所形成的欠费具有确定其欠费金额的行政职权。未办理社保登记欠费，应如何处理？《社会保险法》第58条第1款规定："用人单位应当自用工之日起三十日内为其职工向社会保险经办机构申请办理社会保险登记。未办理社会保险登记的，由社会保险经办机构核定其应当缴纳的社会保险费。"据此规定，如果用人单位未办理社会保险登记，则应由社会保险经办机构核定其欠费。该条款实际排除了税务机关在应参保未参保情况下的应缴社会保险费核定权。实践中，全责征收模式下的核定权与该条款存在一定冲突，导致实践中执法不统一，也容易产生执法风险。

《广东省社会保险费地税全责征收实施办法（暂行）》第3条第5款第3项规定："地方税务机关负责对参保单位未按规定参保、申报、缴纳社会保险费的情况进行稽核。"该规定对于欠费的类型未作区分，统一规定无论是未按规定参保、申报还是未按规定缴纳均由地方税务机关负责稽核。《广东省人力资源和社会保障厅、广东省地方税务局贯彻实施〈社会保险法〉工作会议纪要》第7条[①]又规定了对于未按规定办理社会保险登记、未按规定申报应当缴纳的社会保险费数额的情形由人力资源社会保障部门依法查处，查处职权内容已于前文论述，此处不再详述；同时规定，人力资源和社会保障部门对于有关用人单位不依法参加社会保险的投诉举报并要求直接核定应当缴纳的社会保险费的，社会保险经办机构应当依法核定并按规定送地税机关征收。通过这些规定可以看出，广东省对于未按规定登记、申报缴纳社会保

[①] 该会议纪要第7条规定："社会保险监督检查和争议处理。17. 未参加社会保险的处理。（1）查处职责。根据《社会保险法》第八十四条、《劳动保障监察条例》第二十七条和《社会保险费征缴暂行条例》第二十三条等规定，用人单位未办理社会保险登记、未按规定申报应当缴纳的社会保险费数额（不申报、申报时瞒报工资总额或者职工人数）的，由人力资源社会保障行政部门依法查处，有关程序依照劳动保障监察规定执行。地税机关应当依法加强对用人单位缴纳社会保险费情况的检查管理，用人单位未按时足额缴纳社会保险费的，应当依法处理。（2）投诉举报处理。人力资源社会保障行政部门接到有关用人单位不依法参加社会保险的投诉举报的，应当按照《社会保险法》第八十二条、八十四条和《劳动保障监察条例》第二十七条等规定及时处理。投诉、举报人要求社会保险经办机构按照《社会保险法》第五十八条规定直接核定应当缴纳的社会保险费的，社会保险经办机构应当依法核定并按规定送地税机关征收。（3）劳动监察机构和社会保险经办机构的配合。劳动监察机构和社会保险经办机构应加强配合，合理引导投诉人投诉。劳动监察机构因检查需要查询用人单位和个人参保信息的，社会保险经办机构应当配合并支持。劳动监察机构需要按照用人单位应缴社会保险费数额计算罚款数额的，可将相关证据材料送社会保险经办机构核定。社会保险经办机构应当在20日内核定并出具相关文书作为劳动监察机构认定应缴社会保险费数额的证据之一。（4）部门联动。人力资源社会保障行政部门、地税机关应该加强沟通协调，建立执法日常协调机制，实行联合执法，充分发挥地税机关职能优势。人力资源社会保障行政部门做出责令用人单位为职工办理社会保险登记、申报的决定的，及时抄送地税机关和社会保险经办机构。地税机关在日常检查管理中，发现用人单位未依法办理社会保险登记、不如实申报，应当依法处理的，应及时告知人力资源社会保障行政部门。"

险费的欠费一般由税务部门负责核定，但查处权由人力资源和社会保险部门行使。同时，对于有关要求社会保险经办机构直接核定的投诉请求，社会保险经办机构应当直接核定，不能转由税务部门处理。

第二节　跨不同征收模式欠费处理

社会保险费征收实践中，有的历史性欠费，其形成的所属期可能处于社保部门自征阶段，也可能处于税务部门代征阶段，还可能从社保部门自征阶段开始一直延续至全责征收阶段。在全责征收模式下，对于所属期跨不同征收阶段形成的欠费应如何处理，争议较大。争议的内容主要集中在不同征收模式下的欠费应由社保部门还是税务部门进行确定、核定的问题。《广东省社会保险费地税全责征收实施办法（暂行）》第3条第5款第1—2项规定："实行地方税务机关征收社会保险费后（2000年起），参保单位欠缴的社会保险费由地方税务机关负责追收。实行地方税务机关征收社会保险费前（1999年年底前），参保单位欠缴的社会保险费，由社会保险经办机构负责催缴，并提供欠费单位详细资料，具体由地方税务机关征收。"该规定以税务机关代征起始时间点为界限，税务机关征收前欠缴的社会保险费由社会保险经办机构负责催缴，之后欠缴的由税务机关进行催缴。但该文件对于"负责催缴"的具体内容并不明确。由社会保险经办机构负责催缴是否意味着稽核、核定、责令限缴等事项均由其负责，税务机关仅负责征收入库？该文件并没有对此进行明确。相反，由社会保险经办机构负责催缴的规定与税务机关全责征收模式一定程度上又存在冲突。这就导致了实践中，社会保险经办机构和税务部门容易对税务机关征收前形成的欠费追缴产生职权混淆。另外一个问题是，对于跨过社保自征阶段、地税代征阶段的连续性欠费应如何处理？对于该种欠费类型，如果参照广东省上述欠费办法的规定，则应根据时间段分别由社会保险经办机构和税务部门分别催缴，并由税务部门统一征收入库。但实践中很难做到将一个连续性欠费进行分割处理。

对于上述冲突，实践中也形成了不同的做法。一是只要涉及税务部门征收前的欠费，无论是否包含所属期处于税务部门征收阶段的欠费，统一由社会保险经办机构进行稽核、核定。社会保险经办机构将稽核结论传递给税务部门后，由税务部门录入系统，形成欠费，由税务部门向欠费单位发出责令限缴通知或征收决定进行征收。该种处理模式下，社会保险经办机构形成稽核结论成为税务部门征收的前提性行为。税务部门一般不再对社会保险经办机构形成的稽核结论进行重新核定，征收的范围一般也不超过社会保险经办机构核定的范围。如欠费单位对缴费义务产生异议直接起诉税务部门，则税务部门可以主张其征收范围没有超出社会保险经办机构的稽核范围。缴费单位如对缴费义务有异议应先就社会保险经办机构出具的稽核结论先行提起行政复议或行政诉讼。在社会保险经办机构出具的稽核结论合法、有效的情况下，缴费单位无权直接否定税务部门以稽核结论为基础和前提作出的征收行为。司法实践中，人民法院一般也接受税务部门的该种抗辩，支持税务部门以合法、有效的稽核结论作为征收的依据，但如前文所述，随着法院审查的细化，不排除法院要求税务部门对稽核结论进行二次审查。这就要求税务部门在作出征收决定前，应充分考量社会保险经办机构所作出的稽核结论在作出、送达等程序以及内容上是否存在明显错误，如存在明显错误，为了规避诉讼风险，则不能将其作为征收的基础。除此之外，税务部门也要考虑社会保险经办机构所作出的稽核结论是否已超过法定的复议和诉讼期限，如已超过法定的复议和诉讼期限，一般可以作为征收的依据。二是经由投诉、举报而要求社会保险经办机构处理的有关用人单位不依法参加社会保险形成的欠费，投诉、举报人要求社会保险经办机构直接核定应缴社会保险费的，社会保险经办机构应当依法核定并按规定送税务机关征收。

当然，在全责征收模式下，个别地区由于社保部门与税务机关在上述追欠职权上缺乏良好的沟通，而社保部门基于诉讼风险考虑，并不愿意再进行欠费的稽核、核定。这不可避免地会导致社保部门和税务机关在职权划分上的争议，甚至可能导致行政行为上的互相推诿，降低行政效率，甚至被相对人起诉行政不作为。实践中，这方面的案例并不少见。有的社保部门基于文件的规定，虽履行特定情况下欠费的稽核、核定职权，但在向税务部门传送稽核结论时，为了避免诉讼风险，往往又在稽核结论上表明"最终的欠费金额以税务机关的核定结论为准"或者类似的表述。该表述导致的直接后果，就是该稽核结论没有形成最终定论，并非确定性法律文件，不能作为税务机关征缴的前提和基础。税务机关要进行征缴，需进行重新核定。这使得税务机关陷入两难境界，如不重新核定，征收缺乏确定性基础；如进行重新核定，不仅浪费行政资源，也缺乏法律依据。从重新核定的结果看，税务机关也面临困境，如果重新核定的结果与社保部门核定一致，那么重新核定就失去意义，如果重新核定的结果不一致，则税务机关需要向相对人解释、说明不一致的具体原因。在执法依据方面，如果两个部门核定的结论不一致，到底应以哪个部门的核定为准，又将产生新的争议，而无法解决。

因此，对于不同征收模式下的欠费追缴职权，还是应该尽量尊重历史形成过程，对于税务机关征收前的欠费，应该由社保部门进行稽核、核定，并将稽核结论传送至税务部门，由税务部门依法征收。当然，具体的职权划分，行政程序应通过法律规范进行清晰、明确的界定，确保实践中不会产生职权混淆。

第三节　社会保险费滞纳金

《社会保险法》第86条规定："用人单位未按时足额缴纳社会保险费的，由社会保险费征收机构责令限期缴纳或者补足，并自欠缴之日起，按日加收万分之五的滞纳金；逾期仍不缴纳的，由有关行政部门处欠缴数额一倍以上三倍以下的罚款。"《社会保险费征缴暂行条例》第13条规定："缴费单位未按规定缴纳和代扣代缴社会保险费的，由劳动保障行政部门或者税务机关责令限期缴纳；逾期仍不缴纳的，除补缴欠缴数额外，从欠缴之日起，按日加收千分之二的滞纳金。滞纳金并入社会保险基金。"上述两个法律规范分别为税务机关征收社会保险费的法律、行政法规基础。但实践中，很多省市并未严格执行上述滞纳金的征收规定，有的地区甚至完全没有加收滞纳金，也有的地区仅征收逾期缴纳社会保险费利息，没有按标准征收滞纳金。随着社会保险费征收日益走向成熟、规范，社会保险费滞纳金征收变得越来越普及。但由于上述两个规范对加收滞纳金的条件以及比例并不相同，导致实践中对于跨越《社会保险法》实施之日（2011年7月1日）前后的社会保险费如何加处滞纳金存在较多争议。另外，《行政强制法》自2012年1月1日起施行后，由于该法第45条第1款规定行政机关"加处罚款或者滞纳金的数额不得超出金钱给付义务的数额"，导致实践中对社会保险费滞纳金数额是否可以超过本金，产生争议。

一、关于加处滞纳金的条件问题

按照《社会保险费征缴暂行条例》的规定，税务部门加处滞纳金必须同时具备以下两个条件：一为缴费单位未按规定缴纳和代扣代缴社会保险费；二为经税务机关责令限期缴纳，逾期仍不缴纳。可见，在《社会保险法》实施之前，缴费单位无论是对于自己应当承担的社会保险费还是代扣代缴职工应缴部分的社会保险费，都可能产生滞纳金。但经缴费单位责令限缴，按期缴纳的，则无须缴纳滞纳金。《社会保险法》实施后，《社会保险法》将上述第一个条件变更为："用人单位未按时足额缴纳社会保险费"[①]；并将责令限期缴纳与加收滞纳金并行处理，即无论用人单位是否在责令期限内缴纳社会保险费，均应缴纳滞纳金。

实践中，有观点认为，《社会保险法》限缩了加收滞纳金的法定情形，免除了用人单位未按期履行代扣代缴义务所产生的滞纳金。这种观点主要认为，《社会保险费征缴暂行条例》明确了用人单位未按规定缴纳社会保险费以及未履行代扣代缴两种滞纳金产生情形，而《社会保险法》仅规定了用人单位未按时足额缴纳社会保险费一种情况，没有强调用人单位的代扣代缴义

[①] 该法第86条规定："用人单位未按时足额缴纳社会保险费的，由社会保险费征收机构责令限期缴纳或者补足，并自欠缴之日起，按日加收万分之五的滞纳金；逾期仍不缴纳的，由有关行政部门处欠缴数额一倍以上三倍以下的罚款。"

务。该种观点，从字面上理解的话，有一定依据，但没有真正把握立法本意及法律条文的内在涵义。《社会保险法》第86条规定的"用人单位未按时足额缴纳社会保险费"不应片面理解为未按时足额缴纳单位应缴部分社会保险费。此处的"足额"应包括单位应缴和职工应缴的全部社会保险费。本书第六章第三节"用人单位代扣代缴义务"已就用人单位足额缴纳社会保险义务应包含代扣代缴部分问题进行了充分论述，此处不再赘述。因此，应当明确《社会保险法》实施以后，如用人单位未按期履行代扣代缴义务，同样可能导致加收滞纳金问题。

二、关于滞纳金是否可以超过本金问题

《行政强制法》第45条规定："行政机关依法作出金钱给付义务的行政决定，当事人逾期不履行的，行政机关可以依法加处罚款或者滞纳金。加处罚款或者滞纳金的标准应当告知当事人。加处罚款或者滞纳金的数额不得超出金钱给付义务的数额。"该条款是滞纳金不得超过本金的直接规定。在《行政强制法》颁布实施前，无论是《社会保险法》还是《社会保险费征缴暂行条例》均未规定滞纳金不得超过本金。2012年1月1日《行政强制法》施行后，社会公众对于欠缴税款和社会保险费的滞纳金是否可超过本金问题产生争议。尤其是在税收征管领域，争议较大。国家税务总局的相关文件认为，欠税滞纳金与《行政强制法》所规定的滞纳金在性质上并不相同，所以欠税滞纳金可以超过本金。但司法实践中，有的法院在具体案件处理中，直接引用《行政强制法》的上述规定，认为滞纳金不能超过本金。当然，仅从法律性质上而言，《社会保险法》所规定的滞纳金一般是随同责令限缴通知一并作出的，征收期限是自欠缴之日起，其本质上属于逾期缴纳社会保险费的一种法定损失额；而《行政强制法》中的滞纳金征收的时间是自相对人逾期不履行金钱给付义务决定之日起算的，其本质相当于一种执行罚。因此，《行政强制法》意义上的滞纳金并不当然等同于社会保险费欠费滞纳金。司法实践中人民法院越来越多地将《行政强制法》意义上的滞纳金等同于社会保险费欠费滞纳金，按不超过本金处理。2018年4月16日发布的《广东省

地方税务局、广东省人力资源和社会保障厅关于广东省企业职工社会保险费欠费滞纳金处理意见的公告》第4条便明确规定"滞纳金的数额不超过社会保险费欠费数额"。

三、欠费所属期在2011年7月1日前，但延续至该日之后的滞纳金处理问题

对于该种跨过《社会保险法》实施前后的欠费滞纳金应如何收取，目前各地做法并不一致，有的地市针对本地实际情况，会对滞纳金作出免缴或暂缓缴纳的决定。一般而言，根据《社会保险法》及《社会保险费征缴暂行条例》有关滞纳金的处理规定，申报补缴所属期在2011年7月1日之前的欠费，需要按日万分之五的标准缴纳自2011年7月1日之后产生的滞纳金。但对于用人单位而言，其认为该欠费形成的所属期在《社会保险法》实施前，滞纳金也应参照《社会保险费征缴暂行条例》的规定，主动申报缴纳，则无须缴纳滞纳金。《广东省地方税务局、广东省人力资源和社会保障厅关于广东省企业职工社会保险费欠费滞纳金处理意见的公告》第1—3条就明确规定："一、对用人单位申报补缴所属期为2011年7月1日之前（不含7月1日）的社会保险费欠费，可先征收本金，对2011年7月1日后产生的滞纳金暂缓加收。二、对用人单位申报补缴所属期为2011年7月1日之后的社会保险费欠费，属于僵尸企业清理处置、社会保险制度改革政策影响导致等情形的，经县（含县）以上地方税务机关批准，暂缓加收滞纳金。三、对用人单位申报补缴所属期为2011年7月1日之后的社会保险费欠费，未经县（含县）以上地方税务机关批准暂缓加收滞纳金的，一律同时加收滞纳金。"该政策出台后，用人单位申报补缴2011年7月1日之前的社会保险费，只需补缴本金。该政策虽明确了该种情况下，可以暂缓加收2011年7月1日以后的滞纳金，但"暂缓加收"仍然需要加收，该规定对何时应加收没有进行明确，导致该部分滞纳金的征收存在不确定性，而社会也不能形成稳定预期。

四、跨越《社会保险法》实施阶段的滞纳金比例

《社会保险法》规定的滞纳金比例为万分之五，而《社会保险费征缴暂

行条例》所规定的滞纳金征收标准为千分之二，两者标准不一致导致实践中对于跨越《社会保险法》实施日（2011年7月1日）前后的滞纳金如何征收产生较多争议。《广东省地方税务局征收社会保险费欠费管理暂行办法》对此以《社会保险法》实施日（2011年7月1日）为界限进行分段处理。该办法第6条第2—3款规定："用人单位欠费之日在2011年7月1日前的，滞纳金分段处理。对于2011年7月1日以前的欠费，用人单位主动补缴或经责令按时补缴的，不应核定滞纳金；用人单位经地税机关责令改正，逾期仍不改正的，按照《社会保险费征缴暂行条例》第十三条，由地税机关按日加收千分之二的滞纳金。对于2011年7月1日以后用人单位的欠费，由地方税务机关按日加收万分之五滞纳金。"该种处理方式符合《社会保险法》和《社会保险费征缴暂行条例》的规定。但在征缴实践中，多数征收决定没有分段计收滞纳金，而是按照有利于缴费人的原则，统一按万分之五的标准计收。前述《广东省地方税务局、广东省人力资源和社会保障厅关于广东省企业职工社会保险费欠费滞纳金处理意见的公告》对分段期间的暂缓加收滞纳金的情形进行了明确。

加收滞纳金行为实际属于对相对人财产权的一种处分，相当于对私有财产的征收[1]，按立法法的规定，对非国有财产的征收、征用事项只能由法律进行规定。从这个角度而言，加收滞纳金的标准和程序一般只能由法律进行规定。《社会保险法》规定滞纳金的标准和程序后，应该以《社会保险法》的规定为准。当《社会保险法》与《社会保险费征缴暂行条例》发生冲突后，应按照有利于相对人的原则，统一标准为万分之五更为合理、合法。所以，实践中一般按万分之五的标准计算滞纳金，更有利于保障缴费人的权益。但也应当注意到，虽然《社会保险法》实施之前的滞纳金标准高于《社会保险法》所规定的万分之五标准，但从严格依法行政及社会保险基金公益性角度而言，一概适用万分之五标准仍然存在一定的争议，需要通过立法予以完善。

五、对不同原因形成欠费所产生的滞纳金处理

社会保险费欠费产生的原因有很多种，有因社保部门、征收部门自身工

---

[1] 从最广义的行政征收类型理解。

作而产生的欠费；也有因缴费单位未及时申报、缴纳而产生的欠费。如因社保部门、征收部门因素所形成的欠费，一般不应征收滞纳金，应属于共识。实践中比较常见的、有争议的一种情形是，用人单位以劳动者不愿意配合参加社会保险导致欠费形成为由，主张滞纳金不应缴纳。这种情形下的欠费，用人单位一般对欠费事实没有异议，但主张欠费产生的原因系劳动者主动要求或拒绝参加社会保险，无法完成缴费，甚至提供劳动者主动要求不参加社会保险的声明作为证据。从表面上看，该种情形下的欠费确不是由用人单位造成的，不应对其征收滞纳金。但事实上，用人单位负有代扣代缴社会保险费的法定义务，而且参加社会保险既是用人单位和职工的权利，也是其义务，不能通过私下协商的形式免除。用人单位因职工不愿意缴纳社会保险费，而不履行代扣代缴义务的行为，不符合法律规定，也存在过错，理应承担法定的滞纳金缴交义务。人力资源和社会保障部《实施〈中华人民共和国社会保险法〉若干规定》第20条也明确规定："职工应当缴纳的社会保险费由用人单位代扣代缴。用人单位未依法代扣代缴的，由社会保险费征收机构责令用人单位限期代缴，并自欠缴之日起向用人单位按日加收万分之五的滞纳金。用人单位不得要求职工承担滞纳金。"该条款将代扣代缴义务确定为用人单位的法定义务，非因法定情况，用人单位不得以劳动者不愿缴纳为由不履行代扣代缴义务，否则由此产生的社会保险费滞纳金应由用人单位自行承担，不得转嫁给劳动者。

实践中存在工商登记、经营异常的企业无力清缴欠费，职工为按时享受社保待遇自行向社会保险费征收机构缴纳社会保险费的情形，则其补缴的同时是否需要缴纳滞纳金？以广东省为例，如甲公司被工商部门吊销营业执照，停止经营，职工乙为按时领取养老保险金，向税务部门申请缴纳个人社保欠费。职工乙是否需要一并缴纳滞纳金？

《社会保险费申报缴纳管理规定》第11条规定，"职工应当缴纳的社会保险费由用人单位代扣代缴。用人单位依法履行代扣代缴义务时，任何单位或者个人不得干预或者拒绝。用人单位未按时足额代缴的，社会保险经办机构应当责令其限期缴纳，并自欠缴之日起按日加收0.5‰的滞纳金。用人单位不得要求职工承担滞纳金"。结合前述内容,社会保险费代扣代缴义务为用人单位的法定义务,若其未及时履行,社会保险费征收部门有权向其征收滞纳金。用人单位未按期足额缴纳社会保险费,给职工造成社会保险待遇损失,其不应因用人单位不履行或迟延履行法定义务而承担逾期责任。因此,即使职工自行要求补缴社会保险费,但社会保险费征收部门一般不直接向职工要求清缴滞纳金,用人单位是社会保险费欠费滞纳金的责任承担主体。但是,在司法实践中,如职工个人主动向社会保险费征收部门补缴社会保险费并且已经缴纳滞纳金的,法院有可能将该行为视为其替所在企业垫付社会保险费和滞纳金,而不予支持劳动者要求返还已缴纳部分滞纳金的诉请。

六、特殊行业的滞纳金处理问题

特殊行业一般指用工关系不明确、规模大或人员流动性较强的企业,如出租车行业、物流行业、建筑行业、餐饮行业。在出租车行业,由于司机与出租车公司之间是否形成劳动关系存在一定争议,而不同地区、不同时段对该类型关系到底属于承包关系还是劳动关系界定也不尽相同,导致社会保险费征收在这一领域存在不同的做法。实践中存在出租车司机在经营期间与公司达成协议,不要求公司为其参加社保,相关费用由公司以承包费的形式返还给个人。但在经营期结束后,又以公司没有为其缴纳社会保险费为由投诉至社保、税务部门。个别地方人民法院在处理该类民事案件时,一方面认定司机与出租车公司之间存在劳动合同关系,另一方面认为公司不承担为其缴纳社会保险费的义务。这类情况及司法判决给税务部门征收社会保险费带来很大困惑。暂且不论法院在民事判决中认定社会保险费缴交义务是否妥当的问题,单从滞纳金的确定角度而言,这类情况形成的欠费是否应征收滞纳金,实践中也存在争议。出租车公司认为欠费形成的原因是由司机自身造成的,不应由其承担滞纳金,而且公司应缴的社会保险费已通过承包费的形式返还给个人,公司无须承担社会保险费缴纳义务,更无须负担滞纳金。从征收机关而言,当然可以根据《社会保险法》规定,直接以未履行代扣代缴责任为由进行追收、加收滞纳金。但这类企业牵涉面广,欠费形成时间长,如强行追收滞纳金可能造成严重的社会问题。其他行业面临同样或类似问题，使征收机关面临两难的境地。这类问题的解决，不仅依赖于法律法规对特殊问题的进一步明确，也依赖行业主管部门对行业经营模式的不断规范、完善。

七、滞纳金的核定职权问题

《社会保险法》第86条规定："用人单位未按时足额缴纳社会保险费的，由社会保险费征收机构责令限期缴纳或者补足，并自欠缴之日起，按日加收万分之五的滞纳金；逾期仍不缴纳的，由有关行政部门处欠缴数额一倍以上三倍以下的罚款。"据此规定，社会保险费滞纳金的核定、征收权在社会保险费征收机构，在全责征收模式下，应由税务机关核定、征收滞纳金。《广东省人力资源和社会保障厅、广东省地方税务局贯彻实施〈社会保险法〉工作会议纪要》第8条也明确规定"核定、加收滞纳金属于社会保险费征收机构职权；社会保险经办机构无核定、征收滞纳金的职权"。实践中，社会保险经办机构在对欠费单位于税务部门征收前形成的欠费进行稽核时，由于欠费所属期在税务部门征收前，社会保险经办机构一般也可以一并核定滞纳金。

第四节 欠费追缴程序

《社会保险法》和《社会保险费征缴暂行条例》对于欠费的追缴程序并无明确、统一的规定，导致各地的做法不一致，而采用不同征收模式的地区，追缴程序也不相同。欠费追缴本质属于征收的一种形式，只是其并不是因用人单位主动申报而进行的征收，而是对用人单位逾期未申报、未缴纳的欠缴金额进行征收。全责征收模式下的社会保险费欠费征收形式一般包括：经税务机关欠费催缴后，欠费单位自愿缴纳情形；税务机关采取强制执行追缴的情形；以及税务机关向人民法院申请强制执行等三种情形。本节主要讨论税务机关催缴程序，行政强制措施、行政强制执行以及申请人民法院强制执行将在后续章节中专门论述。《社会保险法》第63条第1款规定，"用人单位未按时足额缴纳社会保险费的,由社会保险费征收机构责令其限期缴纳或者补足"。《社会保险费征缴暂行条例》第13条规定,"缴费单位未按规定缴纳和代扣代缴社会保险费的,由劳动保障行政部门或者税务机关责令限期缴纳;逾期仍不缴纳的,除补缴欠缴数额外,从欠缴之日起,按日加收千分之二的滞纳金。滞纳金并入社会保险基金"。该两个法律规定是社会保险费征收机构对欠费进行责令催缴的职权依据,但未规定责令催缴的具体程序,导致实践中出现执法不统一,司法裁判标准不一的情形。

一、征收机构对于在责令征收前是否应通过其他途径进行催报、催缴看法不一

上述法律法规仅规定了征收机构有权责令限期缴纳或补足,并未明确规定可以采取其他方式进行催报、催缴。但在实际追欠过程中,征收机构往往会先通过短信、电话,甚至公告形式进行催缴。对于该种形式的催缴,是否具备法律依据,是否属于可诉行政行为,实践中存在争议。如果该催报、催缴的内容实际已确定和影响了缴费单位的权利和义务,缴费单位认为损害了其合法权益的,可以提起行政复议、诉讼。在法律依据方面,《社会保险法》和《社会保险费征缴暂行条例》没有规定除责令限期缴纳以外的其他催缴形式。不同地方的征收机构一般依据当地的规范性法律文件所规定的程序进行催报、催缴。例如,《广东省地方税务局征收社会保险费欠费管理暂行办法》第5条规定,"用人单位未依法按时足额缴纳社会保险费的,地方税务机关应在次月的15个工作日内通过短信、电话、直接送达、公告等方式进行催报催缴,发出《责令限期改正通知(决定)书》(附件1),责令其在收到《责令限期改正通知(决定)书》之日起15日内改正。对无法直接送达、委托送达或邮寄送达《责令限期改正通知(决定)书》的,主管地方税务机关可以公告的方式送达,自公告之日起满30日,视为送达"。为了尽量避免争议和纠纷,征收机构在采用责令限期缴纳以外的形式进行催报、催缴时,一般应尽量采取通知的形式进行,且通知内容不涉及具体的权利、义务和责任确定,将其作为一个过程性行为,对缴费单位不直接产生影响,则该行为不可复议、

诉讼。否则，将可能在上位法规定以外，另行设定了催缴程序，增加了可能的诉讼负累，影响行政效率。另外，应尽量将其他催缴方式与责令限期缴纳催缴方式作选择式规定，征收机关可以先以电话、短信等手段催报、催缴，也可以直接责令限期缴纳，而不应将其他催缴手段设定为责令限期缴纳的前提，否则会使征收机构在发生纠纷时陷入被动。

二、责令限期缴纳的作出形式不统一

目前没有统一的法律规范对征收机构发出责令限期缴纳的文书名称进行规范。具体名称应与上位法的规定相吻合，符合《社会保险法》第63条"由社会保险费征收机构责令其限期缴纳或者补足"的要求，因前文已详述，此处不再赘述。

三、责令限期缴纳的内容格式不统一

责令限期缴纳文书的主要内容应为欠缴社会保险费的单位、所属期、金额，以及缴纳的时限等。多数征收机构所出具的责令限期缴纳文书在这一点上是明确的，但有的文书内容除此之外还涉及行政处罚，一般表述为"如逾期仍不缴纳，将根据《社会保险法》第八十六条的规定，对你单位处以欠缴数额一倍以上三倍以下的罚款"。如前所述，责令限期缴纳作为行政命令，只是强令缴费单位限期缴纳欠费，其本身并不直接形成或处分缴费单位的权利与义务，更不应直接设定行政处罚。行政处罚属于另一种特殊的行政决定，受行政处罚法的规制。另则，社会保险费征收机构目前并无对社保欠费实施行政处罚的法律授权。因此，征收机构在责令限期缴纳文书中不应涉及行政处罚的内容。在救济权告知内容上，由于部分征收机构认为责令限缴属于通知，不可复议、诉讼，在发出文书时没有告知相对人的行政复议、诉讼的权利。如前所述，责令限缴无论以通知还是以决定的形式作出，均可复议、诉讼。为了使行政行为尽快稳定，征收机构应当在责令限期缴纳文书中明确告知救济的途径、期限和方式。

四、责令限期缴纳决定的送达方式不规范

《社会保险法》和《社会保险费征缴暂行条例》没有明确规定责令限期缴纳决定的送达方式。全责征收模式下,税务机关一般参照《税收征收管理法实施细则》有关税务文书的送达规定进行送达。但社会保险费征收并不适用《税收征收管理法》的规定,适用税收征管程序并无明确法律依据。当然,在法律没有明确规定的情况下,各地可以参照税收征管以及民事诉讼法的规则形成合理的送达规则。例如,《广东省地方税务局征收社会保险费欠费管理暂行办法》第 5 条规定,"……对无法直接送达、委托送达或邮寄送达《责令限期改正通知(决定)书》的,主管地方税务机关可以公告的方式送达,自公告之日起满 30 日,视为送达"。各地自行制定的送达规则,只要没有违反上位法的规定,没有明显不合理的情形,可以作为合法的送达程序依据。但考虑到行政决定的可强制执行性,各地应尽可能参照《行政强制法》的规定制定送达规则。该法第 38 条规定:"催告书、行政强制执行决定书应当直接送达当事人。当事人拒绝接收或者无法直接送达当事人的,应当依照《中华人民共和国民事诉讼法》的有关规定送达。"

五、责令限期缴纳决定是否可以作为强制执行的依据

按《行政强制法》的规定,行政强制执行包括行政机关主动执行和申请人民法院强制执行两种情形。但无论何种行政强制执行均要求具有合法、有效的行政决定。《社会保险法》第 63 条规定:"用人单位未按时足额缴纳社会保险费的,由社会保险费征收机构责令其限期缴纳或者补足。用人单位逾期仍未缴纳或者补足社会保险费的,社会保险费征收机构可以向银行和其他金融机构查询其存款账户;并可以申请县级以上有关行政部门作出划拨社会保险费的决定,书面通知其开户银行或者其他金融机构划拨社会保险费。用人单位账户余额少于应当缴纳的社会保险费的,社会保险费征收机构可以要求该用人单位提供担保,签订延期缴费协议。用人单位未足额缴纳社会保险费且未提供担保的,社会保险费征收机构可以申请人民法院扣押、查封、拍

卖其价值相当于应当缴纳社会保险费的财产，以拍卖所得抵缴社会保险费。"从该条规定看，无论是征收机构主动执行还是申请人民法院执行，其执行的依据均应为责令限期缴纳决定。也就是说，按该法的规定，责令限期缴纳决定可以作为强制执行的文书依据。

《行政强制法》第34条规定："行政机关依法作出行政决定后，当事人在行政机关决定的期限内不履行义务的，具有行政强制执行权的行政机关依照本章规定强制执行。"该法第53条规定："当事人在法定期限内不申请行政复议或者提起行政诉讼，又不履行行政决定的，没有行政强制执行权的行政机关可以自期限届满之日起三个月内，依照本章规定申请人民法院强制执行。"由此规定也可以看出，《行政强制法》所规定的执行依据应当是限定有履行期限的行政决定，责令限缴决定符合该法的规定，应该理解为可以作为强制执行的文书依据。实践中，有些地方的征收机构在责令限缴决定作出后，但被征收单位没有主动履行时，另行作出"社会保险费征收决定"，并依据《行政强制法》规定的程序对该"社会保险费征收决定"进行强制执行或申请法院执行。严格意义上说，《社会保险法》及《社会保险费征缴暂行条例》并没有关于"社会保险费征收决定"的规定。征收机构在责令限期缴纳决定之外另行作出"社会保险费征收决定"，与《社会保险法》所规定的征收程序并不完全吻合。如果仅从《行政强制法》的角度看，行政机关也完全可以就责令限期缴纳决定进行强制执行，没有必要另行作出征收决定。当然，如果征收机构以通知的形式作出责令限期缴纳，人民法院在受理执行申请时，可能会以该通知并非行政决定为由，不予执行。这种情况下除了从行政法理论及《社会保险法》规定层面，将责令限期缴纳通知解释为行政决定外，只能在责令限期缴纳通知之外，另行作出"社会保险费征收决定"，以使得人民法院受理征收机构的强制执行申请具有充分的法律依据。

六、人力资源和社会保障部门所规定的催缴程序与税务部门规定的催缴程序并不完全一致，导致适用时产生争议

人力资源和社会保障部发布的《社会保险费申报缴纳管理规定》第16

条规定:"用人单位有下列情形之一的,社会保险经办机构应当于查明欠缴事实之日起 5 个工作日内发出社会保险费限期补缴通知,责令用人单位在收到通知后 5 个工作日内补缴,同时告知其逾期仍未缴纳的,将按照社会保险法第六十三条、第八十六条的规定处理:(一)未按规定申报且未缴纳社会保险费的;(二)申报后未按时足额缴纳社会保险费的;(三)因瞒报、漏报职工人数、缴费基数等事项而少缴社会保险费的。"上述规定与前述《广东省地方税务局征收社会保险费欠费管理暂行规定》关于催缴程序在发出责令限期缴纳的时间、内容和名称上都存在区别。有观点认为,在全责征收模式下,税务部门虽然负责社会保险费征收各个环节的工作,但人力资源和社会保障部门为社会保险的行政主管部门,有关征收的政策和依据应以人力资源和社会保障部门制定的规范为准;也有观点认为,全责征收模式下,税务机关在不违背法律、行政法规的前提下,有权制定相应的征收程序。其实,该争议问题形成的本质原因在于全责征收模式在制度架构层面与《社会保险法》《社会保险费征缴暂行条例》并不完全一致。在法律法规没有对征收程序进行统一规范前,税务部门制定的有关征收程序方面的规范可以作为税务机关征收社会保险费的执法依据。当然,对于税务部门尚未制定具体程序规范的事项,可以参照人力资源和社会保障部门的程序规范。但从统一执法依据的角度而言,立法部门应尽快制定全国统一的社会保险费征收程序规范。

第五节　社会保险费欠费担保

《社会保险法》第 63 条第 2 款规定:"用人单位逾期仍未缴纳或者补足社会保险费的,社会保险费征收机构可以向银行和其他金融机构查询其存款账户;并可以申请县级以上有关行政部门作出划拨社会保险费的决定,书面通知其开户银行或者其他金融机构划拨社会保险费。用人单位账户余额少于应当缴纳的社会保险费的,社会保险费征收机构可以要求该用人单位提供担保,签订延期缴费协议。"按该条款规定,当用人单位的账户余额少于欠费金额时，征收机构可以要求用人单位通过担保、签订延期缴费协议等形式对欠费作延期征收处理。但该条款没有规定担保及签订延期缴费协议的具体细节和程序，导致实践中缺乏可操作性。事实上，也正是由于社会保险费欠费担保的规定过于原则，无法操作，实践中很少有征收机构通过欠费担保的形式对用人单位作延期缴费处理。

《社会保险费申报缴纳管理规定》第21条规定："经查询，用人单位账户余额少于应当缴纳的社会保险费数额的，或者划拨后用人单位仍未足额清偿社会保险费的，社会保险经办机构可以要求用人单位以抵押、质押的方式提供担保。"该规定第22条规定："用人单位应当到社会保险经办机构认可的评估机构对其抵押财产或者质押财产进行评估，经社会保险经办机构审核后，对能够足额清偿社会保险费的，双方依法签订抵押合同或者质押合同；需要办理登记的，应当依法办理抵押登记或者质押登记。"该规定第23条第1款规定："社会保险经办机构与用人单位签订抵押合同或者质押合同后，应当签订延期缴费协议，并约定协议期满用人单位仍未足额清偿社会保险费的，社会保险经办机构可以参照协议期满时的市场价格，以抵押财产、质押财产折价或者以拍卖、变卖所得抵缴社会保险费。"以上规定进一步明确了欠费担保的形式仅包含抵押、质押方式，而不包括保证。担保财产的估值应当在社会保险经办机构认可的评估机构进行，并且评估结果应该经社会保险经办机构审核。这些规定虽然对社会保险欠费担保进行了细化，相比《社会保险法》而言更具操作性，但仍然不是细则性的程序规定，在具体操作层面仍存在不明确之处。另外，上述规定系人力资源和社会保障部的规定，在全责征收模式下，该等规定在税务部门并不具有操作性。例如，若税务部门按照上述规定进行社保欠费担保处理，对于财产评估需要由社会保险经办机构认可、审查，实践中就难以操作。因此，在全责征收模式下，税务部门应尽快制定适合税务机关的社保欠费担保处置规程。例如，可以参照《纳税担保试行办法》制定"延期缴纳社会保险费担保试行办法"，或者直接规定在社会保险征收领域涉及的欠费担保适用《纳税担保试行办法》有关规定。

《实施〈中华人民共和国社会保险法〉若干规定》第22条明确："用人

单位按照社会保险法第六十三条的规定，提供担保并与社会保险费征收机构签订缓缴协议的，免收缓缴期间的滞纳金。"该规定第 23 条明确："用人单位按照本规定第二十一条、第二十二条缓缴社会保险费期间，不影响其职工依法享受社会保险待遇。"据此，用人单位如与征收机构办理了担保，并签订了缓缴协议，则缓缴期间的滞纳金免予收取。但缓缴期限一般不超过一年。同时缓缴社会保险费期间，不影响职工依法享受社会保险待遇。

第六节　社会保险费追缴期限

在我国发生的劳动保障纠纷中，存在大量因社会保险费缴纳而形成的争议。对于这类争议，劳动者通常以用人单位没有为其缴纳或未足额缴纳社会保险费为由，向有关行政机构、主管部门、劳动仲裁机构甚至人民法院主张权利，要求用人单位为其补缴，或要求相关行政主管部门通过行政手段向用人单位追缴应缴的社会保险费用。在用人单位拒不主动登记、申报、补缴的情况下，社会保险费征收机构可以根据《社会保险法》的规定，依职权对用人单位应缴未缴的社会保险费进行核定，并责令其限期缴纳或补足。

一、社会保险费追缴期限争议

该类争议最终解决路径是明确的，但实践中对于社会保险费的追缴期限存在较大争议。《劳动保障监察条例》第 20 条规定，"违反劳动保障法律、法规或者规章的行为在 2 年内未被劳动保障行政部门发现，也未被举报、投诉的，劳动保障行政部门不再查处。前款规定的期限，自违反劳动保障法律、法规或者规章的行为发生之日起计算；违反劳动保障法律、法规或者规章的行为有连续或者继续状态的，自行为终了之日起计算"。据此规定，因用人单位未缴或欠缴社会保险费属于违反劳动保障法律、法规或者规章的行为，则社会保险征收部门追缴社会保险费是否应适用《劳动保障监察条例》第 20 条规定的两年查处期限？由此争议进而产生超过两年期限的欠费是否应予以追缴的问题。有观点认为，该行为属于《劳动保障监察条例》所规制的违法行为，适用上述第 20 条的规定，应受两年时效限制，不应进行追缴，但如违法行为连续的，应从行为终了之日起算两年期限；也有观点认为，社会保险费征收不同于普通的劳动监管，不适用两年期限的规定。

二、司法裁判对社会保险费追缴期限的不同认定

在司法实践中也有不同的裁判结果。深圳市中级人民法院在（2016）粤 03 行终 262 号裁判文书中认为：养老保险费的追缴应受两年期限限制，超过两年不应进行追缴，并同时认为"社会养老保险是一月一缴，且每月均需由用人单位从员工工资中代扣代缴，每一次扣缴均具有相对独立性。因此，本案原审第三人欠缴养老保险费的行为，不适用有关'违法行为存在连续或继续状态'的规定"。进而排除了《劳动保障监察条例》第 20 条第 2 款规定的从行为终了之日起计算两年期限的规定。东莞市中级人民法院在（2016）粤 19 行终 88 号裁判文书中同样认为"对于缴费单位未按规定缴纳社会保险费等违反劳动保障规范的行为，劳动保障部门应当责令限期缴纳、改正或作出相应行政处理决定、行政处罚，但对上述相关违规行为的查处追溯期仅为 2 年"。广州铁路运输中级人民法院在（2016）粤 71 行终 1867 号裁判文书中则认为，欠缴社会保险费纠纷应按照行政诉讼程序解决，在相关行政法律、法规并无关于缴费单位未按规定缴纳和代扣代缴社会保险费超过两年即可免缴或无须补缴规定的情况下，社会保险费的追缴不受两年查处时效的限制。

三、对社会保险费追缴期限的分析

我们认为，上述有关社保险费追缴期限的观点，均没有严格从行政机关的行政职权范围、行政法律规范的适用规则以及行政行为类型等方面进行全面分析和界定，而只是机械地援引某部法律规范的特殊规定推导结论，过于片面。这种分析方法，不能在现有行政法律规范前提下，对社会保险费的追缴期限作出全面、准确的界定。同时，相关司法裁判也没有完全确定社会保险费追缴期限的行政法理论基础和法律依据，导致社会上对社会保险追缴期

限产生了些错误理解。我们认为：解决一个法律争议问题，首先应明确该争议涉及的法律行为的性质，其次厘清其法律关系，最后确定其应当或不应当适用的法律规定或法理基础。

社会保险费追缴期限争议问题，其产生的根源在于，社会保险费追缴期限是否应适用《劳动保障监察条例》第20条规定的两年期限问题。要对这一问题进行全面分析，首先应界定清楚社会保险费追缴行为的性质；其次厘清社会保险费追缴与《劳动保障监察条例》之间的关系；最后确定社会保险费追缴是否应适用该条例规定的两年期限。

(一) 社会保险费追缴行为的法律定性

社会保险费追缴属于社会保险费征收的一种形式。根据《社会保险法》第60—63条的规定，社会保险费征收工作由社会保险费征收机构依法进行。《社会保险费征缴暂行条例》第6条规定："……社会保险费的征收机构由省、自治区、直辖市人民政府规定，可以由税务机关征收，也可以由劳动保障行政部门按照国务院规定设立的社会保险经办机构（以下简称社会保险经办机构）征收。"结合上述规定可以确定，社会保险费追缴的职权主体是被确定为社会保险费征收机构的税务机关或社会保险经办机构。

《税收征收管理法》对税务机关的界定应该是明确的，无须争议。对于社会保险经办机构具体是指哪个机构，社会上存在不同看法。《社会保险法》第72条第1款规定："统筹地区设立社会保险经办机构。社会保险经办机构根据工作需要，经所在地的社会保险行政部门和机构编制管理机关批准，可以在本统筹地区设立分支机构和服务网点。"《社会保险行政争议处理办法》第2条第2款规定："本办法所称的经办机构，是指法律、法规授权的劳动保障行政部门所属的专门办理养老保险、医疗保险、失业保险、工伤保险、生育保险等社会保险事务的工作机构。"根据上述规定，结合各地社会保险基金管理中心的组织机构登记情况可以确定，社会保险经办机构指的是地方社会保险基金管理中心。该中心本身只是隶属于地方人力资源和社会保障局或者地方社保局的行政事业单位而非行政机关，但是依据法律、法规的授权而获得了征收、管理社会保险费的行政职能。社会保险经办机构征收、管理社会保险费的职权来源于法律法规的直接授权，其在作出相关行政行为时具有独立性，并不当然属于其所隶属行政机关自身的行政行为。

通过上述分析，我们认为，社会保险费追缴行为系由税务机关或社会保险基金管理中心依照法律、法规授权对用人单位未缴、欠缴社会保险费进行催缴、强制征缴的行政征收行为。社会保险费追缴属于行政行为，应通过行政争议程序解决，目前在司法实践中基本统一。需要明确的是，社会保险费追缴作为行政行为，其作出的主体依法应确定为税务机关或社会保险基金管理中心，而非劳动保障行政部门。

(二) 社会保险费追缴与劳动保障监察的关系

《劳动保障监察条例》第2条第1款规定："对企业和个体工商户（以下称用人单位）进行劳动保障监察，适用本条例。"该条例第3条第1款规定："国务院劳动保障行政部门主管全国的劳动保障监察工作。县级以上地方各级人民政府劳动保障行政部门主管本行政区域内的劳动保障监察工作。"据此，劳动保障监察的职权主体是国务院劳动保障行政部门以及县级以上地方各级人民政府劳动保障行政部门；职权范围主要是对用人单位违反劳动保障规定的行为进行监察；监察对象主要是"企业和个体工商户（以下称用人单位）"。该条例第11条列举了劳动保障监察的具体情形，其中第7项将"用人单位参加各项社会保险和缴纳社会保险费的情况"列入了劳动保障监察的情形之一。该条例第18条规定了劳动保障监察行政部门作出行政处理的类型，主要包括行政处罚、责令改正、行政处理决定以及撤销立案四类。

比照前述关于社会保险费追缴与劳动保障监察的法律规定和分析，我们认为：社会保险费追缴与劳动保障监察分别属于由不同机关，基于不同的法律规定，从不同的行政管理角度所作出的不同性质的行政行为。首先，从行政主体上看，社会保险费追缴的主体是根据法律法规授权的税务机关或社会保险基金管理中心，而劳动保障监察的主体是劳动保障行政部门，主要指人力资源和社会保障部以及各级人力资源和社会保障局。其次，从法律依据看，社会保险费追缴所依据的法律规定，主要是《社会保险法》《社会保险费征缴暂行条例》中关于社会保险费征收的法律规定，而劳动保障监察的主要法律依据是《劳动保障监察条例》中的规定以及相关劳动保障法律法规关于对用人单位违法行为进行查处的规定。再次,从行政管理的角度看,社会保险费追缴的主要行政管理目的是征收社会保险费,保障社会保险基金的充盈、安全、稳定;而劳动保障监察的主要行政目的是保护劳动者合法权益,维护劳动保障市场的合法秩序。最后,从各自行政行为的性质看,追缴社会保险费行政行为主要体现在责令限期缴纳和强制征缴,其整体属于行政征收决定,而劳动保障监察除行政处理、撤销立案决定外,主要属于行政处罚决定。

(三)社会保险费追缴是否适用两年监察期限规定

《劳动保障监察条例》第20条第1款规定:"违反劳动保障法律、法规或者规章的行为在2年内未被劳动保障行政部门发现,也未被举报、投诉的,劳动保障行政部门不再查处。"那么,社会保险费追缴是否应适用该条款的规定?通过以上分析,答案已经十分清楚。我们认为:社会保险费追缴与劳动保障监察属于不同主体基于不同的行政目的,依据不同的法律规范所作出的不同性质的行政行为,社会保险费追缴不能适用《劳动保障监察条例》关于两年查处期限的规定。

首先,劳动保障监察的对象主要是用人单位的违法行为,而社会保险费追缴是社会保险费征收机构依授权作出的行政行为,两者属于不同性质的行政行为,因此社会保险费追缴不受《劳动保障监察条例》约束。其次,《劳动保障监察条例》规定的监察主体是劳动保障行政部门,而追缴社会保险费的机构是税务机关和社会保险基金管理中心,两者的实施主体不同,不能适用。最后,《劳动保障监察条例》所规定的处理结果并不包括社会保险费征收决定,该条例自然不适用于征收决定的作出。《劳动保障监察条例》规定了行政处罚、责令改正、行政处理决定以及撤销立案等四种监察结果。其中,行政处罚和撤销立案显然非社会保险费征收决定。责令改正属于行政命令,其本身并不设定权利、义务,而是确定相对人不履行义务可能产生的否定性法律后果,如行政处罚。《劳动和社会保障部办公厅关于限期改正指令书是否要规定欠缴社会保险费数额的复函》也明确"劳动保障监察限期改正指令书不属于可申请人民法院强制执行的具体行政行为。劳动保障监察限期改正指令书旨在指出当事人的违法行为,敦促其履行法定义务。因此,劳动保障监察限期改正指令书可以不载明缴费单位欠缴社会保险费的数额"。至于行政处理决定,由于劳动和社会保障部门并非社会保险费的征收机构,《劳动保障监察条例》所规定的处理决定,显然不可能是社会保险费征收决定。由此可见,劳动保障行政部门根据《劳动保障监察条例》对用人单位社会保险费缴纳情况所作出的监察结果,只能是先责令用人单位限期改正其违法行为,如用人单位拒不改正,可处以行政处罚,但劳动保障监察部门无权依据《劳动保障监察条例》直接作出补缴社会保险费的处理决定。既然劳动保障监察的处理结果并不包含补缴社会保险费的行政处理决定,则该条例本身以及其所规定的两年查处期限自然不适用于社会保险费追缴工作。

	劳动保障监察	社保追缴
行政主体	劳动保障行政部门	税务机关或社保中心
法律依据	劳动保障监察条例及相关规定	社会保险法、社会保险费征缴条例
行政目的	保护劳动者合法权益,维护劳动保障市场的合法秩序	征收社会保险费,保障社会保险基金的充盈、安全、稳定
行为性质	行政处罚、行政命令	行政征收
处理期限	两年	没有限定

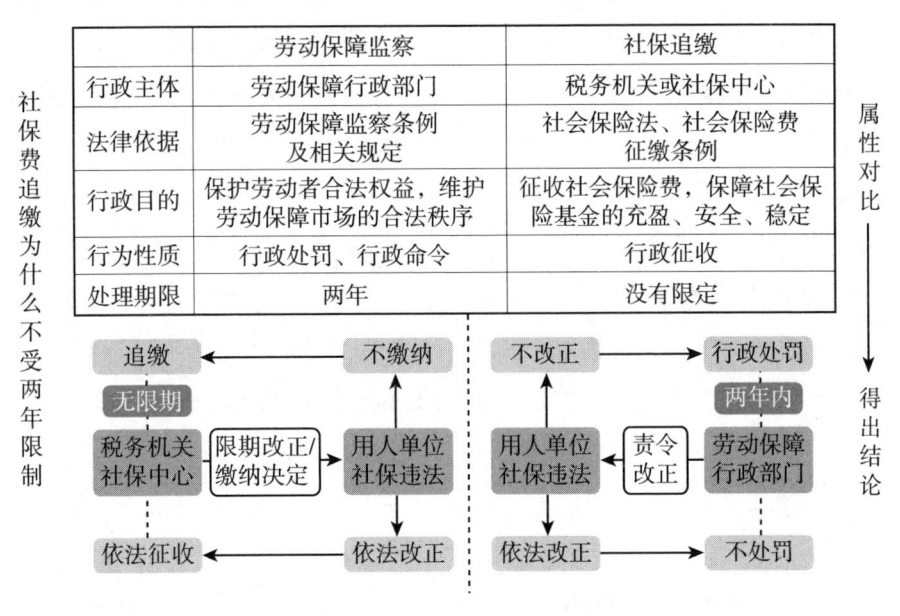

（左侧）社保费追缴为什么不受两年限制　（右侧）属性对比　得出结论

流程图：
- 税务机关/社保中心 ← 限期改正/缴纳决定 ← 用人单位社保违法 ← 不缴纳（追缴·无限期）
- 税务机关/社保中心 → 依法征收 ← 依法改正
- 用人单位社保违法 → 不改正 → 行政处罚；责令改正 ← 劳动保障行政部门（两年内）
- 依法改正 → 不处罚

图 7-1　劳动保障监察与社保追缴对比

四、对现行部分观点的修正

通过以上分析,我们认为,社会保险费追缴不适用《劳动保障监察条例》所规定的两年查处期限应该具备较为充分的法律和行政法理论基础,但实践中还是存在很多观点认为社会保险费追缴应受两年查处期限限制。导致这一现象的主要原因是对人民法院司法裁判的误读。多数判决支持违法缴纳社会保险费受两年查处期间限制的法院，其实都是仅从《劳动保障监察条例》所规定的违法行为查处权方面进行界定。人民法院在该等裁判文书中实际仅认为，劳动保障监察部门因社会保险费缴纳存在违法情况，对用人单位作出责令改正、行政处罚的行政行为时，应受两年期限限制，但并未认定社会保险费征收机构的追缴社会保险费行为应受两年限制。广东省高级人民法院在（2015）粤高法行申字第113号行政裁定书中也仅认为，再审申请人要求劳动保障行政监察部门查处（即作出责令改正、行政处罚）用人单位未足额缴纳社会保险费超过《劳动保障监察条例》所规定的两年期限，而并没有认定社会保险费的追缴超过两年的期限。相反，该院在裁定书中认为，对于申请人要求用人单位支付社会保险费用的投诉，原审法院认为该事项并不属于劳动保障行政部门的行政职权，应另行处理的认定符合法律规定。由此可见，广东省高级人民法院的该份行政裁定书不仅没有认定社会保险费追缴受两年期限的限制，相反实际认定社会保险费征缴与劳动保障监察并不属于同一事项，不能适用《劳动保障监察条例》，也就不能适用该条例规定的两年查处期限。

2017年7月27日，人力资源和社会保障部在《人力资源社会保障部对十二届全国人大五次会议第5063号建议的答复》中再次明确了社会保险费追缴不适用《劳动保障监察条例》第20条规定的两年期限。该答复第1条称："《劳动保障监察条例》第二十条规定为劳动保障行政执法时效规定，系依据行政处罚法第二十九条规定制定……《社会保险费征缴暂行条例》和《社会保险稽核办法》（劳动保障部令第16号）均未对清缴企业欠费问题设置追诉期……地方经办机构追缴历史欠费并未限定追诉期……经办机构接到超过《劳动保障监察条例》第20条第1款2年的追诉期投诉后，一般也按程序进行受理。对能够提供佐证材料的，尽量满足参保者诉求，予以解决，以减少企业职工临近退休时要求企业足额补缴欠费的问题发生。"

综上所述，我们认为，对于社会保险费追缴期限不受《劳动保障监察条例》两年限制的法律规定和理论基础是明确的，司法实践的主流观点本质上也是一致的，人力资源和社会保障部门也认可该观点；实践中应区分社会保险费征收机构的行政征收职权与劳动保障监察行政部门的行政处罚权，进而选择适用不同的法律规范，以统一执法、司法标准。当然，为避免争议，应尽快通过相关立法程序，制定或完善相关法律规范对此予以明确。

第七节　已注销主体补缴责任

社会保险费征收部门能否要求已注销的用人单位为投诉的劳动者补缴社会保险费，对此没有明确法律规定。参照税务征收而言，税务机关对于已注销企业是否可以补税、罚款，亦是税务执法实践争议较大的问题，实践中也存在不同的处理方式。一般而言，企业注销后，其主体资格消灭，行政机关自然不能对已消亡的企业作出行政决定。尤其对有限责任公司而言，一旦经合法程序注销，由于其股东仅在出资范围内承担有限责任，无法要求其对公司的欠税进行补缴，甚至承担罚款责任。但对于个体工商户、个人独资企业、合伙企业等由投资者承担无限责任的企业而言，多数观点认为，其投资者应该在企业注销后承担税款补缴的责任。例如，《浙江省国家税务局关于对已注销纳税主体被发现注销前有偷税行为处理意见的批复》就明确规定，"原纳税主体为个体工商户、合伙企业、个人独资企业的，依照民法通则、合伙企业法、私营企业法的规定，从事经营的个体工商户个人、合伙企业的合伙人、独资企业的投资者对其偷税行为承担无限经济责任"。司法实践中亦存在支持该观点的行政判决。[1]

因此，在没有明确法律规定的情况下，因社会保险费与税款征收具有相似性，如参照上述处理方式，投资者或经营者承担有限责任的企业经合法程序注销后，社会保险费征收部门无法要求有关人员承担补缴责任。而对于承

---

[1] （2017）吉06行终13号，中国裁判文书网，http://wenshu.court.gov.cn/website/wenshu/181107ANFZOBXSK4/index.html?docId=1a62372fbbff43688c25a7c1008c04dd，访问日期：2018年12月28日。判决认为：李某作为系某店（已注销）的经营者，且该店的组成形式为个人经营，在某店未按照税务处理决定缴纳税款及滞纳金的情况下，某稽查局冻结李某银行账户的行为，符合法律规定。

担无限责任的投资者,已注销后是否应由其实际经营者承担社会保险费补缴责任,在实践中存在争议。以个体工商户为例,一种观点认为,依据民法总则的有关规定,个体工商户的债务由其实际经营者承担。因此,对于其注销前拖欠的社会保险费理应承担补缴责任。也有观点认为,民法总则规定的是个体工商户的民事责任,并不包括行政责任;但从立法本意上讲,经营者对企业债务的无限责任理应包括应承担的行政责任。

实践中,有可能会出现已注销企业的劳动者与其关联企业构成混合用工的情况,则衍生出关联企业是否应当承担社会保险费补缴连带责任的问题。根据相关司法实践,构成混合用工的关联企业应就其中某一用工企业劳动合同项下的义务承担连带责任。若社会保险费征收部门因客观原因无法要求已注销企业进行补缴,承继其与劳动者劳动关系权利义务的关联企业应承担补缴社会保险费的责任。当然,税务机关不具备定性劳动关系及用工性质的行政职权,应以有权机关的司法文书或有效证据为基础,作出补缴认定。需要注意的是,实践中对于该问题仍然存在争议,社会保险费征收部门对已注销主体作出行政决定时应谨慎处理。

第八节　案例评述

案例 7-1　某汽车检测中心与某地税局社会保险处理案

│案情简介│

2014年6月,某社保基金中心向某地税局发出社会保险案件移交地税部门函,因某汽车检测中心未按照某社保基金中心稽核整改意见书的要求为黄某、陈某办理相应期间的社会保险费补缴手续,该中心将相关材料移交某地税局强制征缴。该函随附某社保基金中心于2014年3月作出的社会保险稽核整改通知书。该整改通知书中,某社保基金中心认定某汽车检测中心未依法为黄某、陈某足额缴纳在职期间的社会保险费,责令该中心在10个工作日内为两人补缴。2014年8月，某社保基金中心又向某地税局发出黄某、陈某社保补缴协办函，将其稽核核定黄某、陈某1998年7月至2012年8月工资基数的社会保险费补缴基数确认表移送某地税局。社会保险费补缴基数确认表列明了某汽车检测中心应为黄某、陈某补缴社会保险费的所属期间及缴费基数。某地税局于2014年10月作出责令限期改正通知（决定）书，并通过挂号信方式邮寄给某汽车检测中心，但逾期无人领取未能成功送达。后该局又于2015年5月作出责令限期改正通知（决定）书，认定某汽车检测中心未按时申报且未缴纳社会保险费，欠缴社会保险费230360.98元，责令其于2015年5月前补缴社会保险费230360.98元及滞纳金（标准为自欠缴之日起按日加收万分之五），并送达某汽车检测中心。因某汽车检测中心拒收，某地税局予以留置送达，拍摄了现场照片并邀请某街道办事处的工作人员予以见证。某汽车检测中心不服，遂向法院提起本案诉讼，认为其属于乡镇企业，不属于强制征缴社会保险费的范围，税务机关作出不利于其的信息记录，未告知理由及所依据的规定，亦未允许其进行陈述申辩构成违法，请求法院撤销某地税局作出的责令限期改正通知（决定）书。

｜税务局答辩｜

被告某地税局辩称：（1）某社保基金中心已对某汽车检测中心应当缴纳的社会保险费作出核定。某社保基金中心作为社会保险经办机构已对某汽车检测中心的社会保险费缴纳情况进行稽核。某社保基金中心发出社会保险案件移交地税部门函和黄某、陈某社保补缴协办函，表明某社保基金中心经过稽核，已认定某汽车检测中心未按规定足额缴纳社会保险费，并核定了某汽车检测中心应当补缴的社会保险费缴费基数、缴费人数和缴费年限。（2）某社保基金中心要求我局对某汽车检测中心应缴未缴的社会保险费进行强制征缴。根据《社会保险法》，我局作为社会保险费征收机构，职责为依法按时足额征收社会保险费。（3）我局根据某社保基金中心的核定录入某汽车检测中心应缴的社会保险费数据的行为并无不当。鉴于社会保险经办机构已经认定某汽车检测中心存在社保欠费并将核定数据传递给我局，我局应当履行法定职责进行征缴。我局按照该社保基金中心传递的核定信息录入社会保险费征收系统计算生成某汽车检测中心应当缴纳的社会保险费数据,是履行《社会保险法》规定的法定义务必须进行的操作步骤。我局依法履行职责的行为并无不当。(4)用人单位是否参加社会保险并缴纳社会保险费的法定前提为用人单位与劳动者是否存在劳动关系,某汽车检测中心以其属乡镇企业为由主张不应缴纳社会保险费,没有法律依据。1995年1月1日施行的《劳动法》第3条早已明确规定,劳动者具有享受社会保险和福利的平等权利。只要用人单位与劳动者之间建立劳动关系,用人单位就必须为劳动者依法参加社会保险。本案中,某市中级人民法院已通过生效判决确认黄某、陈某与某汽车检测中心在1995年8月至2012年9月存在劳动关系,用人单位就必须为其参加社会保险,无权以企业性质是乡镇企业为由逃避法定义务。(5)根据《广东省地方税务局征收社会保险费欠费管理暂行办法》第3条第3项的规定,我局有权确认某社保基金中心传递的用人单位欠费数据,并录入系统。该录入行为仅是将某社保基金中心所确立的稽核结果数据化、信息化。对用人单位具有影响的是某社保基金中心的稽核结果,用人单位如有异议有权通过行政复议或行政诉讼解决。但录入行为本身并未对该中心设定或改变权利义务关系,对其利益不产生影响,未侵犯其知情权。综上所述,鉴于我局按照法律规定,依某社保基金中心的核定录入社会保险费征收系统计算生成某汽车检测中心应当缴纳的社会保险费数据并无不当,请求法院判决驳回某汽车检测中心的诉讼请求。

| 法院裁判 |

法院经审理认为:《社会保险法》第58条第1款规定:"用人单位应当自用工之日起三十日内为其职工向社会保险经办机构申请办理社会保险登记。未办理社会保险登记的,由社会保险经办机构核定其应当缴纳的社会保险费。"该法第63条第1款规定:"用人单位未按时足额缴纳社会保险费的,由社会保险费征收机构责令其限期缴纳或者补足。"本案中,因某汽车检测中心未依法为其职工黄某、陈某足额缴纳在职期间的社会保险费,某社保基金中心经社会保险稽核核定其欠缴的社会保险费具体数额,并移交某地税局处理。某地税局根据社会保险经办机构核定的数额作出案涉责令限期改正决定，于法有据，并无不当。如果某汽车检测中心对某社保基金中心社会保险稽核程序及结论不服，可另行申请行政复议或提起行政诉讼。

关于某汽车检测中心是否应当为黄某、陈某缴纳《社会保险法》施行前的社会保险费的问题。本院认为，《劳动法》第70条规定："国家发展社会保险事业，建立社会保险制度，设立社会保险基金，使劳动者在年老、患病、工伤、失业、生育等情况下获得帮助和补偿。"《劳动法》第71条规定："社会保险水平应当与社会经济发展水平和社会承受能力相适应。"1998年施行的《广东省社会养老保险条例》第2条第1款规定："本条例适用于我省行政区域内下列单位和人员（以下统称被保险人）：（一）所有企业、城镇个体经济组织和与之形成劳动关系的劳动者……"《某市人民政府关于某市建立统一的企业职工养老保险制度实施意见的通知》第11条规定："进一步抓紧落实国家提出的扩大养老保险覆盖面计划。乡镇企业、非本市城镇户口的劳动者按本通知从1998年7月1日起参加基本养老保险……"劳动者享有通过社会保险获得物质帮助和享受社会福利的权利，社会保险制度并非《社会保险法》施行后才开始建立实施，在《社会保险法》施行前各地已根据自身经济发展水平和社会承受能力建立社会保险制度并不断扩大覆盖群体、提高保障水平。根据上述地方性法规和规范性文件的规定，某市于1998年已将乡镇企业就业人员纳入本地区养老保险制度覆盖范围，故即便某汽车检测中心属于乡镇企业，亦应从上述文件确定的日期开始为职工缴纳社会保险费。某汽车检测中心关于其不需要为黄某、陈某缴纳《社会保险法》施行前的社会保险费的主张，本院不予采纳。判决：驳回某汽车检测中心的诉讼请求。

│案件评析│

本案主要涉及两个问题，一是某税务局根据某社保基金中心核定的数额对某汽车检测中心征缴社会保险费是否合法，二是某汽车检测中心是否应为其员工缴纳《社会保险法》施行前的社会保险费的问题。关于第一个问题，我们认为，在税务机关全责征收模式下社会保险费的核定职权应由税务机关行使。但基于历史原因及全责征收模式与《社会保险法》的衔接等问题，对于应参保未参保的社会保险费核定权、包含税务部门征收前社会保险费欠费的核定权以及投诉、举报人直接向社会保险经办机构投诉、举报的社会保险费核定权,实践中一般也可以由社会保险经办机构进行核定。具体到广东省而言,按《广东省地方税务局征收社会保险费欠费管理暂行办法》的有关规定,欠费的来源就包含了社会保险经办机构核定并传递给税务机关的社会保险费征收数据。司法实践中,如原告未就社会保险经办机构作出的稽核决定提起行政复议、行政诉讼,且税务机关的征收范围没有超出社会保险经办机构的核定范围,人民法院一般会认可税务机关的征收行为合法、有效,具体可参见前文章节所述。关于第二个问题,我们认可法院的观点,即社会保险制度并非在《社会保险法》施行后才开始建立实施,在其施行前各地已根据自身经济发展水平和社会承受能力建立社会保险制度的,当地的用人单位即应按相关制度的要求及时为职工缴纳社会保险费,而不能认为在《社会保险法》施行前无须为职工缴纳社会保险费。

案例7-2 席某与某市地税局六分局追缴社会保险费暨行政赔偿案

│案情简介│

席某于2012年2月至压力容器公司工作,该单位在2009年起欠缴职工的社会保险费用。某市地税六分局于2015年3月19日作出社会保险费限期缴纳通知书,对压力容器公司欠缴职工2009年1月至2014年2月的社会保险费共计132304.46元进行催缴,限该单位于2015年3月26日缴纳社会保险费及滞纳金。并向压力容器公司送达了该催缴通知书。压力容器公司收到该通知书后补缴了2009年1月至2013年9月欠缴职工的社会保险费用(徐某、陈某除外)。2015年4月28日某市地税六分局作出社会保险费限期缴纳通知书,对压力容器公司欠缴职工2013年10月至2015年3月的社会保险费共计456997.42元进行催缴,限该单位于2015年5月13日缴纳社会保险费及滞纳金。压力容器公司于同年5月5日签收了该催缴通知书,但未按时履行补缴义务。2015年7月9日某市地税六分局作出社会保险费限期缴纳通知书,对压力容器公司欠缴职工2013年10月至2015年6月的社会保险费共计493895.32元进行催缴,限该单位于2015年7月24日缴纳社会保险费及滞纳金。压力容器公司于同年7月10日签收了该催缴通知书,但仍未按时履行补缴义务。2015年9月9日某市地税六分局向中国农业银行某支行发出查询单位存款账户通知书,压力容器公司账户被部分冻结,可用余额为零。2015年12月某市社会保险征缴中心将压力容器公司欠缴社会保险费本金566171.06元、滞纳金144773.2元,合计710944.26元,移交某市地税六分局催缴,并附职工个人明细,其中席某为2013年10月至2014年11月,养老保险为8323元、失业保险为554.05元、医疗保险为2515.25元、工伤保险为411.42元、生育保险为173.75元,合计为11977.47元。2015年12月22日某市地税六分局作出社会保险费征收决定书,限压力容器公司将应缴未缴的2009年1月至2015年11月,某市社会保险征缴中心核定欠缴的社会保险费本金566171.06元及滞纳金于收到本决定后15日内缴纳。并告知了诉权和行政复议权利。同日,压力容器公司签收了该征收决定书。某市地税六分局对压力容器公司进行了社会保险费履行义务催告。压力容器公司仍未履行缴纳社会保险费义务。

2016年4月某市地税六分局与某市社会保险征缴中心对压力容器公司因连续三个月以上未履行纳税申报义务及缴纳社会保险费,且无法联系到法定代表人,经营地址查无此户,公司也不生产经营情况,将压力容器公司认定为非正常户。席某根据某市社会保险征缴中心2016年7月28日出具的个人欠款补缴通知单主张压力容器公司应为其补缴社会保险费用23140.22元及滞纳金7011.87元,某市地税六分局对此应依法履行向压力容器公司为其征缴上述费用的职责。席某认为,某市劳动保险处三次下通知给某市地税六分局,让其依法向压力容器公司追缴席某社会保险欠费,但其不负责任,置工人的疾苦于不顾,将劳动保险处的通知不管不问,也不去压力容器公司催缴,是严重不作为的行为,侵犯了席某的合法权益。某市地税六分局虽然向单位送达了催缴通知书,但是没有实施强制手段,而且三次催缴都是2015年作出的,2013年、2014年都没有作出任何反应。遂请求人民法院依法判决某市地税六分局追缴压力容器公司欠席某社会保险费及滞纳金30152.09元,赔偿损失5万元,由某市地税六分局承担诉讼费用。

▍税务局答辩▍

被告某地税局辩称：(1) 我分局已依法履行了法定职责。首先，根据市社会保险征缴中心三次传来的社会保险费欠税明细清单，我分局分别于 2015 年 3 月 19 日、4 月 28 日、7 月 9 日对欠费单位压力容器公司下达了社会保险费限期缴纳通知书。其次，于 2015 年 9 月 9 日对该欠费单位银行账户进行了依法查询，经查无可供强制执行存款。再次，于 2015 年 12 月 22 日对该欠费单位下达了社会保险费征收决定书。复次，于 2016 年 1 月 12 日对该欠费单位下达了社会保险费履行义务催告书。最后，于 2016 年 4 月 28 日会同市社会保险征缴中心对该欠费单位进行社会保险费非正常户联合认定，因该单位已经停止经营，连续三个月以上未申报、缴纳税收和社会保险费，且经实地核查查无下落。(2) 席某诉讼请求中列明的社会保险费数额不准，应当为 12277.47 元，其中养老保险 8323 元、失业保险 554.05 元、医疗保险 2815.25 元、工伤保险 411.42 元，生育保险 173.75 元，对此，市社会保险征缴中心提供了情况说明。(3) 我分局不存在席某所述的不作为行为，席某要求我分局依法追缴压力容器公司欠席某社会保险费 30152.09 元及赔偿损失 5 万元不符合客观事实，无法律依据。请求人民法院依法判决驳回席某的诉讼请求。

▍法院裁判▍

法院经审理认为：根据《社会保险费征缴暂行条例》第 13 条和《社会保险法》第 63 条的相关规定，用人单位未按时足额缴纳或代扣代缴社会保险费的，应当由劳动保障行政部门或者税务机关等社会保险费征收机构责令其限期缴纳或者补足。《江苏省社会保险费征缴条例》第 30 条规定，"未按照规定缴纳代扣代缴社会保险费，经责令限期改正拒不改正的，或者采取转移、隐匿账户等手段妨碍追缴的，由地方税务机关作出强制征缴决定，当事人在法定期限内既不申请复议也不提起行政诉讼的，地方税务机关可以申请人民法院依法强制执行……"根据上述规定，某市地税六分局有对压力容器公司欠缴社会保险费进行限期缴纳及依法作出强制征缴决定的职责。本案某市地税六分局在2015年对压力容器公司欠缴包括席某在内的社会保险费，根据某市社会保险征缴中心核定的欠缴时间和数额分别进行了三次催缴，并在压力容器公司拒不改正后依法作出征缴决定书，符合法律、法规的规定。《江苏省社会保险费欠费管理办法（试行）》第4条规定："对符合下列情形之一的欠费单位，经主管地税机关和社会保险经办机构联合认定后暂不纳入催缴和清缴范围……（二）连续三个月以上未申报、缴纳税收和社会保险费，且已无法找到地址、无法联系的企业……"本案某市地税六分局与某市社会保险征缴中心根据压力容器公司的连续三个月以上未申报、缴纳税收和社会保险费，且已无法找到地址等情况，作出非正常户认定，暂不纳入清缴和催缴范围符合上述规定。综上，某市地税六分局已履行了对压力容器公司欠缴的社会保险费（含欠缴席某社会保险费）限期催缴、依法作出征缴决定的职责。席某主张某市地税六分局未履行追缴职责不能成立。席某欠缴社会保险费及未能享受失业保险、医疗保险相关待遇是由用人单位压力容器公司未按时足额缴纳社会保险费的义务以及压力容器公司的履行能力等原因造成，而非行政机关及其工作人员在行使行政职权时给其造成的财产损失，不能归咎于某市地税六分局，因此席某主张某市地税六分局赔偿其损失5万元无事实和法律依据。判决：驳回原告席某的诉讼请求。

案件评析

本案主要涉及的是征收机关追缴社会保险欠费时应做到何种程度以及无法追缴时如何处理的问题。本案中某市地税六分局根据某市社会保险征缴中心核定的欠缴时间和数额分别进行了三次催缴，并在压力容器公司拒不改正后依法作出征缴决定书，且向中国农业银行某支行发出查询单位存款账户通知书，结果发现压力容器公司账户被部分冻结，可用余额为零。之后，某市地税六分局与某市社会保险征缴中心按照当地规定将压力容器公司认定为非正常户，暂不将压力容器公司纳入催缴和清缴范围。按照《社会保险法》及《社会保险费征缴暂行条例》的规定，税务机关或征收机关履行追缴社会保险费的职责限于责令限缴以及强制执行，除此之外在法律、行政法规层面，作为征收机关的税务机关并不具备其他的法定职权。如税务机关已经依法履行了行政职责，但仍不能完成欠费追缴时，一般不应视为行政不作为。

但是，《社会保险法》①规定税务机关仅可"书面通知其开户银行或者其他金融机构划拨社会保险费"，而不包括其他强制执行措施。如个案未能满足划扣社会保险费的条件，并不代表行政强制行为已经终结，税务机关可通过申请法院强制执行进行司法强制追缴。人民法院立案后，经查询其他财产线索，通过司法执行手段达到实现行政行为的效果。因此，本案中税务机关是否已穷尽强制执行程序问题值得商榷，税务机关在征收实践中应注意充分运用行政强制执行和非诉执行手段，才能全面履行行政职责，才能保障劳动者的合法权益。

至于本案中《江苏省社会保险费欠费管理办法（试行）》第4条规定："对符合下列情形之一的欠费单位，经主管地税机关和社会保险经办机构联合认定后暂不纳入催缴和清缴范围。……（二）连续三个月以上未申报、缴纳税收和社会保险费，且已无法找到地址、无法联系的企业……"该处理方式是否符合上位法的规定，则属于立法冲突的问题。

案例7-3 某公司与某市社会保障局社会保障行政决定案

┃案情简介┃

2012年5月30日，某市人民政府12345专线接到自称某公司员工的匿名电话举报投诉，反映某公司存在未为员工足额缴纳社会保险费用的违法情形。某市人力资源和社会保障局于2012年5月31日向某公司发出社会保险监察询问通知书，要求某公司依法举证、配合调查。某公司向某市社会保障局提交了花名册、工资表、参保情况明细表、授权委托书和法定代表人身份证明

---

① 该法第63条规定："用人单位未按时足额缴纳社会保险费的，由社会保险费征收机构责令其限期缴纳或者补足。用人单位逾期仍未缴纳或者补足社会保险费的，社会保险费征收机构可以向银行和其他金融机构查询其存款账户；并可以申请县级以上有关行政部门作出划拨社会保险费的决定，书面通知其开户银行或者其他金融机构划拨社会保险费。用人单位账户余额少于应当缴纳的社会保险费的，社会保险费征收机构可以要求该用人单位提供担保，签订延期缴费协议。用人单位未足额缴纳社会保险费且未提供担保的，社会保险费征收机构可以申请人民法院扣押、查封、拍卖其价值相当于应当缴纳社会保险费的财产，以拍卖所得抵缴社会保险费。"

书、营业执照、组织机构代码证等书面材料。2012年6月2日、6月15日某公司法定代表人陆某向12345专线去电提出企业连续亏损,但社保部门未调查就让某公司为员工补足社保和住房公积金,希望待经营好转后再陆续为员工补缴。某市委、市政府信访办公室将上述来电反映情况转至某市社会保障局处。某市社会保障局于2012年7月3日依职权对某公司委托人许某进行调查并制作了询问笔录,许某在笔录中称某公司当月的工资下月发放,社保缴费基数系参照上月工资,又认可某公司在2012年2月至4月存在未足额参保的情况属实。某市社会保障局核查了某公司的社保缴费情况并制作了补交预算清单。经调查核实,某市社会保障局于2012年7月20日作出社会保险费限期缴纳(补足)指令书并于当日送达某公司,责令某公司补缴欠缴的2012年2月至4月的社会保险费本金378033.31元、滞纳金21178.31元(滞纳金以缴交日为准)共计399211.62元。某公司不服,依法申请行政复议。某市人力资源和社会保障局于2012年9月28日作出行政复议决定书,维持了某市社保局所作具体行政行为。某公司仍不服,遂于2012年10月24日诉至法院。一审判决驳回某公司的诉讼请求,某公司提起上诉,认为某社会保障局作出社会保险费限期缴纳(补足)指令书的具体行政行为认定其违法的事实不清,法律依据不明确;原审判决证据不足,适用法律、法规错误。

| 社会保障局答辩 |

被告某市社会保障局辩称:对于某公司提到的某市社会保障局原审没有提供证据材料的原件核对的问题,在原审证据交换阶段,某公司没有提出核对证据材料原件的请求,因此当时没有提供原件给某公司查阅,某市社会保障局二审带了本案的相关材料原件,如果某公司有需要,可以给某公司查阅。某公司提到社会保险费限期缴纳补足指令书没有指明某公司违反哪条法律情况,某市社会保障局的补足指令书已明确告知《社会保险法》第86条之规定,责令某公司自收到本指令书15日内到某市社会保障局处补缴相关社会保险费,不存在某公司所说的没有指明法律依据的问题。另外,某公司称计算社会保险费的月工资总额与事实不符,某市社会保障局在原审中提交的证据

"员工参加社会保险情况明细表",是由某公司出具的该单位员工参加社会保险的明细表,清楚地写明每位员工实际工资及参保工资及少报工资的差额,某市社会保障局根据该差额进行社会保险补交金额的计算。某公司提到补退总金额及补足指令书总额不足的问题,某市社会保障局在原审中提交的补交预算清单仅是截取了2月、3月、4月合计的一栏,并不能全面反映所有公司人员补退总额。某市社会保障局二审将所有员工补交清单带至法庭,某公司如有需要,可以当场查阅。补交预算清单根据某公司提供的社会保险情况明细表中的工资进行计算,另外,某公司在行政复议及本案的原审阶段,均没有提出涉案金额的异议,仅是提出因公司经营困难,希望降低参保比例及延缓缴交社会保险费,某公司对数额的请求没有事实和法律依据。关于本案的法律适用问题,某公司提到应当按照《某市企业员工社会养老保险条例》进行追缴,而不是根据《社会保险法》的规定。某市社会保障局认为,《某市企业员工社会养老保险条例》的修订存在一定的滞后性,企业员工社会养老保险条例修订时间是2006年7月26日,而《社会保险法》实施的日期是2011年7月1日,某市规定滞纳金的计算标准是千分之二,《社会保险法》计算的标准是万分之五,很明显某市的条例对于滞纳金的标准是更高的,对某公司更为不利。而在2013年1月1日实施的《某市企业员工社会养老保险条例》,对于该滞纳金的标准进行了修改,与《社会保险法》进行衔接,也是每日万分之五。因此,《社会保险法》属新法,也是国家制定的法律,某市社会保障局根据新法优于旧法的原则,对当事人有利的原则,适用《社会保险法》进行追缴社会保险费,不存在法律适用错误问题。

▌法院裁判▐

法院经审理认为:首先,关于法律适用问题,某市社会保障局指令限期缴纳(补足)的主要是养老保险,当时在某市应当适用的《某市企业员工社会养老保险条例》第52条规定:"企业不按规定缴纳养老保险费的,由市劳动保障部门发出追缴通知书,责令企业限期缴纳;逾期仍未缴纳的,除补缴欠缴数额外,从欠缴之日起,按日加收千分之二的滞纳金。"某市社会保障局适用的《社会保险法》第86条规定:"用人单位未按时足额缴纳社会保险费的，由社会保险费征收机构责令限期缴纳或者补足，并自欠缴之日起，按日加收万分之五的滞纳金；逾期仍不缴纳的，由有关行政部门处欠缴数额一倍以上三倍以下的罚款。"某市社会保障局认为适用《社会保险法》第86条的理由是适用对某公司有利的新法。但是，从两个法律条文比较来看，《社会保险法》第86条规定的加收滞纳金起始时间明显早于《某市企业员工社会养老保险条例》第52条的规定，后者赋予了企业限期补缴而不加收滞纳金的期限，这对于某公司也是有利的特别规定，显然滞纳金标准高低并不是决定新法对某公司更有利的唯一因素。而《社会保险法》生效后，《某市企业员工社会养老保险条例》并没有修改或废止，至2013年1月才被废止，被废止前在某市仍应当优先适用，故而某市社会保障局适用法律错误。

其次，关于限期缴纳（补足）指令的程序和内容，《某市企业员工社会养老保险条例》第9条第1款规定："基本养老保险费缴费比例为员工缴费工资的百分之十八，其中员工按本人缴费工资的百分之八缴纳；企业按员工个人缴费工资的百分之十缴纳。"该条例第10条规定："企业和员工应按月向市社保机构缴纳养老保险费，员工个人应缴纳的养老保险费由所在企业代为扣缴。"即某公司和某市社会保障局认定未足额缴纳养老保险涉及的所有员工均有补缴义务，只是员工补缴部分应当由某公司代为扣缴，但某市社保局在核定未足额缴纳社会保险费时，没有查明某公司提供的员工工资表是否经员工确认属实，没有告知员工应当补缴社会保险费用及其数额，在限期缴纳（补足）指令书中也未列明员工应当补缴部分的数额，因而没有保障员工作为补缴义务人的应有程序权利，且指令书对于某公司应当补缴部分和员工应当补缴部分没有区分，没有指令某公司依法对员工应当补缴部分代为扣缴，形式上只是对某公司作出的限期缴纳（补足）指令，因此某市社会保障局对某公司作出限期缴纳（补足）指令的程序不当、内容不清。

最后，某市社会保障局作出的限期缴纳（补足）指令的告知程序问题。某市社会保障局在被诉的社会保险费限期缴纳（补足）指令书中已经告知了行政复议和行政诉讼的权利和期限，且未另行作出最终的具体行政行为，则该限期缴纳（补足）指令应为某市社会保障局对某公司正式作出的具体行政行为，其中某公司享有陈述、申辩权利，某市社会保障局应当在作出正式的具体行政行为之前向某公司告知并由某公司决定是否陈述申辩。某市社会保障局在正式作出的送达即生效的具体行政行为中才告知某公司陈述和申辩的权利，违反行政行为的正当程序。判决：撤销原审判决，并撤销某市社会保障局作出的社会保险费限期缴纳（补足）指令书。

|案件评析|

本案涉及三个问题：一是社会保险费滞纳金适用的比例问题；二是征收机关的限缴指令内容的问题；三是对用人单位陈述申辩权利告知的问题。

对于滞纳金，《社会保险法》与《社会保险征缴暂行条例》规定的征收起算点及比例并不相同，甚至各地区规定也与上述法律法规规定不完全相同。我们同意本案中人民法院的观点，即从有利于用人单位的角度，适用更低的万分之五的比例不一定对用人单位更有利，因为滞纳金的计算起始时间也会影响用人单位的利益。但值得注意的是，《社会保险法》和《社会保险费征缴暂行条例》所确定的征收比例的差异不仅会影响缴费单位和参保人的利益，事实上还会影响社会保险基金的整体收益，进而影响其他参保人的利益。因此，从严格依法行政的角度看，单纯有利于用人单位原则也是值得商榷的。

对于责令限缴的具体内容问题，由于《社会保险法》及《社会保险费征缴暂行条例》对于责令限缴的具体内容没有明确规定，各地所使用的文书版本亦不尽相同。我们认为，司法实践中不能简单通过文字内容判定责令限缴内容是否合法，而应坚持最终利益进行考量。只要责令限缴的内容基本明确，不致损害缴费单位和个人的合法权益，则司法部门不应进行过多干预。当然，从行政行为合理性角度而言，征收机关在作出责令限缴时应尽可能明确具体的缴费内容、金额及比例，具体前文已详述。

至于陈述申辩权利的告知问题，首先得回到法律规定的角度审查征收机关是否具有告知的义务，以及相对人在某类行政行为程序中是否享有法定的陈述、申辩权。如具备该权利，行政机关应当告知。从行政程序正当性原则出发，陈述、申辩权的告知自然必须在征收机关作出最终的具体行政行为之前，并且给予法定的或合理的陈述、申辩期间，否则将不能保障用人单位的陈述、申辩权利，导致程序违法。值得注意的是，《社会保险法》并没有关于陈述申辩权告知的规定，且陈述申辩权一般体现在《行政处罚法》的程序当中，一般行政决定程序未有相关规定。执法实践中，部分税务机关在作出征收决定前，先发出责令限缴通知文书，并在文书中告知陈述申辩权，在陈述申辩期结束后再正式作出行政决定，更有利于行政相对人的权利保护，值得肯定。

案例7-4 某泊车公司与某税务局社保征收决定纠纷案

┃案情简介┃

某泊车公司2011年之前仅为员工购买工伤保险，2011年6月后陆续为员工缴纳养老保险等其他社会保险费。后115名员工向某税务局举报要求某泊车公司补缴欠缴的社会保险费。2017年11月21日，某泊车公司提交经员工签字确认的补缴申请书，主动为相关员工申请补缴社会保险费。其后因未在规定时间内补缴社会保险费，某税务局于2018年3月8日对某泊车公司作出社会保险费征收决定书，要求其补缴115名员工自2001年9月至2017年4月的社会保险费及滞纳金。某泊车公司对要求补缴的所属期及滞纳金不服，提起行政诉讼。主要认为：首先，根据某市劳动保障局2006年颁布的《关于某市工伤保险扩面和农民工先行参加工伤保险若干操作问题的通知》及2010年颁布的《关于农民工参加工伤保险有关问题的通知》，认为其在2011年之前仅为员工购买工伤保险，2011年之后购买其他保险符合相关规定，不应补缴和计算滞纳金；其次，因投诉的员工均已与原告终止劳动关系，原告无法从员工工资中扣缴个人应缴纳部分社会保险费，因此某税务局应在社会保险费征收决定书中区分员工和公司各自应当承担部分。诉请法院判决撤销并重新作出社会保险费征收决定书，免除其滞纳金，明确企业与劳动者各自应缴部分数额。

税务局答辩

某税务局答辩称：（1）根据《社会保险法》第59条、《社会保险费征缴暂行条例》第6条、《广东省社会保险费征缴办法》第4条第1款等规定，我局具有征收涉案欠缴社会保险费的行政职权。（2）我局作出涉案社会保险费征收决定书认定事实清楚，适用法律、法规正确，程序合法。原告于2017年11月21日前来我局为115名上访员工申请补缴社会保险费，我局依法受理，并确认了原告社会保险费补缴的人员、所属期、险种、基数。我局根据原告提供的补缴申请材料确认了补缴人数，根据经原告盖章与员工签名双方确认的社会保险费补缴所属期、险种、基数确认表及员工周某等人提供的相关民事劳动仲裁裁决书确认了补缴所属期、险种和缴费基数。在此基础上，运用某市税务、社保、财政三方协同办公系统计算生成原告社会保险费需补缴金额。根据原告欠缴社会保险费的事实，我局依法作出涉案社会保险费征收决定书并无不当，原告诉讼请求没有事实及法律依据，依法应不予支持。原告向我局申请办理补缴手续后，并未在规定的期限内缴纳欠缴的社会保险费。《社会保险法》第63条第1款规定，"用人单位未按时足额缴纳社会保险费的，由社会保险费征收机构责令其限期缴纳或者补足"。该法第86条规定，"用人单位未按时足额缴纳社会保险费的，由社会保险费征收机构责令限期缴纳或者补足，并自欠缴之日起，按日加收万分之五的滞纳金；逾期仍不缴纳的，由有关行政部门处欠缴数额一倍以上三倍以下的罚款"。因此，我局向原告作出涉案社会保险费征收决定书，征收欠缴的社会保险费并加收滞纳金，符合法律规定。至于原告认为其不应补缴2011年前的社会保险费的主张，根据《广东省社会养老保险条例》第9条[①]、广东省人民政府发布的《关于全省城镇职工基本医疗保险制度改革的规划方案》第2条[②]、《广东省

[①] 该条例第9条规定："单位和被保险人必须按规定的标准逐月缴纳养老保险费。被保险人缴纳的养老保险费全部计入个人账户；单位缴纳的养老保险费计入社会养老保险统筹基金。"

[②] 该方案第2条规定："基本医疗保险覆盖范围。广东省行政区域内所有企业、事业单位、国家机关、社会团体、城镇个体经济组织及其所属全部员工都要参加基本医疗保险。普通高等院校学生、职工供养的直系亲属的医疗待遇不变，资金来源及管理办法仍执行原规定。"

工伤保险条例》第 2 条①、《失业保险条例》第 2 条②、《企业职工生育保险试行办法》第 12 条③的规定,用人单位在 2000 年以前即应开始为员工缴纳养老、医疗、工伤、失业、生育等五项社会保险费。而且 1995 年 1 月 1 日施行的《劳动法》第 3 条早已明确规定,劳动者具有享受社会保险和福利的权利,只要用人单位与劳动者建立劳动关系,用人单位就必须为劳动者参加社会保险。原告关于其仅先行办理工伤保险参保手续符合政策规定,不存在违法漏缴的主张没有法律依据。(3)根据《社会保险法》第 60 条、《实施〈中华人民共和国社会保险法〉若干规定》第 20 条、《社会保险费征缴暂行条例》第 12 条、《广东省社会保险费征缴办法》第 8 条等规定,原告依法应为其员工代扣代缴社会保险费,我局作出的社会保险费征收决定书数额计算准确,向原告征收企业及其员工个人应缴的社会保险费符合法律规定。请求法院驳回原告诉请。

| 法院裁判 |

因某泊车公司在审理过程中向法院申请撤回起诉,法院经审查后裁定准许某泊车公司撤回起诉。

| 案件评析 |

本案与本节案例 7-1 相似,主要涉及问题是某泊车公司是否应当缴纳 2011 年之前的养老、医疗、工伤、失业、生育等五项社会保险费。总体而言,1995 年施行的《劳动法》第 3 条、第 70 条、第 71 条等规定明确要求建立社会保险制度,保障劳动者在年老、患病、工伤、失业、生育等情况下获得帮助和补偿的权利。具体到各险种起征时间,以广东省为例,根据 1998 年

---

① 该条例第 2 条规定:"职工有依法享受工伤保险待遇的权利。本省行政区域内的企业、事业单位、社会团体、民办非企业单位、基金会、律师事务所、会计师事务所等组织和有雇工的个体工商户(以下称用人单位)应当在生产经营所在地依法参加工伤保险,为本单位全部职工或者雇工(以下称职工)缴纳工伤保险费。国家机关和与其建立劳动关系的职工,依照本条例执行。"

② 该条例第 2 条规定:"城镇企业事业单位、城镇企业事业单位职工依照本条例的规定,缴纳失业保险费。城镇企业事业单位失业人员依照本条例的规定,享受失业保险待遇。本条所称城镇企业,是指国有企业、城镇集体企业、外商投资企业、城镇私营企业以及其他城镇企业。"

③ 该办法第 12 条规定:"企业必须按期缴纳生育保险费。对逾期不缴纳的,按日加收千分之二的滞纳金。滞纳金转入生育保险基金。滞纳金计入营业外支出,纳税时进行调整。"

11月1日施行的《广东省社会养老保险条例》第9条、1999年4月2日广东省人民政府发布的《关于全省城镇职工基本医疗保险制度改革的规划方案》第2条、1998年9月18日通过的《广东省工伤保险条例》第2条、1999年1月22发布的《失业保险条例》第2条、1995年1月1日试行的《企业职工生育保险试行办法》第12条等规定。可见，广东省的用人单位应按上述规定的要求及时为劳动者缴纳各险种社会保险费。本案中某泊车公司仅为劳动者缴纳工伤保险，在2011年之后陆续缴纳其他险种的行为明显违反相关规定的要求。

本案涉及众多员工利益，引起的另一个程序性重要问题是，从征收机构的工作习惯出发，其追缴的行政决定可能体现在一个行政行为、一个征收文书当中。但从行政法角度而言，该行政文书会同时影响本案115名员工的权益，该115名员工应属于行政法意义上的第三人。而目前程序法没有明确规定是否应该当然确立员工的第三人主体地位来参与行政诉讼，我们认为，如果严格根据行政诉讼领域关于第三人的规定和理解，应该将本案员工列为第三人。但是考虑到实际情况，如果将115名员工都列为第三人无疑会大大增加人民法院的审理难度，该问题仍然需要在行政诉讼法的层面予以明确。另外，是否应作为115个案件分案处理或直接整体处理，这不仅牵涉行政征收决定的作出方式，亦影响法院的立案决定，在实践中应予规范，以免在行政程序和诉讼程序中产生争议。

值得注意的是，本案原告撤诉后，以投诉的一百多名员工为被告另行提起民事诉讼，要求员工支付其已垫付的个人应补缴部分社会保险费，人民法院区分被告进行分案处理，并将本案被告税务机关列为第三人。税务机关作为行政执法主体，依法作出社会保险费征缴决定，该决定经生效行政裁定后已发生效力，行政行为的合法性已得到确认。民事诉讼争议焦点仅为用人单位与劳动者之间费用实际承担问题，不涉及行政行为本身的审查。因此，税务机关与该类民事诉讼无权利义务上的利害关系，并非有独立请求权的第三人，亦非无独立请求权的第三人。同时，从现实角度出发，投诉举报案件的劳动者常以多数计，为节约行政效率，税务机关亦不宜成为该类民事案件的第三人。当然，税务机关征收决定作出过程、缴费基数及缴费比例、社会保险费划扣情况均为人民法院审理此类民事案件需查明的重点事实，税务机关可在明确行政行为有效性的基础上，配合司法部门查明单位、个人各自应承担部分社会保险费金额，促进案件审理。但不必然也不应当成为类似民事案件的第三人。

案例7-5　某鞋业公司诉某区税务局社会保险费征收决定及某市税务局行政复议决定案

▎案情简介▎

2016年6月，某鞋业公司员工黄某等7人向某市社会保险基金管理中心举报要求该公司依法补缴社会保险费，并分别提交民事劳动纠纷判决书。某区社会保险基金管理中心核定所属期、缴费基数，经7名劳动者签名确认后，向某鞋业公司发出稽核询问通知书要求其提供相关材料说明。根据上述材料，某区社会保险基金管理中心先后作出稽核整改通知书和限期接受社会保险稽核指令书，要求某鞋业公司为7名劳动者补缴相应期间的社会保险费，某鞋业公司拒绝签收且不予整改。2017年3月，某区社会保险基金管理中心将投诉举报移交某区税务局。2018年5月、6月，某区税务局先后作出社会保险费限期缴纳通知书及社会保险费征收决定书，某鞋业公司未予补缴。某鞋业公司不服向某市税务局申请复议，复议维持某区税务局作出的征收决定。某鞋业公司仍不服，诉至法院，主张：（1）某区税务局违反国务院发布的《关于禁止追缴企业欠缴社会保险费的强制性规定》①及《人力资源社会保障部办公厅关于贯彻落实国务院常务会议精神切实做好稳定社会保险费征收工作的紧急通知》文件要求，违法征收；（2）某区税务局核算社会保险费的依据违法。诉请要求撤销社会保险费征收决定书及行政复议决定书。

▎税务局答辩▎

某区税务局答辩称：（1）我局作为税务机关，具有征收欠缴社会保险费的法定职权。（2）2017年3月某区社会保险基金管理中心向我局移交本案，

---

① 经检索，未发现该规定。

其已认定原告欠缴社会保险费的事实,核定了其应补缴的缴费基数、缴费年限及缴费明细,并要求我局依法征缴,我局作出的征收决定书事实清楚、证据确凿。(3)根据《社会保险法》第63条第1款、第86条的规定,原告未按时足额缴纳社会保险费,我局依法作出征收决定书,征收欠缴的社会保险费,符合法律规定。(4)根据《社会保险法》第82条、《社会保险费征缴暂行条例》第21条的规定,本案属于员工投诉举报进行社会保险费欠费追缴的情形,并非原告所主张的《人力资源社会保障部办公厅关于贯彻落实国务院常务会议精神切实做好稳定社会保险费征收工作的紧急通知》的适用范围。(5)我局作出的征收决定书数额核定准确,并未超出某区社会保险基金管理中心的稽核范围。如原告对补缴事实有异议,应首先通过法律途径否定某区社会保险基金管理中心的稽核结论,而无权直接起诉要求撤销我局作出的征收决定书。据此,原告关于我局计算欠缴社会保险基数、应缴社会保险费年限及黄某等7人工资数额不正确的主张缺乏事实依据,要求根据某市最低工资缴纳社会保险费无法律依据。

某市税务局答辩称:(1)我局按时依规受理了某鞋业公司的复议申请。(2)我局在受理复议申请后,依法全面审查了某区税务局作出的具体行政行为所依据的事实证据、法律程序、法律依据以及设定的权利义务内容的合法性、适当性。根据审查结果,按时作出了维持的复议决定。

┃法院裁判┃

法院经审理认为:本案中,因某鞋业公司及7名劳动者未对某区社会保险基金管理中心的稽核整改通知书申请行政复议或行政诉讼,该稽核整改通知书已经发生法律效力。某区税务局根据某区社会保险基金管理中心移交的材料和补缴明细表,计算某鞋业公司应为员工补缴的社会保险费金额,并决定从欠缴之日起按日加收滞纳金。某区税务局作出的社会保险费征收决定书事实认定清楚、法律适用正确,本院予以支持。但是必须指出的是,某区税务局作出社会保险费征收决定书,未明确列明所属员工姓名、欠缴期间、各员工各险种分别欠缴的数额,仅得出一个总金额数。虽该总数额经核实无误,但其组成、来源不清晰,未能依法保障行政相对人的知情权,该瑕疵虽不构成行政行为违法，但需在今后工作中予以改正。

根据《中华人民共和国行政复议法》（以下简称《行政复议法》）的相关规定，某市税务局决定维持上述社会保险费征收决定书，符合法律规定。经审查，某市税务局作出复议决定程序合法。判决：驳回某鞋业公司的诉讼请求。

▌案件评析▌

本案涉及两个问题：一为税务局征收社会保险费是否违反国务院相关规定；二为税务局征收决定与社会保险经办机构核定结论的关系问题。关于第一个问题，原告所依据的《人力资源社会保障部办公厅关于贯彻落实国务院常务会议精神切实做好稳定社会保险费征收工作的紧急通知》第3条要求，"严禁自行组织对企业历史欠费进行集中清缴。目前，仍承担社会保险费征缴和清欠职能职责的地区，要稳妥处理好历史欠费问题，严禁自行对企业历史欠费进行集中清缴。已经开展集中清缴的，要立即纠正，并妥善做好后续工作"。可见，该规定是为确保社会保险费征收体制改革稳定进行，禁止社会保险费征收部门"自行组织""集中清缴"企业历史欠费。本案系因员工投诉举报而起，不属此列。而第二个问题涉及社保部门及税务部门的职权划分。在社保部门已形成社保稽核结论并移交税务部门征收的情况下，社保部门的稽核结论是否可以作为税务部门征收的依据，司法实践中存在不同的观点。此前人民法院认为税务机关可以该结论作为征收依据。但随着案件增多，部分法院认为全责征收模式下税务机关具有核定权，社保部门的稽核结论不能当然作为其征收依据。实践中，鉴于个别社保部门在移交税务部门征收时在文件中明确"实际补缴金额以税务部门核算为准，最终基数以税务部门核定为准"，人民法院要求税务部门对稽核结论进行二次审查。这意味着税务部门在征收过程中将不能仅依照社会保险经办机构的稽核结论直接确定基数、费率和金额，而应结合社保部门的稽核结论进行二次审核或者核定，确定稽核结论的准确性。若发现不能直接适用社保稽核结论时，应依职权重新核定。为了确保征收行为合法性，税务机关可在个案处理中与社保部门进行沟通，明确基数、费率和金额确定过程。税务部门结合社会保险经办机构的结论、说明依职权进行核定后，再作出限缴、征收决定。如税务部门的核定结果与社会保险经办机构的数据不符，对于差异部分，税务部门予以核实。另外，在涉及多人的社会保险费纠纷中，可区分各劳动者具体缴费信息（包括缴费基数、费率、所属期等），以便发生纠纷时进行必要的分案处理。不过需要注意的是，如果在征收文书中体现所有缴费个人信息，在进行公告送达或向某一缴费个人送达时可能会涉及个人社保信息保密的问题。

第八章 社会保险费监督检查

第一节 查处职权

无论是《社会保险法》还是《社会保险费征缴暂行条例》都没有出现"查处"的表述。《劳动保障监察条例》第10条是对劳动保障行政部门实施劳动保障监察时应履行的职责的规定，其中第4项为"依法纠正和查处违反劳动保障法律、法规或者规章的行为"。该条例第13条第2款规定："上级劳动保障行政部门根据工作需要，可以调查处理下级劳动保障行政部门管辖的案件。劳动保障行政部门对劳动保障监察管辖发生争议的，报请共同的上一级劳动保障行政部门指定管辖。"可见，"查处"一词在社会保障领域一般理解为"调查、处理"。《社会保险法》和《社会保险费征缴暂行条例》虽然没有直接规定"查处"的概念，但事实规定了"调查、处理"的权限和具体事项。只是社会保障行政部门、社会保险费征收机构之间针对不同的社会保险违法行为的调查、处理方式并不完全相同而已。

有查处，就必须有违法行为，没有违法行为，也就不存在查处问题。社会保险费领域的违法行为主要有以下类型：一为用人单位未依法办理社会保险登记；二为用人单位未依法为其职工办理社会保险参保登记；三为用人单位未依法申报应缴纳的社会保险费；四为用人单位未依法足额缴纳社会保险费等。针对该四类违法行为，劳动保障监察部门和社会保险费征收机构具有不同的查处职权。

根据《劳动保障监察条例》第18条的规定，劳动保障行政部门对违反劳动保障法律、法规或者规章的行为所作出的调查处理结果主要包括：（1）对依法应当受到行政处罚的，依法作出行政处罚决定；（2）对应当改正未改正的，依法责令改正或者作出相应的行政处理决定；（3）对情节轻微且已改正的，撤销立案；（4）发现违法案件不属于劳动保障监察事项的，应当及时移送有关部门处理，涉嫌犯罪的，应当依法移送司法机关。可见，劳动保障监察部门对社会保险违法行为的主要查处职权是作出责令改正决定后的行政处罚。

根据《社会保险法》第58条、第62条、第63条的规定，[①]社会保险经办机构对社会保险违法行为的主要查处职权是核定、确定应缴社会保险费金额，责令限期缴纳、补足，以及强制征缴等，并不包括行政处罚。

通过以上分析，对于社会保险违法行为的查处职权问题，应明确区分以下两个层面：第一个层面是社会保险费的追缴问题，也即要求用人单位补缴或向其强制追缴社会保险费。该层面的查处职权应由社会保险费征收机构行使，包括税务机关及社会保险费基金管理中心。第二个层面是对违法行为的行政处罚问题，也即要求用人单位主动改正违法行为，对拒不改正的单位，处以行政处罚。该层面的查处职权应由劳动监察部门行使。《社会保险费征缴暂行条例》第23条规定："缴费单位未按照规定办理社会保险登记、变更登记或者注销登记，或者未按照规定申报应缴纳的社会保险费数额的，由劳动保障行政部门责令限期改正；情节严重的，对直接负责的主管人员和其他直接责任人员可以处1000元以上5000元以下的罚款；情节特别严重的，对直接负责的主管人员和其他直接责任人员可以处5000元以上

[①] 社会保险费征收机构对社会保险费违法行为的调查、处理结果主要包括：（1）用人单位未办理社会保险登记的，由社会保险经办机构核定其应当缴纳的社会保险费；（2）用人单位未按规定申报应当缴纳的社会保险费数额的，按照该单位上月缴费额的110%确定应当缴纳数额，缴费单位补办申报手续后，由社会保险费征收机构按照规定结算；（3）用人单位未按时足额缴纳社会保险费的，由社会保险费征收机构责令限期缴纳或者补足；（4）用人单位在责令限缴期限内仍未缴纳或者补足社会保险费的，社会保险费征收机构可以向银行和其他金融机构查询其存款账户；（5）申请县级以上有关行政部门作出划拨社会保险费的决定，书面通知其开户银行或者其他金融机构划拨社会保险费；（6）用人单位未足额缴纳社会保险费且未提供担保的，社会保险费征收机构可以申请人民法院扣押、查封、拍卖其价值相当于应当缴纳社会保险费的财产，以拍卖所得抵缴社会保险费。

10000元以下的罚款。"《社会保险法》第84条规定："用人单位不办理社会保险登记的，由社会保险行政部门责令限期改正；逾期不改正的，对用人单位处应缴社会保险费数额一倍以上三倍以下的罚款，对其直接负责的主管人员和其他直接责任人员处五百元以上三千元以下的罚款。"该两条所规定的就是第二层面行政处罚的职权，应由社会保险行政部门行使。《社会保险法》第86条规定："用人单位未按时足额缴纳社会保险费的，由社会保险费征收机构责令限期缴纳或者补足，并自欠缴之日起，按日加收万分之五的滞纳金；逾期仍不缴纳的，由有关行政部门处欠缴数额一倍以上三倍以下的罚款。"该条分别规定了社会保险费征收机构和劳动保障行政部门两个层面的职权。虽然个别省份如广东省在《广东省社会保险基金监督条例》第59条规定："用人单位不办理社会保险登记，由社会保险费征收机构或者其行政主管部门责令改正；逾期不改正的，对用人单位处应缴社会保险费数额一倍以上三倍以下的罚款，对其直接负责的主管人员和其他直接责任人员处五百元以上三千元以下的罚款。用人单位未按时足额缴纳社会保险费的，由社会保险费征收机构责令限期缴纳或者补足，并自欠缴之日起，按日加收万分之五的滞纳金；逾期仍不缴纳的，由社会保险费征收机构或者其行政主管部门处欠缴数额一倍以上三倍以下的罚款。"该条规定赋予了税务机关对于用人单位未登记或未足额缴纳社会保险费违法情形的行政处罚权，但由于缺乏具体实施细则和上位法直接依据，实践中并未实施，税务机关亦应谨慎适用。

正是由于我国对社会保险违法行为的查处职权存在社会保险费征收机构、劳动保障行政部门、社会保险行政部门之间的分工问题，实践中应注意区分各类违法行为的查处机关，以及各部门的查处权限，并适用正确的法律规范。实践中出现最多的问题就是关于社会保险费追缴期限的问题。该问题已在前面其他章节中进行了专门论述。

第二节 投诉、举报

《社会保险法》第 82 条规定："任何组织或者个人有权对违反社会保险法律、法规的行为进行举报、投诉。社会保险行政部门、卫生行政部门、社会保险经办机构、社会保险费征收机构和财政部门、审计机关对属于本部门、本机构职责范围的举报、投诉，应当依法处理；对不属于本部门、本机构职责范围的，应当书面通知并移交有权处理的部门、机构处理。有权处理的部门、机构应当及时处理，不得推诿。"《劳动保障监察条例》第 9 条第 1—2 款规定："任何组织或者个人对违反劳动保障法律、法规或者规章的行为，有权向劳动保障行政部门举报。劳动者认为用人单位侵犯其劳动保障合法权益的，有权向劳动保障行政部门投诉。"该等法律规定构成了有关部门、机构处理社会保险违法举报、投诉行为的职权依据。但在税务机关征收社会保险费模式下，尤其在税务机关全责征收模式下，由于职权的转移，导致对投诉、举报行为处理不及时，甚至产生推诿现象，不利于问题有效解决。此外，由于我国目前并没有对社保违法行为投诉、处理的专门程序性规定，导致执法中出现程序不规范、不统一的情形，容易产生争议。

一、不涉及社会保险费征收事项的投诉、举报处理

在税务机关全责征收模式下，税务机关负责登记（缴费）、核定、征收等全部征收事项。但根据《社会保险法》第 57 条的规定，用人单位参保登记、变更登记、注销登记应由社会保险经办机构办理，办理参保登记的由社会保险经办机构发给社会保险登记证。《社会保险法》第 84 条同时规定："用人单位不办理社会保险登记的，由社会保险行政部门责令限期改正；逾期不改正的，对用人单位处应缴社会保险费数额一倍以上三倍以下的罚款，对其直接负责的主管人员和其他直接责任人员处五百元以上三千元以下的罚款。"由此可见，全责征收模式下，用人单位未依法办理社会保险参保登记、

变更登记、注销登记的查处权由社会保险行政部门行使。因此，税务机关对于该类投诉、举报行为并无直接查处权，应按照上述《社会保险法》第82条第2款的规定"书面通知并移交有权处理的部门、机构处理"。实践中容易产生问题的是，部分税务机关对于该类投诉，只是单纯告知投诉、举报人没有处理职权，而没有书面通知并移交社会保险行政部门处理，导致投诉人、举报人不满，引发行政复议、诉讼。

除了上述社会保险登记事项外，有关社会保险待遇发放、享受或者骗取社会保险基金支出等事项均不属于社会保险费征收事务，其行政查处职权均在于社会保险行政部门，作为征收机构的税务机关无权处理。对于涉及劳动关系认定、劳动合同争议等劳动争议的举报、投诉亦不属于税务机关处理范围。

二、社会保险费征收事项投诉、举报处理

涉及社会保险费征收环节的投诉、举报事项主要为劳动者投诉、举报用人单位未依法足额、按时缴纳社会保险费，要求有关部门处理。由于税务机关征收社会保险费，尤其是全责征收制度并没有普及，各个地方的社会认知并不相同。对于一般投诉、举报人而言，可能不能区分参与社会保险费征收、管理、待遇发放各个部门、机构的关系和职权分工，导致其无法精准地选择向哪个部门或机构进行投诉。实践中有向人社部门举报、投诉的，有向社会保险基金管理中心举报、投诉的，也有向税务机关举报、投诉的。在全责征收模式下，由于税务机关负责全部环节的征收工作，对于用人单位未依法足额、按时缴纳社会保险费用具有调查、核定、催缴、强制追缴等职权，相关投诉、举报行为的查处机关应属于税务机关。税务机关接到此类投诉、举报后应依法查处，其他部门、机构接到后，应将其移交税务机关处理。但有两类情况税务机关应予以特别关注：第一，对于用人单位违反《社会保险法》第58条未依法为劳动者办理社会保险登记的举报、投诉处理。《社会保险法》第58条第1款规定："用人单位应当自用工之日起三十日内为其职工向社会保险经办机构申请办理社会保险登记。未办理社会保险登记的，由社会

保险经办机构核定其应当缴纳的社会保险费。"据此，社会保险经办机构对于应参保未参保的违法行为具有法定核定权。该核定权不因全责征缴制度的确立而发生转移。也就是说，对于该种因参保未参保的投诉、举报，如投诉至社会保险经办机构，其应直接予以核定，不能移送税务机关处理。核定后，再移交税务机关依法征收。全责征收实践中，容易引起争议的是对于直接投诉到税务机关的应参保未参保情形核定权问题。一方面，用人单位和劳动者认为，税务机关在全责征收情况下具有当然的核定权，不应移交至社保部门；另一方面，根据上述规定该种情形应由社保部门进行核定，税务机关是否具备核定职权存在争议。因此，司法实践中应考虑《社会保险法》的相关规定，同时亦应充分考虑全责征收的实际情况。本着提高执法效率，保障行政相对人合法利益的目的，对于税务机关能够核定且结果无误的投诉处理决定，尤其是在社保部门以全责征收为由拒绝核定的情况下，司法机关应对税务机关核定行为效力性予以尊重和认可。第二，对于全责征收前或跨全责征收模式所产生的未缴、投诉处理。如果某项违法行为跨过了全责征收前后时段，对其投诉、举报的处理，应结合本书其他章节对不同时段的征收职权分工作相应处理。对全责征收前已产生的违法行为进行的投诉和举报，一般应由当时负责社会保险费征收的机构处理。当然，该种处理仅包括调查、稽核确定应缴数额，征收工作仍应移交税务机关处理。实践中，社会保险经办机构与税务机关容易在该类问题上产生职权交叉和争议。解决这一争议，一方面有赖于两个机构的良好协作，另一方面需要尽快细化相关的法律规范。

三、涉及行政处罚的投诉、举报处理

对于社保违法行为需要予以行政处罚的投诉、举报应如何处理？如前文所述，在全责征收模式下税务机关在法律层面上实际并无对社保违法行为的行政处罚权。因此，税务机关对于涉及需要作出行政处罚决定的投诉、举报应依法移交有关部门处理。也有投诉、举报将追缴社会保险欠费和要求行政处罚的事项一并申请处理。对于该类举报应首先对投诉事项进行区分，接收机关有权处理的应依法处理，无权处理的应进行移交处理。

总而言之，无论对于何种形式的投诉、举报，有权处理的机关应当具有相应的行政管理职权。如没有相应的行政管理权限，就无权对投诉事项进行实质性处理。因此，判断某个部门、机构是否具有对某类违法行为投诉、举报的职权，首先应确定其是否具有该违法行为的行政管理职权。

第三节　税务部门对投诉、举报的处理

在全责征收模式下，税务部门作为社会保险费的全责征收机关，对于属于自身职责范围内的投诉、举报，应依法受理、查处。但由于我国目前在社会保险征收领域，尤其是在税务机关全责征收领域，尚未形成统一的对社会保险违法投诉、举报的处理办法，导致执法实践中存在一些问题。在税收征管领域，国家税务总局制定了《税收违法行为检举管理办法》，各地税务部门根据该文件制定了相应的实施办法及其他相关规定。可以说在税收征管领域对涉税违法行为投诉、举报处理具有较为成熟的程序和实体规定。但在社会保险费征收领域，税务部门一般不能直接适用税收征管的法律法规，导致税务部门对社会保险违法行为的投诉、举报缺乏相应的程序规制。在现有法律规范体系下，结合当前的司法审判实践，我们认为税务部门在对社会保险违法行为投诉、举报进行处理时，应注意以下问题，以避免产生行政争议。

一、依法受理社会保险违法投诉、举报

根据《社会保险法》第 82 条的规定，任何组织或者个人有权对违反社会保险法律、法规的行为进行举报、投诉。税务部门对于相关单位的投诉、举报，一般应受理。受理后，税务部门如发现所投诉事项并非本机构的职责范围应依法书面通知并移交有权处理的部门处理。此时，需要注意的是，税务部门应尽到告知和移交的义务，而不能仅以投诉事项并非自身职权范围而不予处理。

二、对税务部门职权范围内的投诉、举报应区分是否为信访事项

实践中，很多投诉、举报人以信访的形式向税务部门提出社保违法意见，并要求处理。对该种情况，税务部门应谨慎处理：一方面，对于以信访形式提出的意见，应根据《信访条例》规定的程序进行答复；另一方面，对于信访件所提出的实体问题，一般应转入实体查处程序进行查处并作出决定。当然，如信访所反映的违法行为并不存在，或者信访所反映的是税务部门工作人员的违法、违纪行为，不涉及对违法行为的查处，则不需要转入实体查处程序，可在信访答复中一并处理。例如，投诉人通过信访形式提出某单位没有为其足额缴纳社会保险费，要求税务部门处理。税务部门在受理后，首先应按《信访条例》的要求对信访内容进行审查，如发现需要作出实体查处的，应在《信访条例》规定的期限内，对信访人进行答复，告知信访人其所投诉的事项已受理，并交相关部门调查处理。在该信访答复中一般不涉及具体的查处结果。信访人收到该信访答复意见后，可以依《信访条例》申请复查、复核，但不能提起行政复议、诉讼。当然，税务部门在对实体问题作出处理结果后，应将处理结果告知投诉、举报人。税务部门实体处理结果对投诉、举报人的实体权利、义务产生影响的，投诉、举报人有权依法就该处理结果进行行政复议、诉讼。

三、税务部门对举报、投诉的处理程序

目前，多数税务部门没有形成对举报、投诉处理的程序规定。尤其对于举报、投诉处理的期限和答复形式等问题缺乏统一的规定。实践中有的税务机关参照《信访条例》的有关规定进行处理，有的参照税务征管领域的有关规定进行处理。我们认为，在没有统一规范的情形下，各地税务机关通过网络、公告等形式公开发布的办事指南，可以认定为合理期限和形式。对于税务机关内部或上下级之间形成的有关对投诉、举报处理的程序性规定，只要没有限制、损害相对人的合法权益，均应视为合理的期限和形式。当然，税务机关也可以参照《行政诉讼法》第 47 条第 1 款规定的期间设定查处期限。

该条款规定:"公民、法人或者其他组织申请行政机关履行保护其人身权、财产权等合法权益的法定职责,行政机关在接到申请之日起两个月内不履行的,公民、法人或者其他组织可以向人民法院提起诉讼。法律、法规对行政机关履行职责的期限另有规定的,从其规定。"

第四节 案例评述

案例 8-1 周某诉某区地税局不履行社会保险费征缴法定职责案

|案情简介|

原告周某于 2016 年 1 月 8 日向某区地方税务局提交了社会保险费征缴申诉书,自称其在某商贸有限公司工作期间(2012 年 12 月至 2015 年 7 月),自愿签署了自愿放弃社保声明,该公司未依法给其办理社会保险。现要求某区地方税务局为其办理各项社会保险,并履行法定职责。之后,被告某区地方税务局约谈了原告周某,并根据《社会保险法》等法律法规的有关条款规定,口头告知原告周某,地方税务机构要求缴费单位限期缴纳社会保险费的范围仅限于社会保险经办机构核定范围内的费用,无权办理社会保险事宜。原告周某要求被告为其办理工作期间的各项社会保险申请内容已经超过被告的法定职责,被告未给予原告书面通知或书面答复,也未将原告申诉书转交有权处理的职能部门和机构处理。原告认为被告不予处理、不予答复和不履行职责的行为属行政不作为,遂向法院提起行政诉讼,请求依法判决。

|税务局答辩|

被告某地税局辩称:地方税务机构的职责是按照社会保险经办机关核定范围内的费用向缴费单位征收社会保险费,我局无权办理社会保险事宜。原告要求为其办理工作期间的各项社会保险申请内容已经超过我局的法定职责。

|法院裁判|

法院经审理认为:根据《社会保险法》第 7 条第 2 款规定:"县级以上

地方人民政府社会保险行政部门负责本行政区域的社会保险管理工作，县级以上地方人民政府其他有关部门在各自的职责范围内负责有关的社会保险工作。"《社会保险费征缴暂行条例》第6条规定："社会保险费实行三项社会保险费集中、统一征收。社会保险费的征收机构由省、自治区、直辖市人民政府规定，可以由税务机关征收，也可以由劳动保障行政部门按照国务院规定设立的社会保险经办机构征收。"《甘肃省失业保险基金、企业职工基本养老保险基金实行收支两条线管理暂行办法》第22条第2—3项规定："社会保险经办机构负责向地税部门提供征缴对象缴纳社会保险费的核定表；地方税务部门负责征收社会保险费。"被告系某区地方税务部门，负责辖区内社会保险费征收，属该条规定的社会保险费征收部门，依法履行职责范围内的职权。本案中的原告因其在用人单位某商贸有限公司工作期间的社会保险未能得到保障，向被告某区地方税务局申诉请求依法处理，是公民依法应享有社会保障的权利，被告应依法履行其法律规定的职责范围内的职责。依据《社会保险法》相关条款规定，社会保险的办理机构系社会保险经办机构。地税部门根据社会保险经办机构向其提供征缴对象缴纳社会保险费的核定表，并以此数据为据，向企业开出基本养老保险费征收凭证，依法征收社会保险费。依据法律规定被告具有履行征收社会保险费的职责，并不具有经办原告诉请社会保险办理的职责和权力。《社会保险法》第82条规定："任何组织或者个人有权对违反社会保险法律、法规的行为进行举报、投诉。社会保险行政部门、卫生行政部门、社会保险经办机构、社会保险费征收机构和财政部门、审计机关对属于本部门、本机构职责范围的举报、投诉，应当依法处理；对不属于本部门、本机构职责范围的，应当书面通知并移交有权处理的部门、机构处理。有权处理的部门、机构应当及时处理，不得推诿。"被告接到原告的举报、投诉，应当依照该法规定，履行其职责。被告采取口头告知不予答复的答复形式，其行为有悖于法律规定，也是行政不作为的具体表现，构成了事实上不作为，依法应予纠正并履行给予原告书面通知和将原告申诉书移交有权处理的部门、机构处理。故原告诉请的被告行政不作为的理由成立，依法应予支持。依照《行政诉讼法》第72条之规定，判决责令被告某区地方税务局在判决生效后依法履行职责。判决：驳回上诉，维持原判。

案件评析

本案涉及的是税务机关对劳动者投诉、举报社会保险违法行为的处理方式是否合法问题。在税务机关代征收模式下，税务机关作为社会保险的征收机关，其职责仅为按照社会保险经办机构核定的金额征收社会保险费用，不具有除征收以外的其他社会保险行政管理职权。但这并不意味着税务机关收到劳动者关于办理社会保险等征收工作之外的要求后，可以不作具体处理。根据《社会保险法》的规定，任何组织或者个人有权对违反社会保险法律、法规的行为进行举报、投诉。包括征收机构在内的相关行政机关、社会保险经办机构在收到有关举报、投诉后，属于自身职权范围内的，应依法处理；不属于自身职权范围内的，应当书面通知并移交有权处理的部门、机构处理。本案中税务机关确实不具有办理社会保险的职权，但税务部门收到劳动者的投诉举报后，应按社会保险法的规定书面通知并移交有权处理的部门、机构处理，书面通知和移交有权机关处理是两个并列的行为，缺一不可，否则都将构成行政不作为。

案例 8-2 邓某与某地方税务局直属分局社会保障行政处理决定案

案情简介

2014 年 12 月 31 日，邓某委托代理人到访某地税局直属税务分局，要求某地税局直属税务分局责令某煤炭总公司为邓某补缴 1994 年 1 月至 2011 年 4 月的养老保险费。某地税局直属税务分局当天受理了其投诉，开具了受理回执。某地税局直属税务分局审查了邓某提供的 2014 年 4 月 12 日发生法律效力的民事判决书。该判决认定：某煤炭总公司是原某矿务局的上级主管单位，原某矿务局已于 2002 年破产；邓某为原某矿务局的"不在岗职工"，既没有实际提供劳动，也没有且不应该领取某矿务局工资，某煤炭总公司应承继原某矿务局与邓某劳动关系中的权利和义务。邓某在某社会保险基金管理局没有办理养老、工伤、生育登记。某地税局直属税务分局到某煤炭总公司处了解情况并取证。某煤炭总公司认为其没有义务为邓某补缴当年的社会保险费。某地税局直属税务分局就某煤炭总公司是否有为邓某缴纳社会保险费的义务等问题向某地税局规费处进行了请示。某地税局直属税务分局于2015年7月3日向邓某出具了省直社会保险费稽核投诉回复书，告知邓某，该分局经研究民事判决书，以及向某煤炭总公司调查，认为邓某为某矿务局的不在岗职工，既没有提供实际劳动，也没有领取工资，根据《社会保险法》第七章第58条第1款"用人单位应当自用工之日起三十日内为其职工向社会保险经办机构申请办理社会保险登记。……"的表述可以看出，单位为职工参保和缴交社会保险费的责任是建立在事实用工的基础上的，所以某煤炭总公司没有责任为邓某补缴社会保险费，不支持邓某要求责令补缴的请求。邓某不服，向法院提起行政诉讼。

❙税务局答辩❙

被告某地税局直属税务分局辩称：邓某对其没有提供劳动，没有工资的事实予以承认，邓某的实际工资为零有事实依据。我国法律在认定是否存在劳动关系这一问题上，判断标准就是用工，即只有提供实际劳动才能认定建立了劳动关系，若没有提供实际劳动，就没有建立劳动关系。邓某几十年来一直没有提供劳动，其与原某矿务局之间已经不存在劳动关系。邓某只有提供劳动才能获得报酬及社会保险福利，而其一直没有提供劳动，故无权要求补缴社保费。

❙法院裁判❙

法院经审理认为：《社会保险法》第12条第1款规定："用人单位应当按照国家规定的本单位职工工资总额的比例缴纳基本养老保险费，记入基本养老保险统筹基金。"该法第63条第1款规定："用人单位未按时足额缴纳社会保险费的，由社会保险费征收机构责令其限期缴纳或者补足。"该法第82条规定："任何组织或者个人有权对违反社会保险法律、法规的行为进行举报、投诉。社会保险行政部门、卫生行政部门、社会保险经办机构、社会保险费征收机构和财政部门、审计机关对属于本部门、本机构职责范围的举报、投诉，应当依法处理；对不属于本部门、本机构职责范围的，应当书面通知并移交有权处理的部门、机构处理。有权处理的部门、机构应当及时处理，不得推诿。"《社会保险费征缴暂行条例》第 6 条规定："社会保险费实行三项社会保险费集中、统一征收。社会保险费的征收机构由省、自治区、直辖市人民政府规定，可以由税务机关征收，也可以由劳动保障行政部门按照国务院规定设立的社会保险经办机构（以下简称社会保险经办机构）征收。"广东省人民政府发布的《关于我省各级社会保险费统一由地方税务机关征收的通知》规定："为强化我省社会保险费的征收，确保社会保险待遇按时、足额发放，维护参保者的合法权益，根据国务院《社会保险费征缴暂行条例》，结合我省的实际，省政府决定从 2000 年 1 月 1 日起，我省的社会保险费统一由各级地方税务机关征收。……"

省地税局直属税务分局负有处理对违反社会保险法律、法规行为的举报、投诉，并责令应缴而未按时足额缴纳社会保险费的用人单位限期缴纳或者补足社会保险费的职能。

民事判决书已于 2014 年 4 月 12 日发生法律效力。该判决书认定：邓某为某矿务局的"不在岗职工"，既没有实际提供劳动，也没有且不应该领取某矿务局工资，某煤炭总公司应承继原某矿务局与邓某劳动关系中的权利义务。《社会保险法》第 12 条第 1 款规定："用人单位应当按照国家规定的本单位职工工资总额的比例缴纳基本养老保险费，记入基本养老保险统筹基金。"由于邓某在某矿务局的实际工资为零，因此，某煤炭总公司应为邓某按比例缴纳的基本养老保险费也应为零。《社会保险法》第 58 条第 1 款规定："用人单位应当自用工之日起三十日内为其职工向社会保险经办机构申请办理社会保险费。未办理社会保险登记的，由社会保险经办机构核定其应当缴纳的社会保险费。"用人单位为劳动者缴纳社会保险费的前提是已经实际用工。付出劳动，是劳动者的义务，获取劳动报酬并参加社会养老保险，是劳动者的权利，也是用人单位的义务，权利义务应该相互统一。邓某作为某矿务局职工，一直不在岗，没有实际提供劳动，也没有领取工资，没有对某矿务局尽到劳动者应尽的义务，某煤炭总公司自然也不负有为其缴纳养老保险费的义务。某地税局直属税务分局作出的省直社会保险费稽核投诉回复书并无不当，邓某的诉讼请求，缺乏法律依据。判决：驳回原告邓某的诉讼请求。

┃案件评析┃

本案主要涉及两个问题：一为对劳动者直接到访投诉的处理问题；二为税务机关对投诉的行政处理与相关民事判决的关系问题。关于对劳动者到访投诉的处理问题。正如前文所述，我国目前没有形成统一的社会保险违法处理规程。劳动者的投诉形式多种多样，有直接到访相关行政机关的，有信函投诉的，有纪律监察部门转办的，有政府服务热线转办的，也有税务稽查部门转办的，等等。因此，对于税务机关而言，在收到相关投诉、举报后，应首先确定该投诉、举报的类型及案件来源，再适用相应的程序性规定。由于缺乏统一的程序规制，目前不同地区的税务机关往往会形成供内部参考使用的处理指引。但由于该类指引并不属于规范性法律文件，不能直接作为执法的依据。实践中，如确无直接的程序依据，税务机关应坚守合理性行政原则，在合理范围内予以处理和答复。当然，司法实践中对于税务机关在无明确程序性指引情况下参照适用涉税违法行为处理规程的方式亦应予以认可。

关于行政处理与民事判决的关系问题。税务机关在处理社会保险违法投诉、举报的处理过程中，对于相关主体提交的有关证据，应当进行审查。就本案而言，职工参加社会保险并由用人单位及职工本人按法定比例缴纳社会保险费的前提是职工与用人单位存在真实合法的劳动关系。而关于劳动关系的最终判定应该以相关的劳动民事裁判的认定为准，但本案中，相关民事判决将邓某认定为某矿务局的"不在岗职工"，只提到邓某未提供劳动，因而不应当领取工资，似乎确定邓某与某矿务局存在劳动关系，但因未实际提供劳动而导致缴纳的社会保险费为零。我们认为，该判决对于劳动关系是否存在的判定存在一定争议。正如判决所言：付出劳动，是劳动者的义务，获取劳动报酬，并参加社会养老保险是劳动者的权利，也是用人单位的义务，权利义务应该相互统一。在我国的司法实践中，一般将存在用工关系认定为劳动关系存在的前提之一，本案法院既然认定邓某未提供劳动，说明双方实际不存在真实的用工关系，但法院并未以此认定双方劳动关系不成立。在该种情况下，行政判决认为，邓某作为某矿务局职工，一直不在岗，没有实际提供劳动，也没有领取工资，没有对某矿务局尽到劳动者应尽的义务，某煤炭总公司自然也不负有为其缴纳养老保险费的义务。该判决实际在确认劳动关系存在的情况下，以未尽劳动义务否定社会保险关系存在，这与社会保险法和劳动法所规定的社会保险关系的产生以劳动关系存在为前提，并不完全一致。

案例8-3　郑某与某区地税局行政不作为纠纷案①

┃案情简介┃

原告郑某注册成立某药店，根据税务机关通知补缴社会保险费时，被告知某药店的参保人不是原告郑某而是罗某，导致其未能补缴相关费用。此后，原告郑某多次要求被告某地税局变更参保资料均未果。2013年12月27日，原告郑某向某信访局申诉。被告某地税局复函，辩称社保数据错误是2009年5月前的，而2009年5月前的资料由社保局负责。被告某社保局复函，辩称某药店、郑某和罗某在社保局均无参保资料。2014年6月12日，被告某地税局出具了书面证明，证实2009年4月地税局社会保险费电脑征收系统上线运行，因电脑征收系统产生错误数据，导致某药店名下产生参保人罗某。某社保局移交给税务局的参保资料，没有某药店、郑某和罗某的参保资料。原告郑某于2014年5月15日向法院提起行政诉讼，原告认为，两被告的行为堵塞了原告的社保路，剥夺了原告的参保资格，造成了原告失去了参保享受职工养老保险优厚待遇的风险，严重侵害了原告的正当权益。请求：（1）判令两被告纠正错误，为原告补办2000年起的企业职工养老参保手续；（2）判令两被告赔偿原告精神损失和经济损失共2万元；（3）本案诉讼费用由两被告负担。

---

① 本案与第三章案例3-4相同，为便于案件的评析说明和读者阅读方便，此处简略陈述案情。

税务机关征收社会保险费争议解决实务

│税务局答辩│

被告某地税局辩称：（1）被答辩人的起诉已超过起诉期限，应予驳回。答辩人于 2010 年 1 月 11 日向某药店发出催缴罗某社会保险费欠费的责令限期改正通知书，被答辩人以某药店业主的身份签收。从此时起，郑某已知道答辩人作出的具体行政行为。而郑某直至 2014 年 8 月 18 日才提起诉讼，明显超过起诉期限。（2）答辩人已履行法定职责。某药店错误数据产生是 2009 年地税系统对社会保险费全责征收时系统测试产生的，由于当时测试人员没有及时删除测试数据而保留于系统中。这确实是答辩人的错误。但该错误并没有影响到被答辩人的参保权利。被答辩人只要提供有关参保资料，并履行相关手续，其就可以从申请之日起缴费参保。答辩人的过错没有对其参保造成损害，故对提出的损失不予赔偿。另被答辩人要求为其补办 2000 年起的职工养老参保手续，没有法律依据，也不属于答辩人的职责，请求法院予以驳回。

│法院裁判│

法院经审理认为：本案的争议焦点一是原告起诉行政不作为是否已经超过起诉期限。原告于 2009 年 12 月 30 日收到责令限期改正通知书，后要求两被告变更资料，补缴社会保险费，2013 年 12 月 27 日向某区信访局申诉，并于 2014 年 6 月提起诉讼。根据《最高人民法院关于行政诉讼证据若干问题的规定》第 4 条第 3 款"被告认为原告起诉超过法定期限的，由被告承担举证责任"的规定，应当由被告某地税局举证证明原告郑某提出申请的时间与向信访局申诉之间已超过两年。因被告某地税局未能举证，故对其辩称原告的起诉已超过起诉期限，不予支持。争议焦点二是原告请求被告为原告补办 2000 年起的企业职工养老参保手续是否成立。根据《最高人民法院关于行政诉讼证据若干问题的规定》第 4 条第 1—2 款"公民、法人或者其他组织向人民法院起诉时，应当提供其符合起诉条件的相应的证据材料。在起诉被告不作为的案件中，原告应当提供其在行政程序中曾经提出申请的证据材料"的规定，原告郑某应当提供符合起诉条件的相应证据材料。本案中，原告要求被告补办 2000 年起的企业职工养老参保手续，但未能提供证据证明其在 2000 年提交了申报参加养老保险的材料，因此原告要求补办 2000 年的养老保险参保手续，没有法律和事实依据。原告认为，根据广东省人民政府发布的《关于贯彻国务院完善企业职工基本养老保险制度决定的通知》第 3 条"改革基本养老金计发办法"第 1 款"享受基本养老金的条件"第 4 项"1998 年 6 月 30 日前应参保未参保，1998 年 7 月 1 日以后办理参保补缴手续，达到国家规定的退休年龄，累计缴费年限满 15 年的"规定，原告可以办理参保补缴手续。但根据《社会保险法》第 58 条第 2 款"自愿参加社会保险的无雇工的个体工商户，未在用人单位参加社会保险的非全日制从业人员以及其他灵活就业人员，应当向社会保险经办机构申请办理社会保险登记"的规定，无雇工的个体工商户属于可以自愿参加社会保险的情形，不属于应当参保的人员，故原告不符合办理补缴手续的条件。因此，原告主张被告某社保局、某地税局行政不作为，没有法律和事实依据。虽然某地税局的电脑征收系统产生错误数据，而导致原告的参保资料出现错误，但原告请求被告某社保局、某税务局共同赔偿经济损失和精神损失 2 万元，没有提供相关证据予以证实，本院不予支持。综上所述，依照《最高人民法院关于执行〈中华人民共和国行政诉讼法〉若干问题的解释》第 56 条第 1 款第 1 项的规定，判决：驳回原告郑某的诉讼请求。

| 案件评析 |

本案主要涉及两个问题：一为投诉人投诉行为涉及不同征收模式下不同征收机构的职权和责任问题；二为无雇工的个体工商户投诉处理问题。关于不同征收模式下征收机构的责任问题。我们认为，由于征收模式的影响，确实会造成不同的责任承担。例如，在税务机关代征收阶段所产生的因社保登记形成的投诉，严格意义而言，该类责任不应由税务机关承担，而应由当时负责社会保险登记的部门承担。但税务机关在处理投诉、举报时，对于不属于本部门应承担的责任问题，如果通过目前的行政职权可以及时纠正，应当进行及时纠正；如无法纠正应进行相应答复或转交责任部门处理，不应进行推诿。至于无雇工个体工商户的投诉处理。该类参保模式属于未在用人单位

参加社会保险的非全日制从业人员以及其他灵活就业人员自愿参保模式。法律法规对于该类参保人员的投诉、举报权利没有进行特殊的限制，税务机关应当比照一般参保模式的投诉、举报进行处理。

案例8-4 邓某与某地方税务局不履行法定职责案

│案情简介│

2014年7月21日，原告邓某到被告某地方税务局处反映第三人某电子有限公司未按规定为其办理1996年12月到2002年5月的社会保险参保手续。被告将原告反映的情况进行了信访事项登记，并经过审查认为该信访事项不属于被告受理范围，应转送某市社会保障局处理。2014年7月23日，被告作出信访事项转送情况告知书，告知原告已将其递交的上访材料转送某市社会保障局研究处理。被告称其于当日将上述告知书以特快专递的方式邮寄给原告，原告于2014年7月24日签收。但原告称其没有收到被告的邮件，其是通过某市社会保障局对其作出回复时才知晓上述转送情况告知书。7月23日同日，被告作出群众信访转办单，并将转办单以邮政特快专递方式寄送某市社会保障局，某市社会保障局在2014年7月24日签收。原告认为追缴社会保险费是被告的法定责任和义务，被告将原告的信访转送程序错误，向法院提起诉讼。

│税务局答辩│

被告某地方税务局辩称：（1）原告邓某投诉行为的性质属于信访，被告的转送程序合法，对原告的实体权利义务不产生实质影响。原告针对处理信访事项的行为提起行政诉讼，依法不予受理，请法院驳回原告之起诉。理由如下：第一，根据《信访条例》第2条之规定，原告向被告投诉有关参保事宜的行为属于信访。第二，根据《最高人民法院关于不服县级以上人民政府信访行政管理部门、负责受理信访事项的行政管理机关以及镇（乡）人民政府作出的处理意见或者不再受理决定而提起的行政诉讼人民法院是否受理的批复》之规定，信访人对信访工作机构依据《信访条例》处理信访事项的行为或者不履行《信访条例》规定的职责不服提起行政诉讼的，人民法院不予受理。第三，根据最高人民法院的上述批复，被告根据《信访条例》将原告的信访转送至某社会保障局处理，对原告不具有强制力，对原告的实体权利义务不产生实质影响。第四，被告对原告的信访作转送处理，既不影响原告的实体权利义务，更未侵害原告的合法权益，原告不具备提起行政诉讼的权利，请求法院裁定驳回原告之起诉。（2）即使原告有权起诉，但其未在六个月内提出，已超过法定诉讼时效，原告的诉讼请求依法不应得到支持。（3）原告未在社保部门办理社会保险登记。根据《社会保险法》的规定，对于未办理社会保险登记的情形应由社保部门处理。第一，根据《社会保险法》第58条、第84条的规定，用人单位应当在用工之日起30日内为其职工向社会保险经办机构申请办理社会保险登记。未办理社会保险登记的，由社会保险经办机构核定其应当缴纳的社会保险费，并由社会保险行政部门责令限期改正；逾期不改正的，对用人单位处应缴社会保险费数额1倍以上3倍以下的罚款，对其直接负责的主管人员和其他直接责任人员处500元以上3000元以下的罚款。第二，根据《劳动保障监察条例》第11条、第20条、第27条的规定，对于用人单位参加各项社会保险和缴纳社会保险费的情况由劳动保障监察部门进行监察，对于向社会保险经办机构瞒报职工人数的，由劳动保障行政部门责令改正及罚款，如违法行为在2年内未被劳动保障行政部门发现也未进行举报投诉的，劳动保障行政部门不再查处。第三，根据《社会保险法》第8条、第59条的规定，社会保险登记与社会保险征收是两个不同的程序，只有办理了社会保险登记才能进入社会保险征收环节，两者在程序上有法定的先后顺序。第四，对于社会保险费的追缴，必须先行由用人单位办理社会保险登记方能缴纳社会保险费。被告只是根据某社会保障局定期传输的已登记单位的应缴费数据进行征收，并对其中未按时缴费的欠缴单位进行追缴，而无权对未办理登记或瞒报人数情况进行处理。根据以上规定，由于被告已根据某社会保障局传输的应缴社会保险费数，对原告的原用人单位（某电子厂）足额进行了征收，被告对原告的原用人单位未为其办理社会保险登记的行为不具备处理的法定职权，因此，对于原告的信访事宜，依法应当由某市社会保障局进行处理。根据《信访条例》第 21 条第 1 款第 2 项的规定,对依照法定职责属于本级人民政府或者其工作部门处理决定的信访事项,应当转送有权处理的行政机关。据此,被告将原告的信访请求转送至某市社会保障局处理合法合理。(4)原告的其他诉请亦缺乏事实和法律依据。第三人某电子有限公司与某电子厂属于两个独立的法律主体,其中某电子厂已于 2005 年 12 月 5 日在工商部门办理注销登记。被告不具备为原告追缴社会保险费的法定职权,也无法定职权确认原告养老保险是否应当减免,以及确认原告离职证明是否真实有效。恳请法院查明事实,依法裁定驳回原告的起诉或判决驳回原告的全部诉讼请求。

法院裁判

法院经审理认为:本案首要解决的问题是被告针对原告反映的情况作出的信访事项转送情况告知书是否属于行政诉讼的受案范围。本案中,2014 年 7 月 21 日,被告将原告反映的情况进行了信访事项登记,并经过审查认为该信访事项不属于被告受理范围,并于 2014 年 7 月 23 日作出信访事项转送情况告知书。可见,被告是将原告反映的情况作为信访事项进行处理和转送。根据 2005 年 5 月 1 日起施行的《信访条例》第 34 条"信访人对行政机关作出的信访事项处理意见不服的,可以自收到书面答复之日起 30 日内请求原办理行政机关的上一级行政机关复查"和第 35 条"信访人对复查意见不服的,可以自收到书面答复之日起 30 日内向复查机关的上一级行政机关请求复核"的规定,信访人对信访处理意见不服,有申请复查和复核两种途径,不能申请行政复议和提起行政诉讼。《最高人民法院关于不服县级以上人民政府信访行政管理部门、负责受理信访事项的行政管理机关以及镇(乡)人民政府作出的处理意见或者不再受理决定而提起的行政诉讼人民法院是否受理的批复》也明确"信访工作机构是各级人民政府或政府工作部门授权负责信访工作的专门机构,其依据《信访条例》作出的登记、受理、交办、转送、承办、协调处理、监督检查、指导信访事项等行为,对信访人不具有强制力,对信访人的实体权利义务不产生实质影响。信访人对信访工作机构依据《信访条例》处理信访事项的行为或者不履行《信访条例》规定的职责不服提起行政诉讼的，人民法院不予受理。对信访事项有权处理的行政机关根据《信访条例》作出的处理意见、复查意见、复核意见和不再受理决定，信访人不服提起行政诉讼的，人民法院不予受理"，因此，信访答复和转送行为不属于行政诉讼的受案范围。

对原告提出的追缴社会保险费是被告法定职责，原告是投诉不是信访的问题，根据《社会保险法》第58条第1款"用人单位应当自用工之日起三十日内为其职工向社会保险经办机构申请办理社会保险登记。未办理社会保险登记的，由社会保险经办机构核定其应当缴纳的社会保险费"、第62条"用人单位未按规定申报应当缴纳的社会保险费数额的，按照该单位上月缴费额的百分之一百一十确定应当缴纳数额；缴费单位补办申报手续后，由社会保险费征收机构按照规定结算"及第63条第1—2款"用人单位未按时足额缴纳社会保险费的，由社会保险费征收机构责令其限期缴纳或者补足。用人单位逾期仍未缴纳或者补足社会保险费的，社会保险费征收机构可以向银行和其他金融机构查询其存款账户；并可以申请县级以上有关行政部门作出划拨社会保险费的决定，书面通知其开户银行或者其他金融机构划拨社会保险费。用人单位账户余额少于应当缴纳的社会保险费的，社会保险费征收机构可以要求该用人单位提供担保，签订延期缴费协议"的规定，社会保险登记与社会保险征收是两个不同的程序，只有办理了社会保险登记才能进入社会保险征收环节，两者在程序上有法定的先后顺序。原告反映的社会保险费的追缴，必须先行由用人单位办理社会保险登记方能缴纳社会保险费。实践操作中，被告是根据某社会保障局定期传输的已登记单位的应缴费数据进行征收，并对其中未按时缴费的欠缴单位进行追缴，对于未办理登记或瞒报人数的情况，则由某社会保障局根据《劳动保障监察条例》第11条："劳动保障行政部门对下列事项实施劳动保障监察……（七）用人单位参加各项社会保险和缴纳社会保险费的情况……"的规定进行调查和处理，被告对原告的原用人单位未为其办理社会保险登记的行为不具备处理的法定职权。因此，被告将原告的投诉作为信访事项处理，并根据《信访条例》第21条："县级以上人民政府信访工作机构收到信访事项，应当予以登记，并区分情况，在

15 日内分别按下列方式处理：……（二）对依照法定职责属于本级人民政府或者其工作部门处理决定的信访事项，应当转送有权处理的行政机关；情况重大、紧急的，应当及时提出建议，报请本级人民政府决定……"的规定，将原告的信访请求转送至某社会保障局处理符合法律的规定，并无不当。综上，本案被告作出的信访事项转送情况告知书属于信访答复和转送行为，不属于行政诉讼的受案范围。根据《最高人民法院关于执行〈中华人民共和国行政诉讼法〉若干问题的解释》第 44 条"有下列情形之一的，应当裁定不予受理；已经受理的，裁定驳回起诉：（一）请求事项不属于行政审判权限范围的……"的规定，裁定：驳回原告邓某的起诉。

案件评析

本案主要涉及相对人通过信访形式向税务机关反映社保违法行为的处理问题。对于该类问题，税务机关首先应严格根据《信访条例》确立的范围和程序来判定相对人所要求解决的问题是否属于信访事项，并视情况受理。受理以后应按照《信访条例》的规定和期限程序进行处理，并指引当事人根据需要依法申请复查复核。2018 年 2 月 6 日发布的《最高人民法院关于适用〈中华人民共和国行政诉讼法〉的解释》第 1 条明确规定了，行政机关针对信访事项作出的登记、受理、交办、转送、复查、复核意见等行为不属于受案范围。因此，行政机关应区分信访事项，尽量避免通过信访途径处理实际应由正常行政程序解决的事项，以免人民法院突破规定对信访事项进行司法处理。其次，全责征收模式下，税务机关负责登记到划解入库等所有工作，因此在作出相应信访处理时，需区分信访事项在整个社会保险费征收过程中的阶段和地位，并结合征收模式的演进过程，确定该事项是否需要进行前置性处理。具体到本案而言，信访人要求解决的是社会保险费征收问题，需解决参保登记这一前置性问题，在参保登记未解决的情况下，税务机关是否有权直接处理征收问题存在争议。当然全责征收模式存在缴费登记和参保登记两种登记过程，实践中亦存在部分地区将缴费登记置于参保登记之前的情形，因此税务机关是否能够先行征收存在争议，应审慎处理以免产生异议。

实践中，劳动者通过信访的方式要求税务机关追缴社会保险费或履行其他职责的情形十分常见，税务机关应按情况分别进行处理。多数情况下劳动者选择信访的方式是因为不清楚有哪些途径或其他途径不能解决问题，税务机关以及其他行政机关应积极向其释明，采用书面形式进行答复，如信访事项不属于自身职权范围，则应移送具体的有权机关。

案例 8-5　某教育印刷厂与某地税局行政征收纠纷案

▎案情简介▎

2014 年 12 月 3 日，第三人李某向某区劳动监察大队投诉原告某教育印刷厂未为其购买社会保险费。某劳动监察大队受理后，于 2015 年 2 月 4 日向原告某教育印刷厂发出劳动监察限期整改指令书，指令原告某教育印刷厂在 2015 年 2 月 13 日前整改。2015 年 4 月 22 日，某劳动监察大队经调查核实后，作出关于某教育印刷厂与李某劳动关系证明，认定原告与李某在 2000 年 6 月至 2013 年 3 月存在劳动关系。2015 年 5 月 13 日，某人力资源和社会保障局将投诉资料移交某社会保险基金管理局直属分局，要求某社会保险基金管理局直属分局核定用人单位应当缴纳的社会保险费后送地税机关征收。2015 年 5 月 18 日，某社会保险基金管理局直属分局向原告某教育印刷厂发出限期缴费通知书，要求原告某教育印刷厂在五个工作日内向被告某地方税务局缴纳社会保险费。2015 年 5 月 19 日，某社会保险基金管理局直属分局开具缴交社会保险费通知，核定原告欠缴的社会保险费为 16530.98 元、利息 4786.06 元、滞纳金 3038.41 元，以上三项合计 24355.45 元，并将李某的投诉移交被告某地方税务局。2015 年 6 月 8 日，被告某地方税务局下辖的税务分局向原告送达责令限期改正通知（决定）书，责令原告于 2015 年 6 月 9 日前补缴社会保险费以及滞纳金、利息共 24355.45 元。2015 年 7 月 14 日，因原告经责令催缴仍未缴纳社会保险费，被告某地方税务局下辖税务分局依法作出查询单位存款账户通知书向银行查询原告的存款账户。2015 年 7 月 16 日，被告某地方税务局作出划扣社会保险费的决定和划扣银行存款通知书，从原告的存款账户中划扣 24355.45 元。被告某税务局作出的划扣社会保险费的决定于 2015 年 7 月 27 日送达原告。原告某教育印刷厂认为被告某地方税务局的划扣决定无法律依据，应当撤销，于 2015 年 9 月 16 日向法院提起行政诉讼。

▌税务局答辩▐

被告某地方税务局辩称：（1）被告作出划扣社会保险费的决定，事实清楚、证据充分、程序合法，应予维持。原告某教育印刷厂职工李某向某劳动监察大队投诉原告未为其购买社保、医保。某劳动监察大队受理后按期向原告发出劳动监察限期整改指令书指令其整改。2015 年 5 月 13 日，某人力资源和社会保障局将投诉资料移交某社会保险基金管理局直属分局，要求该局核定用人单位应当缴纳的社会保险费后送地税机关征收。其后，某社会保险基金管理局直属分局核定原告某教育印刷厂欠缴的社会保险费金额后，将李某的投诉移交被告。2015 年 6 月 8 日，被告下辖税务分局向原告送达责令限期改正通知（决定）书，责令原告补缴欠缴的社会保险费以及滞纳金、利息。2015 年 7 月 14 日，因原告经责令催缴仍未缴纳社会保险费，被告下辖税务分局依法持查询单位存款账户通知书向银行查询原告的存款账户。其后经局长批准，被告作出划扣社会保险费的决定和划扣银行存款通知书，从原告的存款账户中划扣 24355.45 元。被告作出划扣社会保险费的决定于 2015 年 7 月 27 日送达原告。从被告作出划扣社会保险费的决定的过程可见，被告作出的行政行为事实清楚、依据充分、程序合法，应予维持。（2）原告自《社会保险费征缴暂行条例》施行之日起（1999 年 1 月 22 日）即负有为职工缴纳社会保险费的法定义务，其诉称《劳动合同法》施行前没有强制用人单位须为职工购买社会保险费的起诉理由明显不成立。《社会保险费征缴暂行条例》第 3 条第 2 款规定，"基本医疗保险费的征缴范围：国有企业、城镇集体企业、外商投资企业、城镇私营企业和其他城镇企业及其职工，国家机关及其工作人员，事业单位及其职工，民办非业单位及其职工，社会团体及其专职人员"。该条例第 4 条规定："缴费单位、缴费个人应当按时足额缴纳社会保险费。征缴的社会保险费纳入社会保险基金，专款专用，任何单位和个人不得挪用。"《社会保险费征缴暂行条例》自 1999 年 1 月 22 日起施行，原告是被告辖区范围内的集体企业，依据前引条文的规定，其自1999年1月22日起即负有为职工缴纳社会保险费的法定义务。原告诉称《劳动合同法》施行前没有强制用人单位须为职工购买社会保险费的起诉理由明显不成立。（3）某劳动监察大队受理并移送李某投诉原告未缴纳社会保险费的案件，没有超过两年的时效。《劳动保障监察条例》第20条规定："违反劳动保障法律、法规或者规章的行为在2年内未被劳动保障行政部门发现，也未被举报、投诉的，劳动保障行政部门不再查处。前款规定的期限，自违反劳动保障法律、法规或者规章的行为发生之日起计算；违反劳动保障法律、法规或者规章的行为有连续或者继续状态的，自行为终了之日起计算。"原告在2000年6月至2013年3月都没有为职工李某缴纳社会保险费，其违法行为处于连续状态，该案件的劳动保障监察时效应自行为终了之日（即2013年3月）起计算。李某于2014年12月即向某劳动监察大队投诉，某劳动监察大队受理并移送该宗投诉，没有超过两年的法定时效。基于上述答辩理由，被告作出的行政行为事实清楚、证据充分、程序合法，应予维持，请法院依法判决维持划扣社会保险费的决定。

法院裁判

法院经审理认为：原告在庭审中明确对被告要求其补缴社会保险费没有异议，只是对补缴的金额有异议。根据《社会保险法》第58条第1款"用人单位应当自用工之日起三十日内为其职工向社会保险经办机构申请办理社会保险登记。未办理社会保险登记的，由社会保险经办机构核定其应当缴纳的社会保险费"及《广东省社会保险费征缴办法》第4条第1款"社会保险费由地方税务机关征收"的规定，可见，社会保险费的核定机构是社会保险经办机构，社会保险费的征缴机构是地方税务机关。由于本案中涉及的社会保险费是由某社会保险基金管理局直属分局进行核定，被告某地方税务局是社会保险费的征收机关；因而原告如对社会保险费核定的金额有异议，原告应当对某社会保险基金管理局直属分局核定社会保险费的行政行为提起复议或诉讼。在某社会保险基金管理局直属分局核定社会保险费的行政行为未被撤销或确认无效的情况下，被告某地方税务局根据某社会保险基金管理局直属分局核定的原告应当补缴的社会保险费金额,向原告征收其欠缴的社会保险费,符合法律规定,程序合法。原告请求撤销被告某地方税务局作出的划扣社会保险费的决定的诉讼请求,依据不足,本院不予支持。判决:驳回原告诉讼请求。

▌案件评析▐

本案主要涉及劳动监察部门、社会保险经办机构以及税务机关基于不同的行政职权对投诉、举报行为所作出的处理。劳动监察部门一般按《劳动保障监察条例》的规定对社保违法行为进行查处,但不进行核定、征收。劳动监察部门在查处的同时,将相关案件移送社会保险经办机构进行社会保险费欠费认定、核定。社会保险经办机构核定后,再将案件移送税务机关征收。当然,如在全责征收情况下,劳动监察部门可直接移送税务机关核定、征收。各相关部门对于同一投诉、举报案件应在各自职权范围内履行处理职责,并书面通知投诉、举报人。

实践中存在争议的情况是,有地方明确规定,即使在全责征收模式下,社保经办机构对于投诉人直接要求其核定社会保险费欠费金额时,社保经办机构应当依法核定。在该种情况下,税务机关依照社会保险经办机构核定的社会保险费金额,向用人单位征收社会保险费,征收行为的合法性一般均能得到法院认可。除非用人单位能够通过行政复议、诉讼先行将税务机关征收的依据,即社会保险经办机构核定的数额推翻。但实践中社会保险经办机构常常在核定社会保险费数额后,再加上"具体数额以税务机关核定为准"或类似字样,如税务机关同时具有核定职权,将引发争议。在核定职权存在争议的情况下,如税务机关对社会保险经办机构核定的数额进行重新核定,将明显降低行政效率,且容易引发更多争议。

第九章 社会保险费征收行政强制

第一节 行政强制一般规定

　　行政强制是行政执法权最有力的体现形式,是政府对社会进行监管的重要手段。也正因为如此,行政强制需要完善而周密的法律规制,否则容易导致行政权的过度扩张、泛滥,从而损害行政相对人的合法权益。为此,世界各个国家都非常重视行政强制立法。我国于2011年6月30日通过《行政强制法》,于2012年1月1日起施行。在此之前我国对"行政强制"没有统一的法律规范。根据该法第2条的规定,行政强制包括行政强制措施和行政强制执行。行政强制措施,是指行政机关在行政管理过程中,为制止违法行为、防止证据损毁、避免危害发生、控制危险扩大等情形,依法对公民的人身自由实施暂时性限制,或者对公民、法人或者其他组织的财物实施暂时性控制的行为。行政强制执行,是指行政机关或者行政机关申请人民法院,对不履行行政决定的公民、法人或者其他组织,依法强制履行义务的行为。同时,《行政强制法》还规定了行政强制的具体形式以及程序等问题,为我国的行政强制行为提供了系统的法律支撑。

一、关于行政强制措施

　　根据《行政强制法》第9条的规定,行政强制措施的种类包括:(1)限制公民人身自由;(2)查封场所、设施或者财物;(3)扣押财物;(4)冻结存款、汇款;(5)其他行政强制措施。该法第10条第1—3款规定:"行政强制措施由法律设定。尚未制定法律，且属于国务院行政管理职权事项的，行政法规可以设定除本法第九条第一项、第四项和应当由法律规定的行政强制措施以外的其他行政强制措施。尚未制定法律、行政法规，且属于地方性事务的，地方性法规可以设定本法第九条第二项、第三项的行政强制措施。"据此，法律可以设定行政强制法规定的所有行政强制措施类型。行政法规可以设定"查封场所、设施或者财物""扣押财物"以及非由法律规定的其他行政强制措施。地方性法规对于地方性事务可以设定"查封场所、设施或者财物""扣押财物"的行政强制措施。除此之外，法律、法规以外的其他规范性文件不得设定行政强制措施。《行政强制法》在第三章中详细规定了行政强制措施实施程序。

二、关于行政强制执行

根据《行政强制法》第12条的规定，行政强制执行的方式包括：（1）加处罚款或者滞纳金；（2）划拨存款、汇款；（3）拍卖或者依法处理查封、扣押的场所、设施或者财物；（4）排除妨碍、恢复原状；（5）代履行；（6）其他强制执行方式。该法第13条规定："行政强制执行由法律设定。法律没有规定行政机关强制执行的，作出行政决定的行政机关应当申请人民法院强制执行。"据此，行政强制执行只能由国家法律设定，法律没有设定行政强制执行权的，行政机关应当向人民法院申请强制执行。《行政强制法》第四章详细规定了行政强制执行程序。行政机关作出行政决定后，当事人在行政决定的期限内不履行义务的，具有行政强制执行权的行政机关经合法催告后，当事人仍无正当理由拒不履行的，行政机关可以作出行政强制决定。行政强制决定依法应以书面形式作出，并载明下列事项：（1）当事人的姓名或者名称、地址；（2）强制执行的理由和依据；（3）强制执行的方式和时间；（4）申请行政复议或者提起行政诉讼的途径和期限；（5）行政机关的名称、印章和日期。行政机关强制执行程序非因《行政强制法》第39条规定的原因，一般不中止执行。

三、申请人民法院强制执行

《行政强制法》第 53 条规定："当事人在法定期限内不申请行政复议或者提起行政诉讼,又不履行行政决定的,没有行政强制执行权的行政机关可以自期限届满之日起三个月内,依照本章规定申请人民法院强制执行。"该法第 54 条规定："行政机关申请人民法院强制执行前,应当催告当事人履行义务。催告书送达十日后当事人仍未履行义务的,行政机关可以向所在地有管辖权的人民法院申请强制执行;执行对象是不动产的,向不动产所在地有管辖权的人民法院申请强制执行。"行政机关申请强制执行时应提交该法第 55 条所规定的资料,包括但不限于强制执行申请书、行政决定书及作出决定的事实、理由和依据等。人民法院对行政机关强制执行的申请进行书面审查,对符合《行政强制法》第 55 条规定,且行政决定具备法定执行效力的,除该法第 58 条规定的情形外,人民法院应当自受理之日起七日内作出执行裁定。如人民法院发现行政决定具有《行政强制法》第 58 条所规定明显缺乏事实、法律依据或明显违法并损害被执行人合法权益情形的,在作出裁定前可以听取被执行人和行政机关的意见。该种情形下,人民法院应当自受理之日起 30 日内作出是否执行的裁定。裁定不予执行的,应说明理由,并在 5 日内将不予执行裁定送达行政机关。行政机关对该裁定有异议的,可以自收到裁定之日起 15 日内向上一级人民法院申请复议,复议法院应自收到复议申请之日起 30 日内作出是否执行的裁定。

第二节　社会保险费征收行政强制措施

《社会保险费征缴暂行条例》没有实际赋予劳动保障行政部门或者征收机构在社会保险费征收过程中的行政强制权。该条例第 26 条仅规定："缴费单位逾期拒不缴纳社会保险费、滞纳金的,由劳动保障行政部门或者税务机关申请人民法院依法强制征缴。"据此,该条例没有规定社会保险费征收过程中的行政强制措施，也没有规定行政强制执行权。在用人单位欠缴社会保险费的情况下，按条例只能申请人民法院强制征缴。《社会保险法》第63条规定了社会保险费征收过程中可以采取扣押、查封欠费单位相应的财产。但同时规定社会保险费征收机构只能申请人民法院进行扣押、查封，不能自主实施。实际上，征收机构只能在申请人民法院强制执行时，要求人民法院进行扣押、查封、拍卖相关财产，在作出行政决定的过程中并不具备要求人民法院扣押、查封的相关条件和规程。可以说，《社会保险法》所规定的征收机构申请扣押、查封的权力，实际并非行政强制措施，其本质上仍属于人民法院在强制执行过程中采取的司法执行措施。因此，无论是《社会保险法》还是《社会保险费征缴暂行条例》均没有规定社会保险费征收过程中的行政强制措施。这一点有别于我国的税收征管，《税收征收管理法》第37条[①]、第38条[②]明确规定了税务机关在特定条件下的税收强制措施，包括冻结纳税人的存款，扣押、查封纳税人财产。

正是由于社会保险费征收机构不能采取行政强制措施，尤其是不能采取查封、扣押财产以及冻结欠费单位银行存款，导致欠费单位在社会保险费征收机构查处的过程中转移资金、财产，逃避缴费。这也是目前破除企业欠缴社会保险费面临的主要困境之一。按照《社会保险法》的规定，征收机构虽

[①] 该法第37条规定："对未按照规定办理税务登记的从事生产、经营的纳税人以及临时从事经营的纳税人，由税务机关核定其应纳税额，责令缴纳；不缴纳的，税务机关可以扣押其价值相当于应纳税款的商品、货物。扣押后缴纳应纳税款的，税务机关必须立即解除扣押，并归还所扣押的商品、货物；扣押后仍不缴纳应纳税款的，经县以上税务局（分局）局长批准，依法拍卖或者变卖所扣押的商品、货物，以拍卖或者变卖所得抵缴税款。"

[②] 该法第38条规定："税务机关有根据认为从事生产、经营的纳税人有逃避纳税义务行为的，可以在规定的纳税期之前，责令限期缴纳应纳税款；在限期内发现纳税人有明显的转移、隐匿其应纳税的商品、货物以及其他财产或者应纳税的收入的迹象的，税务机关可以责成纳税人提供纳税担保。如果纳税人不能提供纳税担保，经县以上税务局（分局）局长批准，税务机关可以采取下列税收保全措施：（一）书面通知纳税人开户银行或者其他金融机构冻结纳税人的金额相当于应纳税款的存款；（二）扣押、查封纳税人的价值相当于应纳税款的商品、货物或者其他财产。纳税人在前款规定的限期内缴纳税款的，税务机关必须立即解除税收保全措施；限期期满仍未缴纳税款的，经县以上税务局（分局）局长批准，税务机关可以书面通知纳税人开户银行或者其他金融机构从其冻结的存款中扣缴税款，或者依法拍卖或者变卖所扣押、查封的商品、货物或者其他财产，以拍卖或者变卖所得抵缴税款。个人及其所扶养家属维持生活必需的住房和用品，不在税收保全措施的范围之内。"

然有从银行或其他金融机构直接划拨社会保险费的行政强制执行权,但由于征收机构在作出划拨决定前无权作资金冻结,实践中出现了大量在征收机构作出限缴决定后,划拨前转移资金的行为,导致划拨决定无法实施。甚至有单位在征收机构开始调查后,就迅速转移了资金,导致追缴失败。在将来的社会保险费征收立法过程中,应考虑参照《税收征收管理法》的做法,赋予征收机构社会保险费保全职权,对欠费单位的相关财产、资金依法进行查封、冻结,以保证社会保险费征收决定作出后,能够有效执行。

第三节 社会保险费征收行政强制执行

《社会保险法》第63条第2款规定:"用人单位逾期仍未缴纳或者补足社会保险费的,社会保险费征收机构可以向银行和其他金融机构查询其存款账户;并可以申请县级以上有关行政部门作出划拨社会保险费的决定,书面通知其开户银行或者其他金融机构划拨社会保险费。用人单位账户余额少于应当缴纳的社会保险费的,社会保险费征收机构可以要求该用人单位提供担保,签订延期缴费协议。"本条是《社会保险法》所规定的社会保险费征收过程中唯一的行政强制执行手段。但该条款所规定"县级以上有关行政部门"到底是指哪个部门,实践中也曾存在争议,在全责征收和税务部门代征模式下,应主要指县级以上地方税务局(国地税合并后将相应变化)。也就是说,在社会保险费征收领域,税务机关具备的强制执行权仅仅体现在强制划扣欠费单位在银行及其他金融机构的存款或其他资金。在《社会保险法》实施之前,《社会保险费征缴暂行条例》并没有赋予征收机构主动执行权。该条例第26条规定:"缴费单位逾期拒不缴纳社会保险费、滞纳金的,由劳动保障行政部门或者税务机关申请人民法院依法强制征缴。"据此规定,在《社会保险法》实施之前,征收机构并没有强制划扣社会保险费的行政强制执行权。只能申请人民法院对缴费单位的欠费进行强制执行。

《社会保险法》的上述规定虽确定了征收机构强制划扣的职权,但没有规定具体的实施程序,导致执法不统一。2012年1月,《行政强制法》实施后,征收机构开始逐渐适用该法中行政强制执行程序的相关规定,但也有部分征收机构,包括税务部门,没有完全按《行政强制法》的规定实施划扣,导致划扣行为被人民法院确认违法,撤销甚至被认定无效。

在目前尚无法律、法规对社会保险费行政强制执行程序予以明确规定的情况下,税务机关应按照《行政强制法》的规定规范社会保险费强制划扣执法。有部分税务机关根据《行政强制法》的规定,制定内部行政强制执行执法指引,统一执法程序和尺度,防范执法风险,值得肯定。从《行政强制法》第四章"行政机关强制执行程序"的规定看,社会保险费划扣的程序问题主要包括以下几个方面:一为行政决定的作出程序,二为催告程序,三为强制执行决定作出程序,四为送达程序,五为中止、终结程序。

一、行政决定的作出程序[①]

社会保险费征收行政强制执行中的行政决定主要是指社会保险费征收机构对欠缴社会保险费的单位所作出的社会保险费征收决定。实践中这一类的征收决定通常体现为社会保险费征收机构依据《社会保险法》第63条第1款所作出的"责令限期缴纳社会保险费用通知书"。但该类"通知书"在强制执行中遇到现实问题,尤其是申请人民法院强制执行时,人民法院认为该类"通知书"并非《行政强制法》规定的"行政决定书"而裁定不予执行。这导致部分征收机构在执法过程中将"责令限期缴纳社会保险费通知书"改为"责令限期缴纳社会保险费通知(决定)书"。这样做虽然在一定程度上解决了"行政决定书"的执行问题,但仍有观点认为,行政决定和行政通知在行政法上具有完全不同的意义,两者不能相互混淆和替代。严格意义上讲,"通知"并非足以对相对人权利、义务产生影响的行为,其更多体现为一种告知义务,属于行政行为中存在的过程性行为。当然,实践中也有虽然以"通知书"为名,但实际上包含了影响相对人权利、义务设定的行政决定。对于这一类"通知书"不能

[①] 前述章节已详述,此处论述稍作简略。

仅以其命名的表面形式，否定其行政决定的法律属性。

社会保险费征收过程中，征收机构所出具的"责令限期缴纳通知"往往就确定了欠缴单位应缴社会保险费以及滞纳金的具体数额，并确定了缴交期限，其本质上应该就属于行政决定，依法可以进行强制执行。当然，为了避免争议并与人民法院的司法行为相配合，征收机构可以将"责令限期缴纳通知书"变更为"责令限期缴纳决定书"。实践中，有的征收机构采用先发出"责令限缴通知书"的形式进行催缴，缴费单位逾期仍不缴纳的，再发出"社会保险费征收决定书"，并最终对该决定书进行强制执行。该种做法虽然能很好地解决强制执行中涉及的"通知"和"决定"问题，但《社会保险法》中实际并无"社会保险费征收决定"的明确规定，只规定"责令限期缴纳或补足"。如在责令限期缴纳或补足之外，再发出征收决定，与我国现行法律规定并不完全吻合，且增加了行政程序，降低了行政效率。我们建议的比较适当的做法是将"责令限期缴纳社会保险费通知书"变更为"责令限期缴纳（补足）社会保险费决定书"。这样既符合了《社会保险法》的要求，同时也与《行政强制法》的规定相一致。但在现有社会保险强制执行法律规范尚未与《行政强制法》完全衔接一致的情况下，从规范程序和统一执行尺度的角度考虑，人民法院一般亦确认上述征收文书的合法性，并依法推进执行。

二、催告程序

《行政强制法》第35条规定："行政机关作出强制执行决定前，应当事先催告当事人履行义务。催告应当以书面形式作出，并载明下列事项：（一）履行义务的期限；（二）履行义务的方式；（三）涉及金钱给付的，应当有明确的金额和给付方式；（四）当事人依法享有的陈述权和申辩权。"催告程序是《行政强制法》规定的行政强制执行必经程序。虽然《社会保险法》没有明确规定催告程序，但执法实践中仍应予以遵守。实践中遇到的问题是，由于催告程序并非《社会保险法》规定的程序，导致催收文书的制作、发出缺乏具体可操作性的依据。另外，对于催告行为的法律性质也存在争议，其到底属于不可复议、诉讼的执法过程性行为，还是属于一般行政行为，实践中有不同的观点。我们认为，催告程序本身并不确定新的权利、义务，且催告行为本身并非强制执行的文书，不具有强制执行力。因此，催告本身应该属于不可复议、诉讼的过程性行为。

《行政强制法》第36条规定："当事人收到催告书后有权进行陈述和申辩。行政机关应当充分听取当事人的意见，对当事人提出的事实、理由和证据，应当进行记录、复核。当事人提出的事实、理由或者证据成立的，行政机关应当采纳。"在社会保险费强制征收催告中，不仅要保障缴费单位的陈述、申辩权，更为重要的一点在于对缴费单位提出的事实、理由和证据，应当进行记录、复核。执法实践中，有的征收机构虽然保障了缴费单位的陈述、申辩权，但没有依法对其陈述、申辩进行记录、复核，或虽然进行了记录、复核，但没有留存相关证据，导致将来在行政复议、诉讼中处于被动地位。

三、强制执行决定作出程序

《行政强制法》第37条规定："经催告，当事人逾期仍不履行行政决定，且无正当理由的，行政机关可以作出强制执行决定。强制执行决定应当以书面形式作出，并载明下列事项：（一）当事人的姓名或者名称、地址；（二）强制执行的理由和依据；（三）强制执行的方式和时间；（四）申请行政复议或者提起行政诉讼的途径和期限；（五）行政机关的名称、印章和日期。在催告期间，对有证据证明有转移或者隐匿财物迹象的，行政机关可以作出立即强制执行决定。"据此规定，社会保险费征收机构作出行政强制执行决定的情形有两种：一为缴费单位未在催告期内履行行政决定，履行期满作出；二为缴费单位在催告期有转移、隐藏财物迹象，立即作出。税务机关在作出划拨决定前并不需要等待行政决定经过复议和诉讼期。这一点与行政机关向人民法院申请强制执行，需要行政决定已经过复议、诉讼期限有所不同。

根据《社会保险法》第63条第2款的规定，在社会保险费征收领域的行政强制执行决定主要是指"划拨社会保险费决定书""划拨银行存款通知书"等用以从银行或其他金融机构划拨社会保险费的法律文书。实践中一方面需要注意，《社会保险法》要求划拨决定的作出需要县级以上地方税务局批准；另一方面需要注意，划拨决定载明的五大事项一定要清晰、准确。有个别人民法院在审查税务机关申请强制执行时援引上述《行政强制法》第37条的规定，认为需要执行的行政决定没有载明上述内容，而裁定不予执行。但事实上，该条款规定的是税务机关强制决定需要载明的内容，并非社会保险费征收决定所要载明的内容，人民法院引用该条款裁定不予执行，在适用法律方面还是存在问题的。

四、送达程序

《社会保险法》没有规定社会保险费强制执行的送达程序。《行政强制法》第38条规定："催告书、行政强制执行决定书应当直接送达当事人。当事人拒绝接收或者无法直接送达当事人的，应当依照《中华人民共和国民事诉讼法》的有关规定送达。"据此，税务机关在行政强制执行程序中，应首选直接送达。与税收征收管理法不同，民事诉讼法规定，受送达人是法人或者其他组织的，应当由法人的法定代表人、其他组织的主要负责人或者该法人、组织负责收件的人签收，而税收征收管理法要求应由法人的法定代表人、其他组织的主要负责人或者该法人、组织的财务负责人、负责收件的人签收。

表9-1 税收征管与民事诉讼直接送达方式对比

	直接送达
相同点	应当直接送交受送达人。受送达人是公民的，本人不在，交给与他同住的成年家属签收
	有代理人的，可以送交其代理人签收
不同点	民事诉讼法：法人、其他组织的签收人是法人的法定代表人、其他组织的主要负责人或者该法人、组织负责收件的人
	税收征收管理法：法人、其他组织的签收人是法人的法定代表人、其他组织的主要负责人或者该法人、组织的财务负责人、负责收件的人签收
民事诉讼法的其他规定	法院可以通知当事人到人民法院领取
	当事人住所地以外向当事人直接送达，若其拒绝，则可采用拍照、录像等方式记录送达过程即视为送达，但送达人应当在送达回证上注明送达情况并签名

注：本表格根据《税收征收管理法实施细则》与《民事诉讼法》等法律法规的有关规定整理，体现税收征管领域与民事诉讼程序关于直接送达方式规定的异同。

如缴费单位拒绝接收或者无法直接送达的，应按照民事诉讼法的有关规定送达。《中华人民共和国民事诉讼法》（以下简称《民事诉讼法》）第86条规定："受送达人或者他的同住成年家属拒绝接收诉讼文书的，送达人可以邀请有关基层组织或者所在单位的代表到场，说明情况，在送达回证上记明拒收事由和日期，由送达人、见证人签名或者盖章，把诉讼文书留在受送达人的住所；也可以把诉讼文书留在受送达人的住所，并采用拍照、录像等方式记录送达过程，即视为送达。"该条实际规定了，税务机关可以在直接送达不成功的情况下，进行留置送达。留置送达的方式可以由见证人见证，也可以采用拍照、录像等方式记录送达过程。

表9-2 税收征管与民事诉讼留置送达方式对比

	留置送达
相同点	前提均为受送达人或其他签收人拒绝签收文书
	均需在送达回证上记明拒收理由和日期，并由送达人和见证人签名或者盖章
	将文书留在受送达人处，即视为送达
民事诉讼法的其他规定	可以把诉讼文书留在受送达人的住所，并采用拍照、录像等方式记录送达过程，即视为送达，无须见证人
	明确见证人为"有关基层组织或者所在单位的代表"
	可在住所地外（仅限当事人）留置送达，但送达人应在送达回证上注明并签名，视为送达

注：本表格根据《税收征收管理法实施细则》与《民事诉讼法》等法律法规的有关规定整理，体现税收征管领域与民事诉讼程序关于留置送达方式规定的异同。

《民事诉讼法》第88条规定："直接送达诉讼文书有困难的，可以委托其他人民法院代为送达，或者邮寄送达。邮寄送达的，以回执上注明的收件日期为送达日期。"税务机关也可以采用委托送达、邮寄送达的方式。

表9-3 税收征管与民事诉讼委托送达/邮寄送达方式对比

委托送达/邮寄送达		
相同点	前提：直接送达诉讼文书有困难的委托送达与邮寄送达两种方式为同等顺位	
	送达日期确定方式相同	
不同点	受托机关不同：税收征管的受托机关为有关机关或者其他单位；民事诉讼的受托机关为其他人民法院	
民事诉讼法的其他规定	要求出具委托函	
	要求受托法院应在收到委托函及相关诉讼文书之日起10日内代为送达	

注：本表格根据《税收征收管理法实施细则》与《民事诉讼法》等法律法规的有关规定整理，体现税收征管领域与民事诉讼程序关于委托送达及邮寄送达方式规定的异同。

《民事诉讼法》第92条规定："受送达人下落不明，或者用本节规定的其他方式无法送达的，公告送达。自发出公告之日起，经过六十日，即视为送达。公告送达，应当在案卷中记明原因和经过。"据此规定，税务机关在社会保险费征收行政强制执行公告送达中应注意公告送达的方式，应以直接送达、留置送达、邮寄送达或委托送达等方式无法送达的情况下才能适用公告送达，且公告送达的期限为60日，区别于税收征管领域的30日公告期。[①]

表9-4 税收征管与民事诉讼公告送达方式对比

公告送达		
不同点	前提	民事诉讼：穷尽其他手段
		税收征管：在同一送达事项的受送达人众多的情形也可适用
	公告期	民事诉讼：60日
		税收征管：30日
民事诉讼法的其他规定	公告内容	公告送达，应当在案卷中记明原因和经过

注：本表格根据《税收征收管理法实施细则》与《民事诉讼法》等法律法规的有关规定整理，体现税收征管领域与民事诉讼程序关于公告送达方式规定的异同。

---

① 《税收征收管理法实施细则》第106条规定："有下列情形之一的，税务机关可以公告送达税务文书，自公告之日起满30日，即视为送达：（一）同一送达事项的受送达人众多；（二）采用本章规定的其他送达方式无法送达。"

五、中止、终结程序

《行政强制法》第 39 条①、第 40 条②分别规定了行政强制执行的中止和终结条件。由于《社会保险法》并未规定社会保险费划扣中的中止、终结程序,因而如税务机关在强制划扣中出现了《行政强制法》第 39 条、第 40 条所规定的情形时,应依法中止或终结划扣程序。

第四节 申请人民法院强制执行

《社会保险法》第 63 条第 3 款规定:"用人单位未足额缴纳社会保险费且未提供担保的,社会保险费征收机构可以申请人民法院扣押、查封、拍卖其价值相当于应当缴纳社会保险费的财产,以拍卖所得抵缴社会保险费。"《行政强制法》第五章规定了行政机关申请人民法院强制执行行政决定的具体程序。按该等规定,税务机关申请人民法院强制执行社会保险费征收决定主要涉及以下程序问题:一为申请强制执行的条件和期限,二为申请强制执行的材料,三为强制执行的管辖法院,四为人民法院审查、裁定。

一、申请强制执行的条件和期限

《行政强制法》第 53 条规定:"当事人在法定期限内不申请行政复议或者提起行政诉讼,又不履行行政决定的,没有行政强制执行权的行政机

---

① 该法第 39 条规定:"有下列情形之一的,中止执行:(一)当事人履行行政决定确有困难或者暂无履行能力的;(二)第三人对执行标的主张权利,确有理由的;(三)执行可能造成难以弥补的损失,且中止执行不损害公共利益的;(四)行政机关认为需要中止执行的其他情形。中止执行的情形消失后,行政机关应当恢复执行。对没有明显社会危害,当事人确无能力履行,中止执行满三年未恢复执行的,行政机关不再执行。"

② 该法第 40 条规定:"有下列情形之一的,终结执行:(一)公民死亡,无遗产可供执行,又无义务承受人的;(二)法人或者其他组织终止,无财产可供执行,又无义务承受人的;(三)执行标的灭失的;(四)据以执行的行政决定被撤销的;(五)行政机关认为需要终结执行的其他情形。"

关可以自期限届满之日起三个月内，依照本章规定申请人民法院强制执行。"《行政强制法》第 54 条规定："行政机关申请人民法院强制执行前，应当催告当事人履行义务。催告书送达十日后当事人仍未履行义务的，行政机关可以向所在地有管辖权的人民法院申请强制执行；执行对象是不动产的，向不动产所在地有管辖权的人民法院申请强制执行。"据此规定，税务机关向人民法院申请强制执行社会保险费征收决定应满足以下条件：一方面，缴费单位既没有在法定期限内提出复议或诉讼，也没有缴纳、补足社会保险费；另一方面，缴费单位经税务机关送达催告书十日后仍未履行义务。同时满足该两方面条件后，税务机关才可以向人民法院申请强制执行。

这里需要注意的是，《行政强制法》对于申请人民法院强制执行程序中的催告设定了"催告书送达十日后当事人仍未履行义务的"，但在行政机关主动履行程序中，并无该十日期限的限制。实践中，无论税务机关在行政决定的救济期限内还是期限外发出催告书，均要同时满足既经过了法定的行政复议、诉讼期，又经过了催告送达的十日期限，才能够申请人民法院强制执行。但无论何种情形，税务机关均应当在法定救济期限届满之日起三个月内申请强制执行。

二、申请强制执行的材料

《行政强制法》第 55 条规定了行政机关申请行政强制执行应提供的具体材料。税务机关在申请强制执行时应向有管辖权的人民法院提供该条规定的全部材料，供法院审查。具体的申请材料一般包括："强制执行申请书""社会保险费征收行政决定书（含送达回证）""社会保险费履行义务催告书（含送达回证）""被执行人的财产状况及财产线索清单""主体身份证明及授权资料""案件没有经过复议和诉讼的声明"以及"税务机关自身履行行政强制划扣文书"等。

三、强制执行的管辖法院

自 2014 年 11 月 1 日《行政诉讼法》第一次修正并开始实施后,各地开始建立行政诉讼集中管辖制度,设立跨行政区域的行政诉讼集中管辖法院。在已实行集中管辖区域,社会保险费征收机构应向集中管辖行政诉讼的一审法院申请强制执行。一般情况下,集中管辖法院受理并审查后,如符合强制执行条件,会出具强制执行裁定书。征收机构凭强制执行裁定书到所属区人民法院申请强制执行。

四、人民法院审查、裁定

根据《行政强制法》第 57 条的规定,人民法院对于税务机关申请强制执行社会保险费征收决定一般采用书面审查方式。只有在人民法院发现案件符合《行政强制法》第 58 条规定的情形时,人民法院可以听取行政机关的意见。人民法院经审查后,应当在法定期限内裁定是否执行,并将裁定送达给税务机关。行政机关对于人民法院作出的不予执行裁定,有权自收到裁定之日起 15 日内向上一级人民法院申请复议。

人民法院经审查认为相关资料齐全的条件下,一般会关注"社会保险费征收行政决定书"的内容及作出程序是否符合法律规定。实践中人民法院发现的比较多的问题主要为征收决定的金额不明确、送达程序不合法、未明确相对人的救济途径以及申请强制执行前的陈述、申辩、催告不合法等。这些因素都有可能导致人民法院作出不予执行的裁定。如人民法院经税务机关申请复议,仍不予执行,则对税务机关而言,可能面临重新作出行政行为,并在履行相关程序后,再就新的行政决定申请执行的被动局面。而由于税务机关并不具备查封、冻结、扣押等行政强制措施职能,被执行人可能利用税务机关重新作出行政决定期间,转移财产,逃避执行。这不仅容易造成执法风险,也会损害社会保险基金及参保人的合法权益。

表9-5 非诉执行程序

条件	行政机关	法院
缴费单位收到社会保险费征收决定书后,在法定期限内不申请行政复议或者提起行政诉讼,又不履行行政决定	期限届满后,行政机关向其发出催告书	—
催告书送达10日后当事人仍未履行义务	行政机关可以向所在地有管辖权的人民法院申请强制执行	人民法院接到行政机关强制执行的申请,应当在5日内受理
法院不予受理,行政机关对人民法院不予受理的裁定有异议	可以在15日内向**上一级人民法院申请复议**	上一级人民法院应当自收到复议申请之日起15日内作出是否受理的裁定
法院受理后,**一般情形下**	—	人民法院应当自受理之日起7日内作出执行裁定
法院受理后,发现**明显缺乏事实根据、法律法规依据或其他明显违法并损害被执行人合法权益的**	可向法院陈述依据和理由	人民法院在作出裁定前可以听取被执行人和行政机关的意见;应当自受理之日起30日内作出是否执行的裁定。裁定不予执行的,应当说明理由,并在5日内将不予执行的裁定送达行政机关
因情况紧急,为保障公共安全	行政机关可以申请人民法院**立即执行**	经人民法院院长批准,人民法院应当自作出执行裁定之日起5日内执行

注:本表根据《行政强制法》等相关法律规定整理,行政机关在条件成就时可向法院申请强制执行,法院经审查后作出相应处理。

第五节 案例评述

案例9-1 申请执行人某社保管理中心与被执行人某公司非诉执行案

|案情简介|

2016年10月14日,申请执行人某社保管理中心接到案外人钱某的举报称,A公司未缴纳职工钱某2011年7月至2014年2月的社会保险。申请执行人某社保管理中心于当日受理后,对A公司社会保险费相关问题实施稽核检查,并于2016年10月20日向A公司作出社会保险费限期补缴通知,于当日送达A公司。因A公司逾期未履行,也未申请行政复议或行政诉讼,申请执行人于2017年4月24日作出催告书,于2017年5月16日公告送达A公司。

2016年11月29日,申请执行人向某支行查询用人单位存款账户信息,某支行出具查询用人单位存款账户回执,载明,"开户单位名称:B图腾公司(原户名A公司)"。

|法院裁判|

法院经审查认为:申请执行人提交的材料显示,其所有的调查内容、强制措施及催告均针对A公司作出,但向本院申请强制执行的当事人名称为:"B图腾公司"。经核实,申请执行人自述,其直至向法院申请强制执行前,才通过企业信用信息网查询得知A公司已于2016年10月11日将名称变更为B图腾公司,故其将被执行人名称变更为B图腾公司。

根据申请执行人提交的相关证据,申请执行人最晚于2016年11月29日已知晓被执行人名称变更情况,但其在2017年5月16日仍仅针对A公司作出催告。因其未按照法律规定向被执行人B图腾公司履行催告程序,程序违法,故其强制执行申请明显不符合法律规定。裁定:不准予强制执行。

【案件评析】

税务机关或社会保险经办机构申请法院强制执行社会保险费，必须保证依法履行了相应职责，很重要的一点就是在申请强制执行前，依法履行催告程序。

本案中，被执行人名称发生变更，某社保中心在已经知情的情况下，仍然针对变更前的被执行人名称进行催告，属于程序违法。催告程序本身虽不影响行政相对人的权利义务，一般不会成为行政复议、诉讼的对象，但催告程序是整个强制执行程序的重要环节，行政机关仍应慎重对待。如缺乏催告程序或催告程序不适当，将影响整个强制执行程序的合法性，最终导致强制执行申请不能得到法院支持。而一旦无法强制执行，一方面可能导致整个征收程序需要推倒重来，另一方面可能导致欠费主体在此期间转移财产，最终导致欠费不能得到追缴。

案例9-2 申请执行人某地税局与被执行人某煤矿公司非诉执行案

【案情简介】

2015年7月14日，某劳动人事争议仲裁委员会作出的劳动仲裁裁决书中裁决某煤矿公司为江某等人向某社会保险管理局申报并缴纳2004年7月至2015年3月的社会基本养老保险费。某地税局税源管理二分局于2015年11月23日作出社会保险费限期缴纳通知书，通知被执行人于2015年12月5日前来该局缴清欠缴的社会保险费212621.92元和自欠缴之日起至缴纳之日止按日加收的万分之五的滞纳金。被执行人收到该通知后未在规定的期限内履行。该分局于2016年3月23日作出社会保险费行政处理决定书，责令被执行人于2016年4月15日前来该局办税服务厅缴清欠缴的社会保险费212621.92元和自欠缴之日起至缴纳之日止按日加收的万分之五的滞纳金。被执行人收到该决定书后仍未在规定的期限内履行。该分局又分别于2016年6月24日、2016年8月10日向被执行人先后送达社会保险费行政强制执行催告书、责成提供缴费担保通知书，但被执行人收到上述文书后均未履行缴清欠缴社会保险费及滞纳金的义务。申请执行人某地税局在查询被执行人在银行的存款账户后，向法院申请强制执行社会保险费行政处理决定书。

申请执行人某地税局未提交社会保险经办机构核定社会保险费金额的相关证据。某地税局税源管理二分局不具备独立法人资格。

法院裁判

法院经审查认为：申请执行人某地税局的强制执行申请存在以下问题：（1）申请执行人申请执行的社会保险费行政处理决定书系某地税局税源管理二分局作出的，该分局不具备独立的法人资格，不能对外作出行政决定。（2）在本案中，申请执行人作出处理决定的证据是根据社会保险经办机构核定的应缴而未缴的社会保险费金额；而申请执行人未提交社会保险经办机构核定的社会保险费金额以及当事人的意见等证据材料，作出该处理决定的事实不清、证据不足。（3）申请执行人申请执行的社会保险费行政处理决定书送达给当事人的时间是2016年3月23日，某地税局于2017年5月8日才向法院申请强制执行，超过了法律规定的强制执行申请期限。（4）强制执行申请书没有行政机关负责人签名。裁定：某地税局的强制执行申请不符合法律规定，不予执行。

案件评析

本案中，申请执行人某地税局的行政行为存在较多的违法之处。从所依据的社会保险费处理决定到申请强制执行的程序，都存在违法情形。对于法院而言，税务机关非诉执行社会保险费与民事诉讼程序中的申请强制执行并无不同，都需要申请执行人持生效的法律文书，在规定的期限内向法院提交申请执行所需的必要书面材料。生效的法律文书意味着适格的主体、无争议的事实、合法的形式、经过生效期间，这些条件缺一不可。规定的期限内则意味着，超过相应期间，法院将不再受理，由此造成的损失也将由税务机关自行承担。

在本案中值得注意的问题是，人民法院对征收程序中的征收主体以及是否构成欠费的实质问题进行了审查。如法院认为某地税局税源管理二分局不具备独立的法人资格,不能对外作出行政决定;申请执行人未提交社会保险经办机构核定的社会保险费金额以及当事人的意见等证据材料,作出该处理决定的事实不清、证据不足。我们暂且不论上述人民法院关于主体以及证据的认定是否正确,但这种审查方向对于征收机关具有重要的提示意义。征收机关应该从征收、追欠程序起始时就应该关注其程序和决定是否符合《行政强制法》的要求,是否符合人民法院强制执行的条件。事实上,我们认为税务机关具备社会保险费征收主体资格,具体详见本书第二章第三节。另外,本案中法院对行政行为内容、处理决定进行实质性认定是否适当,值得商榷。

案例9-3 申请执行人某社保管理处与被执行人某农药公司非诉执行案

||案情简介||

申请执行人作出的社会保险费限期补缴通知于2017年6月28日送达给被执行人,责令被执行人于2017年7月5日前补缴社会保险费18499.81元以及滞纳金。被执行人逾期未缴纳,申请执行人经查询其存款账户,发现其账户余额少于应当缴纳的社会保险费,遂要求被执行人提供担保,但被执行人未提供担保。被执行人在法定期限内对上述限期补缴通知未申请行政复议也未提起行政诉讼。

关于利息及滞纳金的具体计算方法,申请执行人作出如下说明:《社会保险法》实施之前,根据当时的相关文件规定,企业欠缴社会保险费的应当支付相应的利息;《社会保险法》实施之后,根据该法第63条第1款、第86条的规定,企业欠缴社会保险费的应当支付相应的滞纳金,滞纳金计算标准为自欠缴社会保险费之日起按日加收万分之五。具体到本案而言,被执行人欠缴的社会保险费18499.81元是2002年6月至2003年12月以及2016年4月至2017年5月的社会保险费欠缴总数,本案的利息是指2002年6月至2003年12月欠缴社会保险费的相应利息,应根据上述期间每月的实际欠费情况进行计算;本案的滞纳金是指2016年4月至2017年5月欠缴社会保险费的相应滞纳金,应根据上述期间每月的实际欠费情况分别进行计算。但申请执行人在社会保险费限期补缴通知中未责令被执行人缴纳2002年6月至

2003年12月欠缴社会保险费的相应利息，且其系根据某人力资源和社会保障管理处社保业务平台形成的上述期间欠费总数作出的社会保险费限期补缴通知，并未列明被执行人在2016年4月至2017年5月每月欠缴社会保险费的具体数额及加收滞纳金的起算日期。

▎法院裁判▎

法院经审查认为：申请执行人作出的社会保险费限期补缴通知在行政主体、行政权限、行为根据和依据方面基本合法。被执行人在法定的期限内既不申请行政复议又不提起行政诉讼，亦未足额缴纳社会保险费18499.81元且未提供担保，申请执行人申请本院强制执行，符合法律规定，故对申请执行人申请强制执行被执行人缴纳上述社会保险费的申请事项，本院予以支持。关于申请执行人申请强制执行相应利息的申请事项，由于其在社会保险费限期补缴通知中未责令被执行人缴纳2002年6月至2003年12月欠缴社会保险费的相应利息，故对该申请事项，本院不予支持；关于申请执行人申请强制执行相应滞纳金的申请事项，由于其在社会保险费限期补缴通知中未确认被执行人在2016年4月至2017年5月每月欠缴社会保险费的具体数额，也未确认每月欠缴社会保险费应加收的滞纳金分别从何时起算，致使本院无法计算相应的滞纳金，故该申请事项明显缺乏事实根据，本院不予支持。裁定：不准予强制执行申请执行人某社保管理处要求被执行人某农药公司缴纳利息和滞纳金的申请事项。

▎案件评析▎

人民法院强制执行的内容是生效法律文书所确定的被执行人应当履行的义务。无论是民事程序还是行政程序中的申请执行人，其申请执行的范围仅能局限在生效法律文书所确定事项范围内，而不能超出生效法律文书所确定事项的范围。当然除了依法追加被执行人或执行项目的情况外。税务机关或社保机构申请强制执行社会保险费，其申请执行的内容和项目必须依据限期缴纳决定书确定的金额和项目。如税务机关申请执行的内容超出限期缴纳决定书的范围，或是限期缴纳决定书中所载明的内容不明确、具体，法院有权裁定不予强制执行。

但本案尤其值得注意的是，人民法院审查非诉强制执行时，可将行政征收决定书中涉及的每一项目分别处理，如本案中对利息和本金分别审查。税务机关在作出征收决定或责令限缴决定时亦应就追缴的本金、滞纳金事项分别进行具体详尽的描述，必要时附加清单予以明确金额明细，以避免征收决定被全部或部分不予执行。

案例9-4 某税务局申请强制执行案

▌案情简介*▌

某税务局向法院申请强制执行其对被执行人某公司作出的责令限期改正通知（决定）书。该文书未载明当事人申请行政复议或者提起行政诉讼的途径和期限。

▌法院裁判▌

法院经审查认为：《行政强制法》第37条第2款规定了强制执行作出的形式和载明的事项，其中第4项规定强制执行决定应当载明"申请行政复议或者提起行政诉讼的途径和期限"。本案申请执行人作出的责令限期改正通知（决定）书未载明当事人提起救济的途径，对当事人权利存在重大影响。依照《最高人民法院关于执行〈中华人民共和国行政诉讼法〉若干问题的解释》第95条第3项①，《行政强制法》第58条之规定，裁定：不准予强制执行申请执行人作出的责令限期改正通知（决定）书。

▌案件评析▌

本案涉及行政决定救济权利告知的问题。从行政行为程序正当性角度出发，行政机关作出行政行为时，应向相对人告知行政复议、行政诉讼等途径

---

* 该案主要涉及程序性问题，案情部分简略陈述。

① 该解释现已失效，本书涉及条文均以现行效力为准。该解释第95条规定："被申请执行的具体行政行为有下列情形之一的，人民法院应当裁定不准予执行：（一）明显缺乏事实根据的；（二）明显缺乏法律依据的；（三）其他明显违法并损害被执行人合法权益的。"

和权利行使期限,以保障相对人及时救济的权利。《中华人民共和国行政处罚法》(以下简称《行政处罚法》)第 39 条第 1 款便规定,"行政机关依照本法第三十八条的规定给予行政处罚,应当制作行政处罚决定书。行政处罚决定书应当载明下列事项……(五)不服行政处罚决定,申请行政复议或者提起行政诉讼的途径和期限……"《社会保险法》未明确规定责令限缴文书必须载明权利救济方式、期间,实践中部分行政机关作出文书不规范,未向相对人告知其行政复议、行政诉讼的权利,形式上不符合要求,导致行政决定未被准许予以司法强制执行。因此,为依法行政,避免争议发生,税务机关作出行政行为时应及时、全面向相对人说明救济途径及主张权利的期限。

第十章 社会保险争议处理方式

第一节 社会保险争议类型

从广义上讲,社会保险争议一般包括社会保险征收争议、社会保险违法查处争议、社会保险待遇争议、社会保险行政赔偿争议、社会保险损失赔偿争议五种类型。社会保险征收争议是指社会保险费征收机构与其相对人或利益相关者在社会保险费征收过程中所产生的争议,属于行政争议。最常见的社会保险费征收争议为缴费单位因未办理社会保险(缴费)登记、未缴或未足额缴纳社会保险费而产生的争议。当然,无雇工的个体工商户、未在用人单位参加社会保险的非全日制从业人员以及其他灵活就业人员因社会保险费征收问题与征收机构所产生的争议,也属于社会保险征收争议。

社会保险违法查处争议是指用人单位因社会保险缴费涉嫌违法行为而产生的争议,属于行政争议。该类争议最常见的类型为劳动监察部门对用人单位社会保险缴费违法行为进行的查处,包括责令限期改正、行政处罚等。

社会保险待遇争议是指社会保险费待遇发放机构与社会保险待遇享受者就社会保险待遇发放而产生的争议,属于行政争议。该类争议最常见的为参保人员因未享受或未足额享受社会保险待遇而与社会保险待遇管理机构所产生的争议。

社会保险行政赔偿争议是指社会保险征收机构、待遇管理机关、行政主管部门等行政单位因自身原因导致相对人或利益相关者遭受财产权利或社会保险待遇损失而产生的行政赔偿争议,属于行政争议。例如,社会保险费征收机构因自身行政管理的原因，导致参保单位或人员未能足额享受社会保险待遇而要求征收机构予以行政赔偿的行政争议。

社会保险损失赔偿争议是指用人单位因未缴纳或未足额缴纳社会保险费，导致劳动者不能正常享受社会保险待遇，而要求用人单位进行民事赔偿所产生的争议，属于劳动民事争议。如用人单位没有为其员工缴纳工伤保险费，导致员工遭遇工伤后，不能获得工伤赔偿，而要求用人单位参照工伤保险待遇赔偿损失所形成的劳动争议。

上述各类社会保险争议绝大多数时候并非孤立存在，而是相互交融、混合。实践中，要注意区分各类争议类型，并分别适用不同的程序和法律进行处理。例如，对于用人单位没有为其员工缴纳社会保险费这一事实，可能产生如下争议：第一，劳动者要求征收机构强制征收社会保险费所可能产生的社会保险征收争议；第二，劳动者要求劳动监察部门进行社会保险劳动保障违法查处争议；第三，劳动者要求用人单位赔偿未能享受社会保险待遇民事赔偿争议。由于各类争议解决适用的程序和法律依据均不同，实践中应注意区分。

第二节　社会保险费补缴争议处理

社会保险费补缴争议，是指劳动者与用人单位因未缴或未足额缴纳社会保险费，而要求用人单位补缴所形成的争议。该类争议属于社会保险费征收争议的一种形式。由于社会保险费的补缴需要通过社会保险费征收机构才能完成，劳动者在通过与用人单位协商方式无法完成补缴时，往往会选择向社会保险费征收机构投诉，要求征收机构责令用人单位主动补缴，或进行强制征缴。当然，也有很多劳动者通过提起劳动仲裁、民事诉讼的方式，要求劳动仲裁机构或人民法院直接通过裁判的形式，要求用人单位补缴。这就可能产生两种争议解决方式，一种是通过向征收机构投诉所形成的行政争议，另一种是通过劳动仲裁、诉讼所形成的民事争议。实践中存在争议的是，社会保险费补缴争议到底是否能够通过劳动仲裁、民事诉讼途径解决。换言之，劳动者是否能以用人单位为被申请人或被告提起仲裁或诉讼，要求仲裁机构、法院裁决或判决用人单位为其补缴社会保险费。

认为社会保险费补缴争议属于民事争议的法律依据主要为2008年5月1日实施的《中华人民共和国劳动争议调解仲裁法》（以下简称《劳动争议调解仲裁法》）第2条，以及2011年7月1日实施的《社会保险法》第83条。《劳动争议调解仲裁法》第2条规定，"中华人民共和国境内的用人单位与劳动者发生的下列劳动争议，适用本法……（四）因工作时间、休息休假、社会保险、福利、培训以及劳动保护发生的争议……"《社会保险法》第83条第3款规定，"个人与所在用人单位发生社会保险争议的，可以依法申请调解、仲裁，提起诉讼……"上述两条规定均属于国家法律的上位规定，都规定了"社会保险争议"可以通过仲裁、诉讼途径解决，其实也就认可了"社会保险争议"的民事争议性质。但值得注意的是，该两部法律并没有明确规定，上述两个条款所涉及的"社会保险争议"究竟为何种社会保险争议，是社会保险征收争议，还是社会保险查处、待遇争议。正是这种立法不明确的缺陷，导致实践中有人将社会保险费补缴争议归入民事争议，通过仲裁和诉讼方式解决。

如果将社会保险费补缴争议归入民事争议解决范畴，不仅将与征收机构的征收行政职权产生冲突，实际也不符合最高人民法院司法解释的有关规定，也与普遍的司法实践不符，更加不利于该类争议的最终解决。从社会保险费征收行政职权来看，社会保险费补缴理应属于行政管理的范畴，带有社会管理的性质。根据《社会保险法》以及《社会保险费征缴暂行条例》的有关规定，社会保险费征收机构对于欠缴社会保险费的缴费单位，有权责令限期缴纳、补足或提供相应担保。逾期仍不缴纳的，还可以强制征缴。可见，社会保险费补缴，最终应通过社会保险费征缴机构通过行政职权完成，最终体现为征收机构的行政行为。如劳动仲裁机构或法院受理劳动者要求用人单位补缴社会保险费的请求，并进行裁判。这相当于仲裁、司法裁判代替了行政执法，显然存在行政、司法职权体系上的冲突。另则，即使劳动者取得了补缴的裁判，其仍然要通过征收机构进行补缴，而征收机构基于行政执法的需要，仍要对是否应当进行补缴进行执法权限范围内的审查。而对于征收机构的审查结果，无论是补缴还是不补缴，又将形成新的行政决定，进而又可能产生新的行政争议。这样不仅会造成重复审查，浪费行政、司法资源，更为重要的是不利于争议的解决，不利于劳动者合法权益的及时保护。因此，我们认为，社会保险费补缴争议应该归属于行政争议，应通过征收机构的行政执法、行政复议、行政诉讼解决，劳动仲裁机构和人民法院不应受理此类争议。但对于劳动者以用人单位未履行社会保险费缴交义务导致其不能享受社会保险待遇为由所提起的损害赔偿诉讼应属于劳动民事争议，可以依法提起劳动仲裁和诉讼。2010年9月14日实施的《最高人民法院关于审理劳动争议案件适用法律若干问题的解释（三）》第1条也明确规定，"劳动者以用人单位未为其办理社会保险手续，且社会保险经办机构不能补办导致其无法享受社会保险待遇为由，要求用人单位赔偿损失而发生争议的，人民法院应予受理"。

前述法律或司法解释虽然没有直接将补缴社会保险费争议排除在民事争议之外，但事实上有很多相关文件、解答以及地方司法实践已确认了该种观点。《人民法院报》2010年9月15日第2版登载的《依法维护劳动权益，构建和发展和谐稳定的劳动关系——最高人民法院民一庭庭长杜万华就〈关于审理劳动争议案件适用法律若干问题的解释（三）〉答记者问》中，记者问："社会保险尤其是养老保险争议，一直是劳动者普遍关注的话题，这部司法解释对此规定了哪些新的举措？"答："《调解仲裁法》确定了社会保险争议属于劳动争议，但是否应把所有的社会保险争议不加区别的纳入人民法院受案范围，确是一个在实践中争议广泛的问题，需要司法解释进一步明确。我们研究认为，用人单位、劳动者和社保机构就欠费等发生争议，是征收与缴纳之间的纠纷，属于行政管理的范畴，带有社会管理的性质，不是单一的劳动者与用人单位之间的社保争议。因此，对于那些已经由用人单位办理了社保手续，但因用人单位欠缴、拒缴社会保险费或者因缴费年限、缴费基数等发生的争议，应由社保管理部门解决处理，不应纳入人民法院受案范围。对于因用人单位没有为劳动者办理社会保险手续，且社会保险经办机构不能补办导致劳动者不能享受社会保险待遇，要求用人单位赔偿损失的，则属于典型的社保争议纠纷，人民法院应依法受理。"最高人民法院网站所公布的《关于企业为职工补缴养老保险费引发纠纷问题的答复》也再次明确了该观点。[①]

《北京市高级人民法院、北京市劳动争议仲裁委员会关于劳动争议案件法律适用问题研讨会会议纪要》第1条关于劳动争议案件的受理范围也明确规定，"用人单位未为劳动者建立社会保险关系、欠缴社会保险费或未按规定的工资基数足额缴纳社会保险费的，劳动者主张予以补缴的，一般不予受理，告知劳动者通过劳动行政部门解决"。《广东省高级人民法院关于审理劳动争议案件疑难问题的解答》第16条也明确规定，"劳动者请求用人单位补缴其在职期间社会保险费的，不属劳动争议处理范围，不予处理。劳动者自行向社保部门补缴社会保险费后，要求用人单位赔偿其自行补缴部分的，予以支持，但支持的范围仅限于用人单位应缴纳部分。"可见，社会保险费补缴争议属于行政管理范畴的行政争议而不属于司法审理对象的观点在司法实践中得到普遍认可并遵守。

第三节 社会保险违法查处争议

社会保险违法查处争议一般涉及两种情形：一为用人单位存在社会保险登记、缴费方面的违法行为，而由劳动监察部门或行政主管部门予以调查、处理所形成的争议；二为用人单位存在未缴纳或未足额缴纳社会保险费而由社会保险费征收机构进行追缴所形成的争议。本书在其他章节已讨论查处权

[①] 2010年9月最高人民法院颁发的《关于审理劳动争议案件适用法律若干问题的解释（三）》第1条规定了劳动者以用人单位未为其办理社会保险手续，且社会保险经办机构不能补办导致其无法享受社会保险待遇为由，要求用人单位赔偿损失而发生争议的，人民法院应予受理。而对用人单位欠缴社会保险费或者因缴费年限、缴费数额等发生争议的，未规定由法院受理。因社保机构对用人单位欠缴费用负有征缴的义务，如果劳动者、用人单位与社保机构就欠费等发生争议，是征收与缴纳之间的纠纷，属于行政管理的范畴，带有社会管理性质，不是单一的劳动者与用人单位之间的社保争议。因此，此类争议不宜纳入民事审判的范围，劳动者对用人单位欠缴社会保险费或者因缴费年限、缴费数额等发生争议的，应向相关部门申请解决。以上答复仅供参考。

的职权范围以及两类查处行为的区别。本节主要阐述该两类行政职权在不同部门如何分配及其合理性问题。

由于全责征收模式与《社会保险法》及《社会保险费征缴暂行条例》所确立的征收模式尚存在不能完全对接的情形，导致对于社会保险违法查处争议的解决方式容易产生不一致的处理方法。其中，最为主要的是作为征收机构的税务部门与作为行政主管部门的人力资源和社会保障部门之间的处理职权界定，以及税务部门与社会保险经办机构之间的处理职权界定。实践中，一般认为，税务部门没有对该类争议的行政处罚权，只有征收和加处滞纳金的权力，而行政处罚权则归由行政主管部门或劳动监察部门处理。如果在全责征收模式下，不赋予征收机构行政处罚权，实际上将导致征收机构在进行征收执法时，不足以形成足够的执法威慑力。尤其是征收机构在进行违法行为调查时，因为行政处罚权的缺失，常常导致违法单位不配合而无法完成调查。另外，处罚权和征收权的分离导致对于同一个违法行为经常由多个部门介入调查的重复处理问题。这些因素不仅会大大降低行政效率，而且会导致不同部门产生职权推诿的现象发生。

当然，从立法层面讲，正是由于《社会保险法》与全责征收模式不能完全对接的立法不足，导致立法上暂时无法直接赋予征收机构行政处罚权。以广东省为例，原广东省劳动和社会保障厅、原广东省地方税务局发布的《广东省社会保险费地税全责征收实施办法（暂行）》第4条规定，"参保单位因缴费登记、申报、审核（核定）、征收、追缴、查处等行为发生行政争议的，由地方税务机关负责处理。参保人无法按规定领取社保待遇的行政争议，由社会保险经办机构负责处理"。但该条所规定的查处涵义并不明确，不能以此认为税务机关具有相应的行政处罚权。《广东省人力资源和社会保障厅、广东省地方税务局贯彻实施〈社会保险法〉工作会议纪要》第17条第1款进一步明确，"根据《社会保险法》第八十四条、《劳动保障监察条例》第二十七条和《社会保险费征缴暂行条例》第二十三条等规定，用人单位未办理社会保险登记、未按规定申报应当缴纳的社会保险费数额（不申报、申报时瞒报工资总额或者职工人数）的，由人力资源社会保障行政部门依法查处，有关程序依照劳动保障监察规定执行。地税机关应当依法加强对用人单位缴纳社会保险费情况的检查管理,用人单位未按时足额缴纳社会保险费的,应当依法处理"。从上述规定可以看出,以广东省的实践,税务部门具有的对社会保险违法行为的查处权,仅限于对未缴纳或未按时足额缴纳社会保险费的追缴权,而不具有行政处罚权。(《广东省社会保险基金监督条例》第15条和第59条赋予了税务机关作为征收机关的部分查处权,但目前未实际实施。前文已详述,此处不再赘述。)

正是这种行政征收权和行政处罚权的分离,导致税务机关全责征收面临一些现实问题。征收和处罚的分离首先意味着税务机关在进行征收、追欠执法时,缺乏对违法行为人的威慑力,执法强度不够;其次,征收和处罚的分离导致征收机关和处罚机关存在权责不清晰的情形,容易产生执法推诿;再次,征收和处罚的分离导致对同一违法行为的处理需要在两个机构间进行流转,并作出不同的行政处理,不仅降低了行政效率,也不利于纠纷的高效解决;最后,征收和处罚的分离,也不符合行政权的配置要求,在税收征管领域,税务机关既有征收权也具备对逃税、骗税等违法行为的处罚权。因此,在社会保险费征收领域应进一步统一征收权和行政处罚权的配置,将因社会保险费登记、缴费方面的违法行为统一赋予征收机构,这样更有利于对违法行为的查处,也有利于提高争议解决的效力。

第四节　社会保险行政赔偿争议

根据《中华人民共和国国家赔偿法》(以下简称《国家赔偿法》)第2条,行政赔偿是指行政机关及其工作人员行使职权,侵犯公民、法人和其他组织的人身权、财产权等合法权益,给相对人造成损害的,依法需要承担损害赔偿责任,履行赔偿义务。全责征收模式下,社会保险费征收机构、社会保险行政部门、社会保险经办机构在履行社会保险费相关职责时,用人单位或劳动者可能因社保费补缴、征收、查处等争议问题同时认为行政机关未依法履行职责,导致其财产权利或社会保险待遇受损,从而要求行政机关赔偿损失。结合《国家赔偿法》,一般会有以下几个方面的问题。

一、行政赔偿范围

《国家赔偿法》第二章第一节规定了行政赔偿的范围,其中第3条规定了侵犯人身权的行政赔偿范围。[①] 社会保险费征收主要涉及行政相对人财产权,社会保险行政赔偿争议一般不属于该条所涉范围,而可能涉及第4条关于侵犯财产权的赔偿规定,"行政机关及其工作人员在行使行政职权时有下列侵犯财产权情形之一的,受害人有取得赔偿的权利:(一)违法实施罚款、吊销许可证和执照、责令停产停业、没收财物等行政处罚的;(二)违法对财产采取查封、扣押、冻结等行政强制措施的;(三)违法征收、征用财产的;(四)造成财产损害的其他违法行为"。如前文所述,社会保险行政部门对于不按时登记、未足额缴纳社会保险费等社保违法行为可处以罚款,全责征收模式下部分省市规定税务机关作为社会保险费征收机构具有一定情形下的查处权(未实际实施),在查处过程中可能引起争议。而《社会保险法》第63条规定社会保险费征收机构仅能申请人民法院扣押、查封欠费单位财产,无法自行采取行政强制措施,一般不会因此引起行政赔偿争议。

二、行政赔偿要件

根据行政赔偿定义可知,其要件包括主体行为、损害结果、因果关系三个要件。

首先,行政侵权主体、赔偿义务主体并非当然一致,如行政机关工作人

[①] 该法第3条规定:"行政机关及其工作人员在行使行政职权时有下列侵犯人身权情形之一的,受害人有取得赔偿的权利:(一)违法拘留或者违法采取限制公民人身自由的行政强制措施的;(二)非法拘禁或者以其他方法非法剥夺公民人身自由的;(三)以殴打、虐待等行为或者唆使、放纵他人以殴打、虐待等行为造成公民身体伤害或者死亡的;(四)违法使用武器、警械造成公民身体伤害或者死亡的;(五)造成公民身体伤害或者死亡的其他违法行为。"

员可作为侵权主体,但不属于赔偿义务主体。《国家赔偿法》第 7 条[①]规定了行政赔偿机关的确定方式。同时,引起行政赔偿责任的侵权行为需为社会保险相关行政机关在行使职权相关过程中实施的,如行政征收决定。

其次,损害结果方面,无论是民事赔偿还是行政赔偿均要求侵权行为给受害人造成人身权、财产权等损害后果。如用人单位认为税务机关多收其社保费或征收对象错误,劳动者认为税务机关不予征收行政不作为行为导致其无法足额享受社会保险费待遇等情形。在举证责任方面,《行政诉讼法》第 38 条第 2 款规定,"在行政赔偿、补偿的案件中,原告应当对行政行为造成的损害提供证据。因被告的原因导致原告无法举证的,由被告承担举证责任"。《最高人民法院关于适用〈中华人民共和国行政诉讼法〉的解释》第 47 条第 1 款规定,"根据行政诉讼法第三十八条第二款的规定,在行政赔偿、补偿案件中,因被告的原因导致原告无法就损害情况举证的,应当由被告就该损害情况承担举证责任"。据此,相对人需要提供证据证明其损失。

最后,主体侵权行为需与客观损害后果之间存在因果关系,损害赔偿责任方能成立。实践中,因果关系无疑是判断是否应当赔偿的关键要件。如用人单位向社会保险经办机构单方申请办理参保登记以后,未及时足额缴纳社保费,导致劳动者无法享受医保待遇,从而与待遇支付部门产生赔偿争议。对于该类争议,《国家赔偿法》第 5 条规定,"属于下列情形之一的,国家不承担赔偿责任:(一)行政机关工作人员与行使职权无关的个人行为;(二)因公民、法人和其他组织自己的行为致使损害发生的;(三)法律规定的其他情形"。系因用人单位自身行为导致损害发生,待遇支付部门并无赔偿义务。

---

① 该法第 7 条规定:"行政机关及其工作人员行使行政职权侵犯公民、法人和其他组织的合法权益造成损害的,该行政机关为赔偿义务机关。两个以上行政机关共同行使行政职权时侵犯公民、法人和其他组织的合法权益造成损害的,共同行使行政职权的行政机关为共同赔偿义务机关。法律、法规授权的组织在行使授予的行政权力时侵犯公民、法人和其他组织的合法权益造成损害的,被授权的组织为赔偿义务机关。受行政机关委托的组织或者个人在行使受委托的行政权力时侵犯公民、法人和其他组织的合法权益造成损害的,委托的行政机关为赔偿义务机关。赔偿义务机关被撤销的,继续行使其职权的行政机关为赔偿义务机关;没有继续行使其职权的行政机关的,撤销该赔偿义务机关的行政机关为赔偿义务机关。"

三、行政赔偿程序特点

《国家赔偿法》第二章第三节对于行政赔偿程序进行了详细的规定。行政赔偿请求人可就损害向行政赔偿义务机关提出其针对损害的一项或数项赔偿要求，赔偿义务机关应当自收到申请之日起两个月内，作出是否赔偿的决定。需要注意的是，《国家赔偿法》第9条第2款规定，"赔偿请求人要求赔偿，应当先向赔偿义务机关提出，也可以在申请行政复议或者提起行政诉讼时一并提出"。赔偿请求人可选择单独提出和复议、诉讼一并提出的两种申请方式，如其单独提出，应先由行政赔偿义务机关先行处理；一并提出申请情形下则不要求先行处理程序。

《国家赔偿法》第14条规定，"赔偿义务机关在规定期限内未作出是否赔偿的决定，赔偿请求人可以自期限届满之日起三个月内，向人民法院提起诉讼。赔偿请求人对赔偿的方式、项目、数额有异议的，或者赔偿义务机关作出不予赔偿决定的，赔偿请求人可以自赔偿义务机关作出赔偿或者不予赔偿决定之日起三个月内，向人民法院提起诉讼"。可见，缴费单位或个人向社会保险相关部门单独申请行政赔偿的，不适用行政复议程序。

四、时效问题

《国家赔偿法》第39条规定，"赔偿请求人请求国家赔偿的时效为两年，自其知道或者应当知道国家机关及其工作人员行使职权时的行为侵犯其人身权、财产权之日起计算，但被羁押等限制人身自由期间不计算在内。在申请行政复议或者提起行政诉讼时一并提出赔偿请求的，适用行政复议法、行政诉讼法有关时效的规定。赔偿请求人在赔偿请求时效的最后六个月内，因不可抗力或者其他障碍不能行使请求权的，时效中止。从中止时效的原因消除之日起，赔偿请求时效期间继续计算"。社会保险相关行政机关在处理赔偿申请时亦应注意时效是否已经经过，并审查申请人所主张的中止事由是否成立。

第五节 案例评述

案例 10-1 陈某、某设备科技有限公司劳动合同纠纷案

‖案情简介‖

陈某于2012年9月1日入职某设备公司,担任技术部技术工,该公司于2016年3月30日与陈某签订了书面劳动合同,合同期限从2016年3月30日起至2017年3月29日止。2016年4月21日,双方签订公司辞退职工经济补偿协议书,解除双方的劳动合同关系,某公司向陈某支付经济补偿金合计5600元,双方不再存在任何劳动和经济纠纷。某设备公司未为陈某缴纳社会保险费以及住房公积金。

陈某确认协议书上的签名和指纹均属于其本人,并领取了相应的款项,但主张该协议属于"霸王条款",应予以撤销,并要求某设备公司支付违法解除劳动关系的赔偿金、代通知金、加班费差额并补缴社会保险费等。某设备公司主张双方协商一致解除劳动合同,并未强迫其签字,该协议合法有效。双方就此产生争议,经劳动仲裁后诉至法院。劳动仲裁及法院一审、二审判决均确认双方的劳动合同关系已经解除,并驳回陈某的其他诉请。陈某仍不服,向某省法院提出再审申请。

‖法院裁判‖

法院经审理认为:本案系劳动合同纠纷,根据陈某与某设备公司签订的公司辞退职工经济补偿协议书,该公司向陈某支付经济补偿金5600元后,双方不再存在任何劳动和经济纠纷。陈某确认该协议书上的签名和指纹均属于其本人,并领取了相应的款项。虽陈某主张是为了结算工资而被迫签订上述协议书的,但未能提供充分证据予以证明。陈某作为一名完全行为能力人,可以也应该预见到签订该协议书的法律后果,公司辞退职工经济补偿协议书

合法有效，并对双方具有约束力。陈某关于某公司向其支付违法解除劳动关系的赔偿金、代通知金、加班费差额等的主张缺乏法律依据，一审、二审法院不予支持并无不当。

征缴社会保险费用是社保行政机构的法定职责，根据《最高人民法院关于审理劳动争议案件适用法律若干问题的解释（二）》第7条"下列纠纷不属于劳动争议：（一）劳动者请求社会保险经办机构发放社会保险金的纠纷……"之规定，陈某关于某设备公司为其足额补缴社会保险费用的诉请不属于人民法院审理劳动争议案件的范围，一审、二审法院不予处理正确。陈某关于某设备公司为其足额补缴住房公积金及利息的诉请亦不属于人民法院审理劳动争议案件的范围，一审、二审法院不予处理并无不当。裁定：驳回陈某的再审申请。

┃案件评析┃

用人单位与劳动者的纠纷往往会因劳动关系确认、工资问题引发社会保险参保及费用缴纳问题。劳动者一般将普通的劳动纠纷与社会保险费征收纠纷一并以劳动仲裁、民事诉讼的方式提起。从现在的司法实践看，其实已基本明确，劳动仲裁机构及人民法院对于社会保险费补缴争议一般不通过民事途径解决，而应由劳动者向社会保障行政部门或社会保险费征收机构提出诉求，由行政部门通过行政决定的方式解决。如劳动者对行政决定不服，再通过行政复议和行政诉讼解决。该种处理方式不仅很好地厘清了法律关系，而且保持了民事司法和行政执法的界限，有利于行政执行标准的统一。本案中法院裁定补缴社会保险费类争议属于劳动者与用人单位的行政争议，是征收与缴纳之间的纠纷，属于行政管理范畴，带有社会管理性质，并非仅为单一的劳动者与用人单位之间的社保争议，因此此类争议不宜纳入民事审判的范围，应另行向相关行政部门主张权利。

案例10-2　王某与某煤气公司劳动合同纠纷

┃案情简介┃

王某于2004年到某煤气公司工作，2008年4月被聘为生产车间主任。

2010年1月,某煤气公司任命李某为公司执行副经理,负责公司债务的清理清偿及与当地政府的协调工作。2010年2月9日,李某为办公室主任张某出具便条,告之欠王某近5个月的工资按2.5万元计算,另告之给予王某经济补助3万元,合计给付王某5.5万元。同日,张某将所欠王某工资及经济补偿金列出明细交给某煤气公司破产重整清算组。

2010年1月14日,某市某人民法院裁定某煤气公司宣布破产重整,某煤气公司破产重整清算组成立,王某任破产重整清算组组长。2011年春节前夕,某煤气公司将王某未发放的工资予以支付,对经济补偿金未同意发放。

2012年7月18日,王某向某市劳动人事争议仲裁委员会申请仲裁,要求某煤气公司支付工资及相关费用55766.07元。某市劳动人事争议仲裁委员会于同日作出不予受理通知书。2013年2月21日,王某向法院起诉,请求依法判令某煤气公司支付工资补偿金3万元,维权所花费的误工费、交通费3.2万元,赔偿欠缴的社会保险费用。

|法院裁判|

法院经审理认为:《社会保险费征缴暂行条例》第23条、第26条规定,缴费单位未按照规定办理社会保险登记、变更登记或者注销登记,或者未按照规定申报应缴纳的社会保险费数额的,由劳动保障行政部门责令限期改正;缴费单位逾期拒不缴纳社会保险费、滞纳金的,由劳动保障行政部门或者税务机关申请人民法院依法强制征缴。《最高人民法院关于审理劳动争议案件适用法律若干问题的解释(三)》第1条规定,劳动者以用人单位未为其办理社会保险手续,且社会保险经办机构不能补办导致其无法享受社会保险待遇为由,要求用人单位赔偿损失而发生争议的,人民法院应予受理。根据上述规定,用人单位是否欠缴社会保险费以及如何处理等问题,应由劳动行政部门处理,只有在劳动行政主管部门处理后,社会保险机构仍不能补办手续导致劳动者无法享受社会保险待遇时,人民法院方能受理劳动者要求用人单位赔偿的诉讼。本案中,王某要求某煤气公司赔偿欠缴的社会保险费用,未经劳动行政主管部门处理,对该项诉讼请求不予理涉。上述规定的适用范围并不排除破产重整企业,王某称某煤气公司处于破产重整阶段,故依据《中华人民共和国企业破产法》（以下简称《企业破产法》）第48条规定，人民法院应受理本案，理由不能成立。裁定：驳回再审申请。

▎案件评析▎

本案与上一案例存在相似之处，仍属于社会保险费补缴争议案件。如前所述，劳动者不能通过劳动仲裁或民事诉讼直接要求人民法院判决用人单位补缴社会保险，而应通过行政程序向有关行政部门要求解决。但值得注意的是，如果因用人单位原因导致劳动者不能享受社会保险待遇，劳动者则可以依据最高人民法院相关司法解释直接向人民法院提起民事诉讼，要求用人单位赔偿损失。

案例10-3　某镇卫生院与黄某劳动争议案

▎案情简介▎

黄某于2003年9月10日开始在某镇卫生院从事打更及锅炉工的工作，当时未签订书面劳动合同。2008年11月25日，双方补签书面劳动合同，约定服务期自2008年11月25日至2013年11月25日。黄某冬天工资为1900元，夏天工资为700元，黄某至今仍在某镇卫生院工作，该卫生院没有为黄某缴纳社会养老保险，也没有办理相关退休手续。2018年1月28日，黄某提起劳动仲裁，某县劳动人事争议仲裁委员会于2018年2月26日下发了裁决书。某镇卫生院不服仲裁裁决，提起诉讼，要求法院确认自2014年9月4日起某镇卫生院与黄某之间劳动合同终止；自2014年9月4日开始某镇卫生院与黄某之间属于劳务关系。依法驳回黄某请求某镇卫生院支付工资（退休金）及调整工资（退休金）的请求。某县社会保障事业管理局于2018年7月30日出具证明：黄某在该局未参加养老保险，现超龄无法参保缴费。

▎法院裁判▎

法院经审理认为：关于黄某与某镇卫生院是何种法律关系的问题。依据《中华人民共和国劳动合同法实施条例》（以下简称《劳动合同法实施条例》）第 21 条"劳动者达到法定退休年龄的，劳动合同终止"的规定，黄某至今仍在该卫生院工作，黄某在其达到 60 岁之前与该卫生院存在劳动关系，60 岁之后双方当事人存在劳务关系。关于本案是否是劳动争议案件，某镇卫生院是否应当赔偿黄某损失的问题。依据《最高人民法院关于审理劳动争议案件适用法律若干问题的解释（三）》第 1 条"劳动者以用人单位未为其办理社会保险手续，且社会保险经办机构不能补办导致其无法享受社会保险待遇为由，要求用人单位赔偿损失而发生争议的，人民法院应予受理"的规定，黄某因某镇卫生院未为其办理社会保险手续，其提供了某县社会保障局出具的证明证实无法参保缴费，导致其无法享受社会保险待遇而要求该卫生院赔偿其损失，某镇卫生院对该证据没有异议，本院对该证据予以采信，本案依据法律规定属于劳动争议，本案经过仲裁程序并无不当。判决：2018 年 10 月 1 日起，某镇卫生院按月以 550 元的标准为被告黄某支付退休金，双方终止劳动合同。2018 年 10 月以后，某镇卫生院应当根据某省有关调整企业退休人员退休金的通知精神为被告黄某调整退休金，至黄某失去发放条件为止。

║案件评析║

本案所处理的是劳动者要求用人单位赔偿其因不能享受社会保险待遇而产生的损失赔偿问题。由该案可以看出，法院审理此类争议主要围绕以下四个问题，一为用人单位没有为劳动者办理参加社会保险手续，或未按时足额缴纳社会保险费；二为社会保险经办机构已经无法为其补办；三为前述情形导致了其无法享受社会保险待遇的后果；四为劳动者主张的诉讼请求是要求用人单位承担赔偿责任而非社会保险费补缴。

案例 10-4 杜某与某税务局行政赔偿案[①]

║案情简介║

2013 年 8 月，某税务局根据第三人 A 公司申请将其公司职工杜某（本案

---

① 本案与第三章案例 3-1 起因相同，但诉求和分析角度不同。

原告）等 3 人的社保干部身份修改为工人身份。杜某经复议、行政诉讼要求撤销该身份变更登记行为。2014 年 10 月，某法院作出二审判决认为某税务局将"干部"变更为"工人"行政行为属于超越职权，但不属于应当被确认违法的情形，判决撤销该变更登记行为。2014 年 10 月 30 日，杜某在社保费征收管理信息系统中的身份显示为"干部"。2018 年 11 月，杜某向某税务局提交行政赔偿申请，认为因某税务局未于 2014 年 8 月 11 日其满 50 周岁时及时变更回"干部"，导致 A 公司在当日违法解除双方劳动合同。故向某税务局请求赔偿因错误变更其社保信息行为导致的损失和 A 公司违法解除劳动合同经济赔偿金、应发工资损失。2019 年 1 月，某税务局作出不予赔偿决定书，决定不予赔偿。杜某不服，诉至法院，请求撤销不予赔偿决定书，赔偿其上述损失并承担本案诉讼费用。

｜税务局答辩｜

某税务局答辩称：（1）我局作为涉案税务行政机关，具有《国家赔偿法》规定的受理国家赔偿申请，并依法作出是否赔偿决定的职权。（2）原告与第三人的劳动争议民事判决已确认，双方劳动合同属于合法解除。原告关于被违法解除劳动合同的主张与民事判决确立的事实并不相符。其所主张的被违法解除劳动合同的损失实际并不存在，无须给予赔偿。（3）尽管我局的变更登记行为被人民法院撤销，但根据劳动争议民事判决的认定，A 公司系根据劳动合同约定的"技术工人类"岗位身份，以原告达到 50 周岁法定退休年龄为由，与其终止劳动关系。可见，原告被解除劳动合同是因其劳动合同约定及自身年龄状况所致，与我局社会保险登记行政行为并无关联。因此，原告关于我局社会保险信息登记错误导致其被违法解除劳动合同遭受损失的理由，与生效判决的认定以及本案客观事实并不相符，其理据不能成立。其赔偿请求不属于《国家赔偿法》规定的应给予国家赔偿的事项，依法不应给予赔偿。（4）根据《国家赔偿法》第 39 条，赔偿请求人请求国家赔偿的时效为两年，自其知道或者应当知道国家机关及其工作人员行使职权时的行为侵犯其人身权、财产权之日起计算。本案行政登记判决生效时间为 2014 年，原告于 2018 年 11 月提出行政赔偿申请，明显已超过两年的时效，依法不应赔偿。

法院裁判

法院经审理认为：本案属于行政赔偿纠纷。根据《国家赔偿法》第39条第1款，[①]请求赔偿时效为两年，某税务局于2013年8月在社会保险信息系统中将杜某的身份由"干部"变更为"工人"，2014年10月行政登记相关行政判决书认定某税务局的身份变更登记行为属于超越职权，判决撤销该行政行为。杜某应当自其知道或者应当知道其人身权、财产权受到侵害之日起两年内提出单独赔偿申请。本案中，杜某于2018年11月申请国家赔偿明显已超过赔偿时效。杜某主张其至2018年2月某市检察院决定不支持其关于劳动争议民事判决的监督申请时才知晓其权利受到侵害，本院不予认可。此外，杜某主张的损失与某税务局错误变更社保信息的行为并无因果关系。判决：驳回原告诉讼请求。

案件评析

本案涉及社会保险行政赔偿争议的因果关系认定与时效问题。行政赔偿责任的承担需以因果关系存在为前提，本案中原告杜某在民事判决认定劳动关系合法的情况下主张税务机关行为导致合同违法解除，本身事实依据有误。同时，劳动合同属于用人单位和劳动者之间的民事约定，依法或依约签订、解除，税务机关关于社会保险信息的更改不会导致劳动合同的变更和解除。关于时效问题，《国家赔偿法》规定申请赔偿的时效是两年，且仅规定了"不可抗力或者其他障碍不能行使请求权"时效中止事由，并未明确时效可中断。社会保险费征收机构、经办机构及社会保险行政部门在审查申请事项时，对相对人提出的时效中止事由是否属于"不可抗力或其他障碍"具有一定的裁量权，我们认为，其他障碍应当具备客观上足以阻碍相对人在时效内提出申请的程度，相对人客观上无法克服，否则一般不构成中止事由。

[①] 该法第39条第1款规定："赔偿请求人请求国家赔偿的时效为两年，自其知道或者应当知道国家机关及其工作人员行使职权时的行为侵犯其人身权、财产权之日起计算，但被羁押等限制人身自由期间不计算在内。在申请行政复议或者提起行政诉讼时一并提出赔偿请求的，适用行政复议法、行政诉讼法有关时效的规定。"

第十一章　涉社会保险费政府信息公开

　　涉及社会保险费政府信息公开事项属于社会保险行政管理部门、经办机构以及征收部门的行政职权范围。一般而言，涉社会保险费政府信息公开事项存在三种类型：一为社会保险基金信息的整体、主动公开；二为各级劳动保障行政部门及其社会保险经办机构对缴费单位和缴费个人的信息公开；三为依申请公开他人社会保险费信息。2019年《中华人民共和国政府信息公开条例》（以下简称《政府信息公开条例》）修订完成，修改幅度较大，本章在修订后的《政府信息公开条例》基础上就上述三类涉社会保险费政府信息公开事项展开论述。

第一节　政府信息公开一般规定

　　2007年4月5日国务院公布《政府信息公开条例》，2019年4月3日国务院公布修订后的《政府信息公开条例》，修订后的条例于2019年5月15日正式施行。本次修订从多个方面进行了完善，本节通过对比修订前后条例的内容来具体阐述政府信息公开的一般规定。

一、进一步明确了政府信息公开主体

　　修订前的《政府信息公开条例》第17条是对公开主体的规定，该条规定"行政机关制作的政府信息，由制作该政府信息的行政机关负责公开；行政机关从公民、法人或者其他组织获取的政府信息，由保存该政府信息的行政机关负责公开。法律、法规对政府信息公开的权限另有规定的，从其规定"。确立了"谁制作，谁公开"的公开主体原则，但是对于"公民、法人或者其他组

织"的具体含义未予明确。此前实践中由此争议较大的是,"法人、其他组织"是否包含其他行政机关这一问题。若认为包含,那么当行政机关从其他行政机关获取相关政府信息时,出现几个行政机关均保存同一政府信息的情况,则几个行政机关均负有公开义务,会不可避免出现相互推诿的现象。为解决该争议,修订后的《政府信息公开条例》第10条第1款明确将"其他组织"与"其他行政机关"并列,规定"行政机关从公民、法人和其他组织获取的政府信息,由保存该政府信息的行政机关负责公开;行政机关获取的其他行政机关的政府信息,由制作或者最初获取该政府信息的行政机关负责公开"。据此,当行政机关从其他行政机关获取了相应的政府信息,公开主体应为"制作或最初获取该政府信息的行政机关"。修订后的规定有利于行政相对人更明确、更有针对性地向最了解该项政府信息内容、制作背景的行政主体申请公开,避免了保存信息的行政机关相互推诿,亦减少行政机关内部关于政府信息是否公开的横向磋商或纵向请示过程,有利于提高行政效率、降低公开风险。

同时,修订后的《政府信息公开条例》第10条第2款规定,"行政机关设立的派出机构、内设机构依照法律、法规对外以自己名义履行行政管理职能的,可以由该派出机构、内设机构负责与所履行行政管理职能有关的政府信息公开工作"。据此,若"以自己名义履行行政管理职能",则派出机构和内设机构也可以负责与其"履行行政管理职能有关的政府信息公开工作"。该条款明确了派出机构和内设机构成为政府信息公开主体的前提和范围。修订后的《政府信息公开条例》亦明确了政府信息由两个以上行政机关共同制作时,牵头制作行政机关的公开主体责任。①

二、扩大了主动公开的深度和范围

修订后的《政府信息公开条例》第三章对主动公开的范围、方式和期限等作出详细的规定。相比修订前的条例,修订后的条例扩大了主动公开的范围,新增公共服务、治安管理、公务员招考信息等信息。需要注意的是,修

---

① 该条例第10条第3款规定:"两个以上行政机关共同制作的政府信息,由牵头制作的行政机关负责公开。"

订后的条例规定了行政机关需要主动公开实施行政处罚、行政强制的依据、条件、程序以及本行政机关认为具有一定社会影响的行政处罚决定。

修订后的《政府信息公开条例》第18条规定，"行政机关应当建立健全政府信息管理动态调整机制，对本行政机关不予公开的政府信息进行定期评估审查，对因情势变化可以公开的政府信息应当公开"。该条例第22条规定，"行政机关应当依照本条例第二十条、第二十一条的规定，确定主动公开政府信息的具体内容，并按照上级行政机关的部署，不断增加主动公开的内容"。该条例第44条规定，"多个申请人就相同政府信息向同一行政机关提出公开申请，且该政府信息属于可以公开的，行政机关可以纳入主动公开的范围。对行政机关依申请公开的政府信息，申请人认为涉及公众利益调整、需要公众广泛知晓或者需要公众参与决策的，可以建议行政机关将该信息纳入主动公开的范围。行政机关经审核认为属于主动公开范围的，应当及时主动公开"。上述规定要求行政机关应主动公开与公众关系密切的政府信息，建立健全政府信息管理动态调整机制以及依申请公开向主动公开的转化机制。

三、明确了"以公开为常态，不公开为例外"的原则

修订后的《政府信息公开条例》第13条第1款规定，"除本条例第十四条、第十五条、第十六条规定的政府信息外，政府信息应当公开"。条例采取了排除性的规定方式，除条例明确可以不予公开以外的政府信息均应予以公开，确立了"以公开为常态，以不公开为例外"的原则，具有很大的现实意义。该条原则性规定之后的第14条、第15条、第16条[①]明确了不予公开、予以公开、可以不予公开的具体情形。也就是说，实践中涉及公开与否审查

---

① 该条例第14条规定："依法确定为国家秘密的政府信息，法律、行政法规禁止公开的政府信息，以及公开后可能危及国家安全、公共安全、经济安全、社会稳定的政府信息，不予公开。"该条例第15条规定："涉及商业秘密、个人隐私等公开会对第三方合法权益造成损害的政府信息，行政机关不得公开。但是，第三方同意公开或者行政机关认为不公开会对公共利益造成重大影响的，予以公开。"该条例第16条规定："行政机关的内部事务信息，包括人事管理、后勤管理、内部工作流程等方面的信息，可以不予公开。行政机关在履行行政管理职能过程中形成的讨论记录、过程稿、磋商信函、请示报告等过程性信息以及行政执法案卷信息，可以不予公开。法律、法规、规章规定上述信息应当公开的，从其规定。"

时，行政机关具备充分的行政裁量权。如该条例第 15 条规定，"涉及商业秘密、个人隐私等公开会对第三方合法权益造成损害的政府信息，行政机关不得公开。但是，第三方同意公开或者行政机关认为不公开会对公共利益造成重大影响的，予以公开"。首先，关于商业秘密，条例并未对其下定义，可参考《中华人民共和国反不正当竞争法》（以下简称《反不正当竞争法》）第 9 条第 4 款规定，"本法所称的商业秘密，是指不为公众所知悉、具有商业价值并经权利人采取相应保密措施的技术信息、经营信息等商业信息"。但政府信息公开条例中商业秘密不得公开的规定是基于避免对第三方合法权益造成损害的考虑，而反不正当竞争法主要是为了鼓励和保护公平竞争，制止不正当竞争行为，两者的目的不同，打击程度有所区别，两者所规定的商业秘密的内涵和外延是否一致值得细思。行政机关在公开此类政府信息时仍然需要斟酌。而随着"以公开为原则，不公开为例外"原则的确立，司法机关在政府信息公开案件审理中将会关注具体政府信息公开的可行性，审查行政机关是否存在推诿、怠于公开情形。因此，在利益权衡作出政府信息公开决定的过程中，行政机关需优先考虑公开可行与否，而不能选择规避公开义务，否则容易产生不作为的诉讼风险。

修订后的《政府信息公开条例》增加了不予公开的范围。条例修改以前，对于内部管理信息及过程性信息是否应予公开存在一定争议。2010 年发布的《国务院办公厅关于做好政府信息依申请公开工作的意见》第 2 条第 2 款规定，"行政机关向申请人提供的政府信息，应当是正式、准确、完整的，申请人可以在生产、生活和科研中正式使用，也可以在诉讼或行政程序中作为书证使用。因此，行政机关在日常工作中制作或者获取的内部管理信息以及处于讨论、研究或者审查中的过程性信息，一般不属于《条例》所指应公开的政府信息"。本次修订从条例层面予以细化，第 16 条规定，"行政机关的内部事务信息，包括人事管理、后勤管理、内部工作流程等方面的信息，可以不予公开。行政机关在履行行政管理职能过程中形成的讨论记录、过程稿、磋商信函、请示报告等过程性信息以及行政执法案卷信息，可以不予公开。法律、法规、规章规定上述信息应当公开的，从其规定"。该规定确认了行政机关的内部事务信息及过程性信息、行政执法案卷信息的相对豁免公开责任。据此，上述信息不能一概不予公开，但从行政行为决定作出过程的充分意见表达角度考虑，若公开会议纪要等信息，将会导致行政行为作出主体在履行内部事务或对外作出决定过程中有所顾虑，而不能充分参与，则会导致不能形成成熟有效的行政决策机制。

四、取消了依申请公开的"三需要"门槛，规范不当申请行为

修订后的《政府信息公开条例》删除了修订前该条例第 13 条关于"自身生产、生活、科研等特殊需要"的限制性申请条件，修订后的《政府信息公开条例》第 29 条第 1 款规定，"公民、法人或者其他组织申请获取政府信息的，应当向行政机关的政府信息公开工作机构提出，并采用包括信件、数据电文在内的书面形式；采用书面形式确有困难的，申请人可以口头提出，由受理该申请的政府信息公开工作机构代为填写政府信息公开申请"。据此规定，申请人向行政机关的政府信息公开处理部门提出书面申请，申请内容符合要求即可申请获取政府信息，没有"三需要"的固定条件。

值得注意的是，虽然修订后的《政府信息公开条例》进一步保障了公民、法人或其他组织申请政府信息公开的权利，但不代表权利可以毫无限制地行使。鉴于修订前的《政府信息公开条例》实施经验，实践中存在部分申请人大量、重复提出政府信息公开申请的现象。为约束该种行为，修订后的《政府信息公开条例》第 35 条规定，"申请人申请公开政府信息的数量、频次明显超过合理范围，行政机关可以要求申请人说明理由。行政机关认为申请理由不合理的，告知申请人不予处理；行政机关认为申请理由合理，但是无法在本条例第三十三条规定的期限内答复申请人的，可以确定延迟答复的合理期限并告知申请人"。该条例第 36 条规定，"对政府信息公开申请，行政机关根据下列情况分别作出答复……（六）行政机关已就申请人提出的政府信息公开申请作出答复、申请人重复申请公开相同政府信息的，告知申请人不予重复处理……"该条例第 42 条第 1 款规定，"行政机关依申请提供政府信息，不收取费用。但是，申请人申请公开政府信息的数量、频次明显超过合理范围的，行政机关可以收取信息处理费"。上述不予重复处理、要求说明理由、延迟答复并收取信息处理费等措施将有效减轻政府信息公开工作机构的压力和顾虑，识别不正当目的的信息公开申请。

对于相对人以政府信息公开的方式进行信访、投诉、举报等行为的，修订后的《政府信息公开条例》第39条规定，行政机关应当告知申请人不作为政府信息公开申请处理并可以告知通过相应渠道提出。因信访、投诉、举报等活动均有相应的程序规定，不适用政府信息公开条例。例如，《信访条例》中即对信访事项的提出、受理、办理等程序作出细化规定，况且，信访具有不可诉的特性，但政府信息公开回复作为行政行为具有可诉性，两者需区分处理。

五、完善了依申请公开程序

修订后的《政府信息公开条例》完善了依申请公开的程序，明确了政府信息公开申请的内容要求、补正程序、答复规范、征求第三方意见程序及相应的期限扣除等内容。关于补正程序，修订后的《政府信息公开条例》第30条规定，"政府信息公开申请内容不明确的，行政机关应当给予指导和释明，并自收到申请之日起7个工作日内一次性告知申请人作出补正，说明需要补正的事项和合理的补正期限。答复期限自行政机关收到补正的申请之日起计算。申请人无正当理由逾期不补正的，视为放弃申请，行政机关不再处理该政府信息公开申请"。与修订前的《政府信息公开条例》第21条规定的"申请内容不明确的，应当告知更改、补充"对比，修订后的条例并未直接结束政府信息公开办理程序，而增加了指导、释明以及一次性告知环节，更好地减少了程序流转和重复，具备更高的灵活性和可操作性，提高了处理效率。

不过，对于补正期限计算问题，在条例修改前，2015年发布的《国务院办公厅政府信息与政务公开办公室关于政府信息公开期限有关问题的解释》，曾对收到信息公开申请的时点确定问题和补正期间停止计算期限问题作出答复。答复称补正期间停止计算办理时限，自行政机关收到补正材料之后继续计算剩余部分期限，申请人逾期不补正的视为撤回信息公开申请。需注意，与该回复不同，修订后的《政府信息公开条例》规定，答复期限系自行政机关收到补正申请之日起重新计算，申请人逾期不补正的视为放弃申请，行政机关不再处理。

在答复规范方面，修订后的《政府信息公开条例》第36条列明七种答复情况。第一，对于所申请公开信息已经主动公开的，行政机关负有告知申请人获取该政府信息方法、途径的义务。第二，对于所申请公开信息可以公开的，直接提供该政府信息或告知其获取方式、途径。第三，行政机关决定不予公开的需说明理由。第四，经检索，没有所申请公开信息的，告知申请人该政府信息不存在。需注意的是，行政机关需在了解所申请政府信息的内涵以后，穷尽检索方式，仍不能发现该信息的，方可作出不存在的回复。若行政机关不能理解所申请公开信息具体所指，应当适用第30条关于补正的规定，而不能独自猜测，甚至直接作出不存在的答复。第五，修订后的《政府信息公开条例》降低了不属于本行政机关负责公开政府信息情形的指引义务，行政机关能够确定负责公开主体的情况下，才必须向申请人告知该行政机关的名称和联系方式。第六，申请人重复申请公开的，行政机关不予重复处理。第七，对于工商、不动产登记资料等信息，因另有法律、行政法规存在特别规定，不适用《政府信息公开条例》，行政机关应告知申请人按照有关法律、行政法规的规定办理。例如，《不动产登记资料查询暂行办法》即对权利人、利害关系人等查询不动产登记资料的程序作出了详细的规定，申请人应根据该办法提出申请。同时，修订后的《政府信息公开条例》第36条延续修订前的条例，规定"申请公开的信息中含有不应当公开或者不属于政府信息的内容，但是能够作区分处理的，行政机关应当向申请人提供可以公开的政府信息内容，并对不予公开的内容说明理由"。要求行政机关对于所申请公开的政府信息进行区分处理，并增加了对不予公开内容说明理由的要求，实为"以公开为常态，不公开为例外"处理原则的体现。由此可见，为保障申请人依法获取政府信息的合法权利，行政机关应当在力所能及的范围内排除客观障碍予以公开，而不能仓促、草率地作出回复或怠于履行政府信息公开职责。

同时，修订后的《政府信息公开条例》还要求行政机关强化便民服务举措，明确行政机关不具有加工、分析义务及政府信息公开工作年度报告期限等内容。税务机关及社会保险经办机构在实际涉社会保险费政府信息公开工作中，应依据修订后的《政府信息公开条例》履行相应的政府信息公开职责。

第二节　社会保险基金信息公开

《社会保险法》第70条规定，"社会保险经办机构应当定期向社会公布参加社会保险情况以及社会保险基金的收入、支出、结余和收益情况"。《政府信息公开条例》第20条规定，"行政机关应当依照本条例第十九条的规定，主动公开本行政机关的下列政府信息……（十一）扶贫、教育、医疗、社会保障、促进就业等方面的政策、措施及其实施情况……"该两项条款是主动公开社会保险基金信息的法律、行政法规依据。原劳动和社会保障部分别于2001年、2007年出台了《劳动和社会保障部关于认真做好公布社会保险费征缴情况工作的通知》《劳动和社会保障部关于建立社会保险信息披露制度的指导意见》，两个文件细化了社会保险基金信息公开的范围、程序和内容。2014年，人力资源和社会保障部印发《关于进一步健全社会保险信息披露制度的通知》，该通知进一步规范、补充了社会保险信息披露事项和内容。

按上述文件规定，各级劳动保障行政部门及社会保险经办机构应围绕社会保险经办管理服务的职责，按照有关法律法规和政策规定披露各项社会保险参保人数、享受待遇情况，各项社会保险基金收支、运行总体情况，社会保险经办管理服务的基本情况、重要事项和社会保险违规违纪典型案例处理及整改情况等。根据《关于进一步健全社会保险信息披露制度的通知》要

求，社会保险信息具体披露内容如下：[①]

（1）各项社会保险参保情况，包括参保人数、人员结构，企业职工基本养老保险抚养比等；

（2）社会保险缴费情况，包括缴费人数、参保职工平均缴费基数和清理企业欠费等情况；

（3）享受社会保险待遇情况，包括各项社会保险待遇享受人数、待遇水平；

（4）企业职工基本养老保险个人账户记账利率等；

（5）各项社会保险基金情况，包括收入及来源结构、支出及结构、存储结构和收益情况，基本养老保险基金投资运营情况；

（6）社会保险关系转移接续和制度衔接情况；

（7）定点医疗机构数量和名录、医疗费用结算情况、与医保相关的医疗服务信息，定点零售药店数量和名录及相关服务情况；

（8）社会保险基金违法违规问题查处及整改情况；

（9）社会保障卡发放情况和主要应用场景，通过公共服务平台可为参保人员提供的网上办事项目；

（10）社会保险经办管理服务主要情况和重要事件；

（11）其他需要披露的事项。

根据原劳动和社会保障部发布的《关于建立社会保险信息披露制度的指导意见》及福建、河南、广东等省市社会保险信息披露办法，在披露内容方面，各地在不违反法律规定、不损害基金安全、不涉及参保单位商业秘密和参保人员隐私的前提下，可以结合当地实际，扩充披露内容和范围，要重视对重大事项及关联信息的披露。社会保险制度经办、管理、服务等事项发生调整时，应及时公布相关信息，披露内容或事项可能引起社会不稳定的，可以不披露或暂缓披露。在披露主体方面，各级劳动保障行政部门负责本地区社会保险信息披露工作的组织、指导和监督工作，负责审批本级所披露的社

---

① 广州市人力资源和社会保障局《关于贯彻落实2017年政务公开工作要点的实施方案》第2条。

会保险信息，社会保险经办机构具体向社会披露。按险种分设社会保险经办机构的地区，由劳动保障行政部门统一组织各经办机构共同向社会披露，各地应于每年4月披露上年社会保险信息。在披露方式渠道方面，需充分利用各种信息平台和资源，通过政府公报、政府网站、新闻发布会以及报刊、广播、电视以及"12333"咨询电话等渠道进行披露，并将信息披露的主要内容置于社会保险服务场所供参保对象及相关利益人查阅。在重大事项发生后，及时制作重大事项临时公告并刊登在主要媒体上，同时登载于本级劳动保障部门政府网站上，网页至少保留12个月。在披露形式方面，各级社会保险经办机构应指定专门部门和专门人员管理信息披露事务，公开披露的社会保险信息应采用中文文本，披露信息中的数字性陈述应使用阿拉伯数字，计量货币为人民币。

从上述文件规定可以看出，在税务部门全责征收社会保险费模式下，社会保险费基金整体信息的公开机构应为各级劳动保障行政部门及其社会保险经办机构。税务部门不具备该类信息公开的职权范围和行政义务。对于社会主体要求税务部门公开此类信息的申请，或认为已公开的此类信息不实、违法等情形的投诉、复议、诉讼，税务部门均能够以不具备相应行政职权，不属于本单位信息公开范围为由作出相应处理。

第三节　缴费单位和参保个人信息公开

《社会保险法》第61条规定，"社会保险费征收机构应当依法按时足额征收社会保险费，并将缴费情况定期告知用人单位和个人"。《社会保险费申报缴纳管理规定》第15条第1款规定，"社会保险经办机构应当及时、完整、准确地记录用人单位及其职工的缴费情况，并将缴费情况定期告知用人单位和职工。用人单位和职工有权按照《社会保险个人权益记录管理办法》等规定查询缴费情况"。据此规定，缴费单位和参保个人对于自身的社会保险信息享有知情权，征收机构应予以告知，并提供查询渠道。关于征收机构具体应该如何履行告知和提供查询的行政职责，本书已在其他章节进行论述，本章节不再讨论。本章节仅从政府信息公开的角度，论述征收机构对此类信息公开申请的处理方法。

修订前的《政府信息公开条例》第 25 条规定，"公民、法人或者其他组织向行政机关申请提供与其自身相关的税费缴纳、社会保障、医疗卫生等政府信息的，应当出示有效身份证件或者证明文件。公民、法人或者其他组织有证据证明行政机关提供的与其自身相关的政府信息记录不准确的，有权要求该行政机关予以更正。该行政机关无权更正的，应当转送有权更正的行政机关处理，并告知申请人"。修订前的《政府信息公开条例》第 13 条规定，"除本条例第九条、第十条、第十一条、第十二条规定的行政机关主动公开的政府信息外，公民、法人或者其他组织还可以根据自身生产、生活、科研等特殊需要，向国务院部门、地方各级人民政府及县级以上地方人民政府部门申请获取相关政府信息"。据此，公民、法人或其他组织可适用政府信息公开申请渠道，向税务机关申请提供与其自身相关的社会保障信息，但应当满足自身生产、生活、科研等特殊需要的要求。而 2019 年修订后的《政府信息公开条例》取消了自身生产、生活、科研"三需要"的限制性条件，因此，根据 2019 年修订后的《政府信息公开条例》第 29 条[①]的规定，公民、法人或其他组织可采用书面方式提出政府信息公开申请，要求税务机关公开相关信息，税务机关应当按信息公开程序和实体规定依法处理。

按照上述《社会保险法》及相关法律法规的规定，社会保险费征收机关具有主动公开义务，应当依职权告知缴费单位、参保人与其相关的社会保险费缴纳信息。如征收机构未依法履行主动公开义务，相对人可能以征收机构未履行法定职责为由，通过行政不作为的复议、诉讼、投诉要求征收机构履行公开职责。同时，相对人还可以直接依照《政府信息公开条例》的有关规

---

① 该条例第 29 条规定："公民、法人或者其他组织申请获取政府信息的，应当向行政机关的政府信息公开工作机构提出，并采用包括信件、数据电文在内的书面形式；采用书面形式确有困难的，申请人可以口头提出，由受理该申请的政府信息公开工作机构代为填写政府信息公开申请。政府信息公开申请应当包括下列内容：（一）申请人的姓名或者名称、身份证明、联系方式；（二）申请公开的政府信息的名称、文号或者便于行政机关查询的其他特征性描述；（三）申请公开的政府信息的形式要求，包括获取信息的方式、途径。"

定，直接提出信息公开申请、查询申请。对于征收机构而言，应当按照相对人所提出获取信息的方式，确定行政处理的程序，并作出相应答复。

值得注意的是，参保单位和个人申请公开自身信息，应视为对自身社保费信息的查询要求，在税务机关已提供查询途径的情况下，用人单位和个人应通过相应方式查询，而不应采取政府信息公开方式获取。但因目前缺少统一全面的程序性规定，为避免争议，若相对人要求以信息公开方式获取其社保费信息时，税务机关可根据具体情况审慎处理。我们认为，若相对人可通过有关途径获取政府信息公开申请内容时，可指引其进行有效查询。

第四节　依申请公开他人社会保险费信息

社会保险信息公开与个人信息保密带有综合性、交叉性，社会保险信息是否属于政府信息公开范围的问题在实践中有一定争议。《社会保险法》第4条第1款规定："中华人民共和国境内的用人单位和个人依法缴纳社会保险费，有权查询缴费记录、个人权益记录，要求社会保险经办机构提供社会保险咨询等相关服务。"该法第81条规定："社会保险行政部门和其他有关行政部门、社会保险经办机构、社会保险费征收机构及其工作人员，应当依法为用人单位和个人的信息保密，不得以任何形式泄露。"人力资源和社会保障部发布的《社会保险个人权益记录管理办法》第23条规定："建立社会保险个人权益记录保密制度。人力资源社会保障行政部门、社会保险经办机构、信息机构、社会保险服务机构、信息技术服务商及其工作人员对在工作中获知的社会保险个人权益记录承担保密责任，不得违法向他人泄露。"

根据上述规定，他人的社会保险信息依法应属于保密信息，一般不得违法公开、泄露。税务机关受理社会主体要求公开他人社会保险信息的申请时，应根据《政府信息公开条例》第17条的规定，对拟公开的政府信息进行涉密性审查，并作出不予公开的决定。执法实践中对于该类信息公开申请的处理最容易产生争议的地方在于以下几个方面。

一、缴费单位涉及的违法社会保险信息是否属于涉密信息问题

在税收征管领域，违法的涉税信息不属于保密信息，可以公开。国家税务总局发布的《纳税人涉税保密信息管理暂行办法》第 2 条第 2 款规定："纳税人的税收违法行为信息不属于保密信息范围。"但在社会保险费征收领域尚无法律法规对违法的社会保险信息是否属于保密信息进行明确，导致执法过程中存在争议。实践中，申请人基于维权、举报、投诉等各种原因可能向税务机关提出信息公开申请，要求税务机关公开某用人单位在一段期限内是否存在社会保险费欠费记录的信息。对于此类请求，税务机关应如何进行答复，是否应一概以社保信息的保密性为由不予公开？我们认为，为了最大限度地降低执法风险，税务机关可先进行相关信息的检索。如经检索，该缴费单位在要求公开的期间内确无欠费信息，税务机关可以作出该缴费单位在特定期间无欠费记录的答复。如经检索，该缴费单位确实存在欠缴记录信息，税务机关应考虑到该信息不仅涉及缴费单位的信息，还涉及对应的参保人员的信息，一般应作出涉密不予公开的答复。当然，税务机关也可以就是否公开该信息向缴费单位和相关参保人征求意见，如其不同意公开，则不予公开。另外一种情况是，经检索该缴费单位的信息因客观原因不存在，可以作出信息不存在，无法公开的答复。

二、征收机构与经办机构之间关于信息公开争议范围问题

由于社会保险费征缴模式的变迁，在税务机关全责征收社会保险费之前，社会保险的有关记录、数据一般由经办机构掌握。实践中，申请人所要求公开的信息可能形成于全责征收之前。对于此类申请，税务机关如经检索，确不具有该等信息或该等信息需要经办机构进行认定的，应书面征询经办机构的意见，再视情况进行答复。当然，税务机关也可以根据客观情况，以不掌握该等信息为由，指引申请人向持有该等信息的经办机构申请公开。但鉴于全责征收模式下，税务机关的全面职责要求，以及根据修订后的《政府信息公开条例》第 11 条"行政机关应当建立健全政府信息公开协调机制。行政

机关公开政府信息涉及其他机关的,应当与有关机关协商、确认,保证行政机关公开的政府信息准确一致"的规定,税务机关一般可以在取得经办机构的答复后,进行信息公开。

三、对数据统计、加工的程度问题

社会保险信息公开往往会涉及对一段时间数据的搜集、统计,甚至分析。《最高人民法院关于审理政府信息公开行政案件若干问题的规定》第2条规定,"公民、法人或者其他组织对下列行为不服提起行政诉讼的,人民法院不予受理:……(三)要求行政机关为其制作、搜集政府信息,或者对若干政府信息进行汇总、分析、加工,行政机关予以拒绝的……"修订后的《政府信息公开条例》第38条规定,"行政机关向申请人提供的信息,应当是已制作或者获取的政府信息。除依照本条例第三十七条的规定能够作区分处理的外,需要行政机关对现有政府信息进行加工、分析的,行政机关可以不予提供"。执法实践中,如何区分对信息的正常统计,与上述最高人民法院司法解释、现行政府信息公开条例所规定的汇总、分析、加工,往往会决定税务机关是否应进行相关信息公开。一般而言,对于计算机系统可以自动生产的社会保险信息,应不属于需要额外汇总、分析、加工的信息。但如需要税务机关进行额外的数据比对、求证、统计、分析应属例外。

第五节 案例评述

案例11-1 刘某与某管委会信息公开案

|案情简介|

2016年12月13日,原告刘某通过网络向被告某管委会提交政府信息公开申请表,所需政府信息一栏填写:"一、申请公开2007年某市第十二批乡镇建设用地涉及的某村8组所有被征地村民的社会保险和最低生活保障明细。"同年12月30日，被告经查询后作出案涉告知书，告知原告关于社会保险的信息已在某市人力资源和社会保障局网站主动公开，请自行查阅；关于最低生活保障明细的公开申请，无法提供相关信息。同时，被告向原告邮寄了其本人的社会保险信息。原告刘某不服，向法院提起诉讼称，被告仅笼统提供某市人力资源和社会保障局首页网址，未告知详细查询方法，原告未能检索到该信息，故被告并未向原告告知获取该政府信息的方式和途径；被告称某村无一低保户，应当证明其已经尽到合理检索义务；被告以"不符合查询要求"为由拒绝提供最低生活保障明细，未告知原告不符合何种查询要求及其理由，也未告知原告如何更改补充。被告的行为侵犯了原告的合法权利。请求撤销被告某管委会作出的案涉告知书，判决被告某管委会依法向原告公开2007年某市第十二批乡镇建设用地涉及的某村8组所有被征地村民的社会保险和最低生活保障明细。

▎管委会答辩▎

被告某管委会辩称：某村8组所有被征地村民的社会保险信息非我单位制作和管理，我单位告知原告某市人力资源和社会保障局网址，原告可以在该网站查询所需信息，我单位行为合法适当；至于最低生活保障明细，我单位无法查询到该部分信息内容，而且该信息涉及个人隐私，依法不应当向原告公开。我单位依法对原告提交的政府信息公开申请作出了答复，且向原告邮寄了其本人的社会保险信息，作出的告知书证据确凿，适用法律、法规正确，程序合法。请求驳回原告刘某的诉讼请求。

▎法院裁判▎

法院经审理认为：原告刘某申请公开的政府信息为2007年某市第十二批乡镇建设用地涉及的某村8组所有被征地村民的社会保险和最低生活保障明细。对于社会保险明细信息的公开申请，根据《社会保险个人权益记录管理办法》第3条第1款之规定，社会保险经办机构负责社会保险个人权益记录管理，提供与社会保险个人权益记录相关的服务。故社会保险相关信息不是某管委会制作，依法不属于某管委会公开。对此，被告在告知书中告知原告其所需社会保险信息已在某市人力资源和社会保障局主动公开,请其自行查阅,并告知相关查询网址,已经履行了《政府信息公开条例》第 21 条第 3 项规定的法定告知义务。被告并向原告邮寄了其本人的社会保险信息,是其主动服务群众的体现,并无不当。至于原告在庭审中所称其申请公开的是 2007 年某市第十二批乡镇建设用地涉及的某村 8 组所有被征地村民的社会保险明细,具体为《社会保险个人权益记录管理办法》规定的五大类社会保险信息中的两类,即上述这批人有多少人在什么时候参保,被告应当为其征询所涉村民共约 400 多户人的意见,是否愿意公开自己的社会保险信息之后,按其要求为其提供信息公开服务。本院认为,其一,从原告提交政府信息公开申请表中填写内容的表述来看,原告申请公开的信息内容是明确的,但无法看出原告申请公开的是在庭审中说明的具体内容;其二,原告在庭审中明确的此项请求系要求被告为其搜集、汇总、加工已经公开且依法不属于被告公开的政府信息,被告对此予以拒绝并无不当。对于最低生活保障明细信息的公开申请,被告经查询,未查找到原告申请公开的相关政府信息,据此答复原告"无法提供相关信息",并无不当。判决:驳回原告刘某的诉讼请求。

│案件评析│

本案是涉社会保险费信息公开的典型案例。本案涉及以下几个方面。其一,社保信息制作、公开主体问题。根据《社会保险法》第 74 条[①]、《社会保险个人权益记录管理办法》以及《政府信息公开条例》第 10 条第 1 款[②]的

[①] 该法第 74 条规定:"社会保险经办机构通过业务经办、统计、调查获取社会保险工作所需的数据,有关单位和个人应当及时、如实提供。社会保险经办机构应当及时为用人单位建立档案,完整、准确地记录参加社会保险的人员、缴费等社会保险数据,妥善保管登记、申报的原始凭证和支付结算的会计凭证。社会保险经办机构应当及时、完整、准确地记录参加社会保险的个人缴费和用人单位为其缴费,以及享受社会保险待遇等个人权益记录,定期将个人权益记录单免费寄送本人。用人单位和个人可以免费向社会保险经办机构查询、核对其缴费和享受社会保险待遇记录,要求社会保险经办机构提供社会保险咨询等相关服务。"

[②] 该条例第 10 条第 1 款规定:"行政机关制作的政府信息,由制作该政府信息的行政机关负责公开。行政机关从公民、法人和其他组织获取的政府信息,由保存该政府信息的行政机关负责公开;行政机关获取的其他行政机关的政府信息,由制作或者最初获取该政府信息的行政机关负责公开。法律、法规对政府信息公开的权限另有规定的,从其规定。"

规定，社会保险经办机构获取、记录、保存社会保险数据，应当属于社会保险信息公开的主体。其二，关于社会保险信息是否保密的问题。《社会保险法》第81条规定，"社会保险行政部门和其他有关行政部门、社会保险经办机构、社会保险费征收机构及其工作人员，应当依法为用人单位和个人的信息保密，不得以任何形式泄露"。《社会保险个人权益记录管理办法》第五章"保密和安全管理"专门规定了社会保险个人权益记录保密制度具体要求。同时，《政府信息公开条例》第15条规定，"涉及商业秘密、个人隐私等公开会对第三方合法权益造成损害的政府信息，行政机关不得公开。但是，第三方同意公开或者行政机关认为不公开会对公共利益造成重大影响的，予以公开"。因此，我们认为，社会保险信息属于个人权益记录，反映参保人员或用人单位履行社会保险义务、享受社会保险权益状况，具有保密性，社会保险经办机构一般不应向其他单位和个人公开超过其查询范围的个体性信息。其三，关于加工分析的理解问题。《政府信息公开条例》第38条规定，"行政机关向申请人提供的信息，应当是已制作或者获取的政府信息。除依照本条例第三十七条的规定能够作区分处理的外，需要行政机关对现有政府信息进行加工、分析的，行政机关可以不予提供"。《国务院办公厅关于做好政府信息依申请公开工作的意见》第2条第3款规定，"行政机关向申请人提供的政府信息，应当是现有的，一般不需要行政机关汇总、加工或重新制作（作区分处理的除外）。依据《条例》精神，行政机关一般不承担为申请人汇总、加工或重新制作政府信息，以及向其他行政机关和公民、法人或者其他组织搜集信息的义务"。可见，申请人申请公开的信息应当是现存可提取的，对行政机关不造成额外处理负担。具体到本案，原告要求被告提供的社保信息需体现400多户人有多少人在什么时候参保，该类信息需要行政机关对所有信息进行分类、筛选、汇总，行政机关可以不予提供。

案例11-2 乔某某、汤某某与某人力资源和社会保障局信息公开案

|案情简介|

2011年4月28日，原告乔某某、汤某某向被告某人力资源和社会保障

局申请公开以下政府信息：（1）申请获取由某人力资源和社会保障局归档保存的某房地产开发有限公司社会保险登记证信息（某人力资源和社会保障局发证日期）；（2）申请获取某房地产开发有限公司社会保险登记核定表；（3）申请获取某房地产开发有限公司社会保险登记证变更归档保存信息。被告于2011年5月18日作出延期答复告知书，告知原告因故无法按期答复，将于同年6月13日前作出答复。后被告经审查，发现原告申请获取的第一项和第三项信息属于被告公开职责权限范围，但被告未保存，故该信息不存在；第二项信息不存在。故被告于2011年6月8日作出政府信息公开申请答复书。另外，被告为方便原告了解某房地产开发有限公司社会保险登记信息，根据社会保险登记信息系统记载的该公司的最新情况，提供有关摘录信息给原告。原告收悉上述答复书后不服，遂诉至法院。案件审理过程中，被告将某房地产开发有限公司的社会保险登记（变更）核定表提供给了原告。原告不服，认为被告作为经办社会保险登记并核发社会保险证的行政机关，未保存发证日期和社会保险登记证变更信息而答复原告该信息不存在与事实不符；因申请公开的社会保险登记核定表名称不准确而答复该信息不存在系认定事实不清，适用法律不当。原告故起诉请求法院判决撤销被告作出的政府信息公开答复。

| 人力资源和社会保障局答辩 |

被告某人力资源和社会保障局辩称：经查，原告申请公开的第一项和第三项信息属于我局公开职责权限范围，但我局未保存，该政府信息不存在；第二项信息不存在。我局为方便原告了解某房地产开发有限公司社会保险登记信息，根据社会保险登记信息系统记载的该公司的最新情况，提供有关摘录信息给原告。我局作出的政府信息公开答复认定事实清楚、证据确凿、程序合法、适用法律规范正确，请求法院判决驳回原告诉讼请求。

| 法院裁判 |

法院经审理认为：根据《政府信息公开条例》《上海市政府信息公开规定》的相关规定，被告某人力资源和社会保障局依法具有受理和处理向其提出的政府信息公开申请的行政职责。被告在收到原告的政府信息公开申请后进行了审查，并在法定期限内向原告作出答复，行政程序合法。本案中，原告申请公开的第一项、第三项信息均系被告的归档保存信息，因被告向某房地产开发有限公司核发社会保险登记证后，在其归档资料中没有保存发证日期；也并无证据证明被告处有某房地产开发有限公司的社会保险登记证变更归档保存信息。故被告答复原告上述信息属于被告公开职责权限范围，未保存而不存在，并无不当。原告申请公开"某房地产开发有限公司社会保险登记核定表"，而被告答复原告该信息不存在。被告主管社会保险登记，无论是初始登记还是变更登记，均以"社会保险登记（变更）核定表"或者"社会保险登记变更核定表"的形式记载，所以当原告申请公开"某房地产开发有限公司社会保险登记核定表"时，被告不应拘泥于原告对申请材料的名称表述进行答复。本案中被告仅以名称字面表述进行查询处理，而未考虑原告申请的实质内容，既未就原告申请的信息名称与内容不相符进行充分释明，也未要求原告补正其申请，而径直告知原告该信息不存在。被告对原告的政府信息公开申请答复未尽到审慎审查、合理关注和全面搜索的义务，违反了政府信息公开相关规定。鉴于被告在答复中摘录了社会保险登记信息系统记载的有关信息，并在庭审中向被告提供了某公司的社会保险登记（变更）核定表，责令被告重新作出答复并无实际意义。判决：确认被告某人力资源和社会保障局于2011年6月8日作出的政府信息公开申请答复违法。

▎案件评析▎

本案涉及两个问题：（1）行政机关能否以信息未保存为由直接认定信息不存在而不予公开；（2）社会保险行政机关对于政府信息公开申请应当尽到何种审查义务。首先，一项政府信息是否具有保存期限以及保存期限时长应由法律确定。行政机关如以信息不存在作出不公开答复，应向相对人或人民法院提供相关信息无须保存或超过保存期限的法律规定，否则可能会因依据不足引发争议。对于该类纠纷，基于信息载体客观不存在的现实情况，人民法院可以确认政府信息公开答复违法，但该信息无法公开的结果是不能改变的。关于审查程度的问题，一般而言，无论从修改前后《政府信息公开条例》的规定还是其立法精神出发，社会保险行政机关应对所申请的信息概念、内涵和外延进行实质性判定，而不能仅依照申请人所提供的信息名称或字面表述来简单判定信息有无。当然，如果行政机关认为申请人关于信息的描述不明确而无法进行界定时，应当要求申请人进行补正，而不应直接作出信息不存在不予公开的答复。具体到本案，人民法院认为社会保险行政机关应当尽到审慎审查、合理关注的义务是符合相关规定的。需要注意的是，在社保类信息公开处理过程甚至是行政诉讼进行时，如行政机关认为不公开信息的决定不当，或信息公开不准确全面，其均有权也应当主动予以纠正。人民法院在行政机关纠正后不再要求其重新作出公开行政行为，则不仅可以节省行政执法资源，而且最大限度地保障了相对人的权益。但若纠正后人民法院继续就原行政行为进行审理或申请人不撤诉，法院仍可作出确认信息答复违法的判决。

案例 11-3　王某与某人力资源和社会保障局信息公开案

案情简介

2016 年 6 月 3 日，原告王某致信被告某人力资源和社会保障局，要求提供"第三人自 2007 年 2 月 15 日成立至今历年缴纳社会保险费数额和人数"信息。被告于 7 月 6 日作出告知单，告知原告：根据《政府信息公开条例》的规定，原告申请信息公开应填写政府信息公开申请书、提供本人身份证明、说明该信息与本人的关系。原告于 7 月 8 日向被告邮寄了某市政府信息公开申请表及相关证明材料。被告于 7 月 11 日向第三人发出政府信息公开征求意见书，征求第三人是否同意公开原告申请的信息。第三人于 8 月 3 日向被告提交关于拒绝公开社保信息的答复意见，称原告申请的信息内容已涉及其公司的商业秘密，表示不同意公开。被告遂于 8 月 4 日作出政府信息公开申请告知书，告知原告暂不向其公开所申请的信息。原告不服，于 8 月 12 日向法院提起行政诉讼。原告王某诉称，我与第三人自 2006 年 5 月至 2016 年 2 月存在事实劳动关系，与申请公开的信息存在利害关系。我申请公开的信息不属于商业秘密,且根据《社会保险法》等法律、法规的规定,用人单位应当将缴纳社会保险费的情况告知职工。故我申请的信息依法属于被告依申请公开范围,不涉及第三人公司的商业秘密,公开后不可能损害其合法权益,被告以此为借口拒绝公开违法,请求判令被告公开我申请的信息。

┃人力资源和社会保障局答辩┃

被告某人力资源和社会保障局辩称:我局收到原告的政府信息公开申请后,根据《社会保险法》第 81 条、《政府信息公开条例》第 23 条的规定,向第三人某公司征求意见,某公司于 2016 年 8 月 3 日向我局提交了答复意见,明确表示不同意公开。我局遂作出政府信息公开申请告知书,告知原告暂不公开其申请的信息,并告知不公开的理由和法律依据。另外,原告提出信息公开申请时,并没有提供有效证据证明其与第三人间存在劳动关系,与所申请的信息间存在利害关系。综上,我局作出的政府信息公开申请告知书合法,原告诉请无事实依据,故请求驳回其诉讼请求。

┃法院裁判┃

法院经审理认为:被告以原告申请的信息涉及第三人公司的商业秘密为由拒绝公开违法。具体理由如下:第一,根据《反不正当竞争法》第 10 条第 3 款的规定,商业秘密是指不为公众所知悉,能为权利人带来经济利益、具有实用性并经权利人采取保密措施的技术信息和经营信息。即商业秘密应当具备不为公众知悉和容易获得的秘密性、能够给所有人带来现实或潜在的经济利益或竞争优势的价值性、采取了合理保密措施的管理性"三性"。本案中,原告申请公开的"第三人自 2007 年 2 月 15 日成立至今历年缴纳社会保险费数额和人数"信息不能为第三人带来经济利益或竞争优势,也未经第三人采取保密措施。且根据《社会保险法》的有关规定,对于社会保险费的缴纳情况,用人单位及社会保险费征收机构均有告知的义务,即案涉信息亦不具备秘密性。故原告申请公开的案涉信息不属于商业秘密。第二,根据《政府信息公开条例》第 23 条的规定,行政机关对相对人申请公开的政府信息是否涉及商业秘密、个人隐私,公开后是否可能损害第三方合法权益具有审查和征求第三方意见的义务。本案中，被告在收到原告申请后，未对案涉信息是否属于商业秘密进行严格审查，仅依据第三人的意见作出政府信息不予公开的告知，适用法律错误。判决：被告作出的政府信息公开申请答复违法，被告在本判决生效之日起15个工作日内，对原告王某的政府信息公开申请重新作出答复。

‖ 案件评析 ‖

本案涉及社会保险信息中的涉密问题。社会保险信息公开与个人信息保密带有综合性、交叉性，社会保险信息是否属于政府信息公开范围的问题在实践中具有一定争议。《社会保险法》第4条第1款规定，"中华人民共和国境内的用人单位和个人依法缴纳社会保险费，有权查询缴费记录、个人权益记录，要求社会保险经办机构提供社会保险咨询等相关服务"。该法第81条规定，"社会保险行政部门和其他有关行政部门、社会保险经办机构、社会保险费征收机构及其工作人员，应当依法为用人单位和个人的信息保密，不得以任何形式泄露"。《社会保险个人权益记录管理办法》第23条规定，"建立社会保险个人权益记录保密制度。人力资源社会保障行政部门、社会保险经办机构、信息机构、社会保险服务机构、信息技术服务商及其工作人员对在工作中获知的社会保险个人权益记录承担保密责任，不得违法向他人泄露"。据此，我们认为：一般而言，社会保险个体性信息仅针对权利主体公开，对于其他主体和社会公众而言，应予保密。

本案中申请要求公开的仅为"第三人自2007年2月15日成立至今历年缴纳社会保险费数额和人数"。申请人未明确其含义是否包括要求行政机关提供第三人缴纳社会保险费的明细。修订前的《政府信息公开条例》第21条第4项规定，申请内容不明确的，应当告知申请人作出更改、补充。（修订后的《政府信息公开条例》第30条①亦规定了补正程序相关要求，前文已详

---

① 该条例第30条规定："政府信息公开申请内容不明确的，行政机关应当给予指导和释明，并自收到申请之日起7个工作日内一次性告知申请人作出补正，说明需要补正的事项和合理的补正期限。答复期限自行政机关收到补正的申请之日起计算。申请人无正当理由逾期不补正的，视为放弃申请，行政机关不再处理该政府信息公开申请。"

述，此处不再赘述）。政府信息公开申请内容不明时，行政机关应答复告知申请人进行补充说明。因此，若申请人仅要求提供总金额和参保人总数，严格来讲，该申请请求并未涉及其他参保人的个体信息，其仍属于整体信息的范围，应该不属于涉密范围。另则，本案被告在诉讼过程中引用的是《政府信息公开条例》中的商业秘密保护规定，但社会保险信息是否属于商业秘密仍缺乏法律的直接规定。

主要参考文献

图书

[1] 胡建淼. 行政法和行政法学 [M]. 北京：法律出版社，2015.

期刊

[2] 魏建文. 8月1日，汕头市地税部门全责征收社保费 [J]. 创业者，2002（09）：19.

[3] 陈焕纪. 地方税务系统征缴社保费存在的问题及建议 [J]. 税收与社会，2002（01）：38.

[4] 彭继旺，黄贻芳. 费改税：我国社会保险筹资模式的理性选择：我国社会保险费改税的时机、条件与方案设计 [J]. 经济研究参考，2008（33）：25 – 31.

[5] 谭颖. 关于广西税务部门征收社会保险费的分析 [J]. 法制与经济，2015（09）：108 – 109，123.

[6] 陆宏媛. 淮阴地税社会保险费征管问题及对策分析 [J]. 现代商贸工业，2011（22）：255.

[7] 石坚，杜秀玲. 建立税务机关统一征收社会保险费模式的研究 [J]. 国际税收，2014（12）：10 – 14.

[8] 蔡鸿儒，孙国华，陈智云. 江西省社会保险费地税征收可行性分析 [J]. 审计与理财，2010（11）：25 – 26.

[9] 齐刚. 论社会保险费征收模式税式管理 [J]. 民营科技, 2011 (02): 163.

[10] 孙晓斌. 认清形势 抓好落实 进一步提高社会保险费征管水平：全国税务机关社会保险费征管工作会议在武汉召开 [J]. 中国税务, 2010 (02): 30-31.

[11] 任超. 社保法实施后社保费征收权归属探讨：结合"广州市社保费地税全责征收模式"为例分析 [J]. 劳动保障世界：理论版, 2013 (10): 23-26.

[12] 王红茹. 社保费"双重征缴"历史或终结 [J]. 中国经济周刊, 2016 (50): 54-56.

[13] 邱祖干. 社保费地税部门全责征收改革的思考 [J]. 财经界：学术版, 2010 (11): 285-286.

[14] 韩震. 社会保险费税务全责征收模式研究 [J]. 现代商业, 2011 (17): 190.

[15] 单文, 王巍, 王吉会, 汪尚潜, 刘洪清. 社会保险费征缴体制何去何从 [J]. 中国社会保障, 2017 (05): 38-41.

[16] 王堃. 社会保险费征缴制度研究综述与启示 [J]. 东北财经大学学报, 2016 (06): 18-23.

[17] 张秀芹, 岳宗福. 社会保障"费改税"的内涵辨析与厘清 [J]. 十堰职业技术学院学报, 2012 (04): 48-52.

[18] 李英伟, 刘博. 社会保障税税务征缴的国际比较与借鉴 [J]. 湖北经济学院学报：人文社会科学版, 2006 (02): 67-68.

[19] 孙玉栋, 徐达松. 社会保障税制国际比较及经验借鉴 [J]. 中国特色社会主义研究, 2015 (02): 78-82.

[20] 汪泽英, 武玉宁, 张兴, 李常印. 完善社会保险费征收体制研究 [J]. 中国社会保障, 2017 (02): 14-17.

[21] 王辛梓. 我国社会保险费的征收体制探析 [J]. 学理论, 2012 (13): 113-115.

[22] 武汉市地税局课题组. 武汉市社会保险费征缴模式改革研究 [J]. 经济研究参考, 2013 (67): 66-74.

[23] 刘军强. 资源、激励与部门利益:中国社会保险征缴体制的纵贯研究: 1999-2008 [J]. 中国社会科学, 2011 (03): 139-156, 223.

论文

[24] 任超. 对广东省社保征收模式进行调整的分析研究 [D]. 吉林大学, 2014.

[25] 李向阳. 广东省社会保险经办管理服务体系建设研究 [D]. 华南理工大学, 2012.

[26] 林俊伟. 江门市新会区社保费征收的现状分析与对策研究 [D]. 华南理工大学, 2015.

[27] 罗恺欣. 清远市社会保险费征缴问题与对策研究 [D]. 华南理工大学, 2012.

[28] 林辉. 社会保险费征缴机构选择的研究:基于征缴机构效率的视角 [D]. 西南财经大学, 2014.

[29] 张向东. 税务机关全责征收社会保险费模式研究:以广州市地税局为例 [D]. 云南财经大学, 2016.

[30] 张增有. 我国社保基金征缴模式改革研究:兼以包头市地税部门征收社保费的实践为例 [D]. 华中师范大学, 2013.

[31] 濮炳川. 我国社会保险费征缴模式研究:以云南地税征缴为例 [D]. 云南财经大学, 2013.

[32] 彭瑞涓. 我国社会保险征收主体研究 [D]. 西南财经大学, 2012.

报纸

[33] 杜丽娟. "扩面"征收非公经济、自然人 19省市地税代征社保费或将全面接管征收工作 [N]. 中国经营报, 2016-07-18 (A03).

[34] 赵永清, 周爱民. 地税创新信息化社保缴费好方便 [N]. 南方日

报，2011-01-04（A03）.

［35］朱桂芳，陈洋. 地税全责征管模式是绝招［N］. 南方日报，2006-09-12（A06）.

［36］史晓龙，郑猛. 郝昭成：应为税务部门统一征收社保费创造条件［N］. 中国税务报，2007-03-16（001）.

［37］张利伟，杜宁，刘德元. 宁夏地税与社保部门合力共筑"社保大厦"［N］. 中国税务报，2010-03-22（001）.

［38］陈泥. 厦门地税：1500亿收入造福民生［N］. 厦门日报，2011-12-06（008）.

［39］厦门市地税局课题组. 社保费分权制衡模式：现阶段的可行选择［N］. 中国税务报，2014-06-18（B03）.

［40］陈洋，朱晓菁. 社保费由地税部门统一征收是个方向：广东社保费征收改革成效显著，保费收入连续七年位居全国第一［N］. 南方日报，2007-08-03（A05）.

［41］谭立峰. 社保费征管改革之我见［N］. 中国税务报，2003-04-09.

［42］刘云昌. 税务全责征收让参保者权益不再"短斤少两"［N］. 中国税务报，2010-01-25（005）.

［43］赵永清，况淑敏，皮泽红. 吴紫骊代表：建议社保费由地税部门全责征收［N］. 中国经济导报，2017-03-11（A02）.

后 记

终于可以写后记了！2016年前后，由于工作中处理的社会保险费征收类行政争议案件逐渐增多，我产生了撰写"税务机关征收社会保险费"方面文章和书籍的想法。"想得美"，但为之不易。从开始写作到今天可以坐下来以"后记"形式回想创作过程，欣慰之余对这一过程中所遇到的困难和障碍亦颇有感触。

写作之初，首先要解决的是作品定位问题。税务机关征收社会保险费，尤其是税务机关全责征收社会保险费模式在全国范围内尚属新事物，缺乏广泛、成熟的业务实践，作品应该着眼于理论阐述还是实践应用成为我写作过程中第一个纠结点。考虑到该项业务涉及面广、实务性强等特点，几经调整，并参考他人建议，我最终决定以偏重实务的方式来撰写本书。其次是参考资料匮乏问题。关于税务机关征收社会保险费行政争议方面的系统研究成果几乎为空白，虽有部分文章散见于网络或学术期刊，但多为理论性或知识性介绍文章，可供参考的资料较少。且现成案例非常有限，更谈不上进行立法、执法、司法的梳理、分类和总结，除部分来源于中国裁判文书网的案例外，个人工作实践成为本书最主要的素材来源。再者是社保政策不确定性问题。社会保险费征收工作到底应采取何种模式进行，国家政策仍在稳步推进、调整，该过程也对本书创作的必要性和时间性产生一定影响。最后是效益性问题。本书涉及的业务类型对于律师创收而言也许并无太多助益，不一定对个人或社会产生多么大的影响和效益，但其核心内容为个人工作成果展示，也是自己的总结和思考。社会保险费征管模式总结和探讨是一个宏大的命题，涉及面广且具有极强的法律和社会意义，从这个角度而言，本书在一定程度上填补了相关领域的空白，我也希望并相信本书对于相关从业者具有一定的参考和指导意义。

当然，正是由于上述困难和障碍，加之本人知识和能力的局限性，尤其是限于社会保险费征收模式具有较强的地域性、时限性和政策性等特点，本书难免出现疏漏和不周延之处，恳请使用本书的朋友予以注意并批评、指正。

本书能够顺利和读者见面，感谢武汉大学财税与法律研究中心主任、中国法学会财税法学研究会常务副会长熊伟教授大力支持及慷慨作序。感谢大成律师事务所全球董事、大成（广州）办公室卢跃峰主任在本书创作过程中给予的支持和帮助。同时，感谢知识产权出版社雷春丽编辑认真负责的工作，也感谢朱锋、黄丽丽、戴豪、藏晓文在本书案例整理、稿件校对等方面的辛勤付出，祝愿你们的律师执业之路坦荡、宽广。最后，还需要特别感谢许嵩越同学在写作过程中，给予我的鼓励和监督，希望你通过自己的努力实现人生梦想，大有所成！

许永盛

2019 年 10 月 16 日于珠江新城